Die *prozessuale Tat* nach deutschem Recht
und der *angeklagte Akt* nach
thailändischem Recht

Europäische Hochschulschriften

European University Studies

Publications Universitaires Européennes

Reihe II **Rechtswissenschaft**

Series II Law

Série II Droit

Band/Volume **5630**

Kanpirom Komalarajun

Die *prozessuale Tat* nach deutschem Recht und der *angeklagte Akt* nach thailändischem Recht

PL ACADEMIC RESEARCH

Bibliografische Information der Deutschen Nationalbibliothek
Die Deutsche Nationalbibliothek verzeichnet diese Publikation in der Deutschen Nationalbibliografie; detaillierte bibliografische Daten sind im Internet über http://dnb.d-nb.de abrufbar.

Zugl.: Bonn, Univ., Diss., 2013

Gedruckt auf alterungsbeständigem,
säurefreiem Papier.

D 5
ISSN 0531-7312
ISBN 978-3-631-64968-8 (Print)
E-ISBN 978-3-653-04112-5 (E-Book)
DOI 10.3726/978-3-653-04112-5

PL Academic Research ist ein Imprint der Peter Lang GmbH.
Peter Lang – Frankfurt am Main · Bern · Bruxelles · New York · Oxford · Warszawa · Wien

Diese Publikation wurde begutachtet.

www.peterlang.com

Vorwort

Die folgende Arbeit, die durch ein großzügiges Stipendium der Universität Dhurakij Pundit, Bangkok, gefördert wurde, hat der Rechts- und Staatswissenschaftlichen Fakultät der Universität Bonn im Wintersemester 2013/2014 als Dissertation vorgelegen.

Mein besonderer Dank gilt meinem Doktorvater, Herrn Professor Dr. Dres. h.c. Urs Kindhäuser, der mich in jeglicher Hinsicht unterstützt hat. Auch ganz herzlich möchte ich Herrn Professor Dr. Friedrich Toepel danken, der die Erstellung des Zweitgutachtens übernahm und in vielfätiger Weise konstruktive Kritik übte. Auch Frau Professor Dr. Ingeborg Puppe möchte ich für die zahlreichen interessanten Diskussionen danken. Dank gilt außerdem meinen Diskussionspartnern Dr. Juan Pablo Mañalich Raffo, Javier Contesse Singh und Beatriz Corrêa Camargo, die immer bereit waren sich rechtstheoretischen und strafrechtsdogmatischen Fragen zu widmen. Für wertvolle Hilfe danke ich in erster Linie Herrn Dr. Kay H. Schumann. Für die sprachlichen Überprüfungen bedanke ich mich bei Julia Stinner, Susanne Kathary, Lena Mertins und Verena Krist. Meiner Familie, Freunden und Kollegen, die mich von Anfang an bei dieser Arbeit unterstützt haben, gilt mein besonderer Dank.

Nicht vergessen zu danken möchte ich meinen thailändischen akademischen Lehrern, Herrn Professor Dr. Kanit NaNakorn und Herrn Professor Dr. Udom Rathamrit, die mir die schöne Welt des Strafrechts eröffnet haben.

Bangkok, März 2014 Kanpirom Komalarajun

Inhaltsverzeichnis

Abkürzungsverzeichnis

a.A.	=	anderer Ansicht
Anh.	=	Anhang
a.F.	=	alte Fassung
Anm.	=	Anmerkung
AT	=	Allgemeiner Teil
Art.	=	Artikel
Aufl.	=	Auflage
AT	=	Allgemeiner Teil
Bd.	=	Band
BGH	=	Bundesgerichtshof
BGHSt	=	Entscheidungen des Bundesgerichtshofs in Strafsachen
BGHSt (GS)	=	Entscheidungen des Bundesgerichtshofs in Strafsachen durch den Großen Senat
BVerfG	=	Bundesverfassungsgericht
BVerfGE	=	Entscheidungen des Bundesverfassungsgerichts
bzw.	=	beziehungsweise
EMStA	=	Entscheidung des Meinungsstreits der Staatsanwaltschaft Thailand
FS	=	Festschrift
ders., dies.	=	derselbe, dieselbe
Diss.	=	Dissertation
DJ	=	Deutsche Justiz
DRiZ	=	Deutsche Richterzeitung
Dul.	=	Dullapah
f.	=	folgende
ff.	=	fortfolgende

Fn.	=	Fußnote
GA	=	Goltdammer's Archiv für Strafrecht
GG	=	Grundgesetz
GS	=	Gedächtnisschrift
i.d.R.	=	in der Regel
insb.	=	insbesonder
i.S.d.	=	im Sinne des/der
i.S.v.	=	im Sinne von
h.M.	=	herrschende Meinung
Hrsg.	=	Herausgeber
JR	=	Juristische Rundschau
Jura	=	Juristische Ausbildung
JuS	=	Juristische Schulung
JZ	=	Juristenzeitung
JZ-DPU	=	Juristische Zeitschrift der Universität Dhurakij Pundit
JZ-CU	=	Juristische Zeitschrift der Universität Chulalongkorn
JKrGH	=	Journal der Kritik des Gerichtshofs
MDR	=	Monatsschrift für deutsches Recht
m.w.N.	=	mit weiteren Nachweisen
NJW	=	Neue Juristische Wochenschrift
NJW-RR	=	NJW-Rechtsprechung-Report-Zivilrecht
NStZ	=	Neue Zeitschrift für Strafrecht
OLG	=	Oberlandesgericht
TObG	=	Oberster Gerichtshof Thailand
TObGE	=	Entscheidungen des Obersten Gerichtshofs Thailand
RG	=	Reichsgericht

RGSt	=	Entscheidungen des RG in Strafsachen
Rn.	=	Randnummer
Rspr.	=	Rechtsprechung
S.	=	Seite
s.	=	siehe
StA	=	Staatsanwaltschaft
StGB	=	Strafgesetzbuch
StPO	=	Strafprozessordnung
StPR	=	Strafprozessrecht
StV	=	Strafverteidiger
TEGStPO	=	Thailändische Einführungsgesetz zur StPO
TGVG	=	Thailändisches Gerichtsverfassungsgesetz
TGG	=	Thailändische Geschäftsstelle des Gerichtshof
TStGB	=	Thailändisches Strafgesetzbuch
TStPO	=	Thailändische Strafprozessordnung
TVerf	=	Thailändische Verfassung
TWAufG	=	Thailändisches Wiederaufnahmegesetz
TZPO	=	Thailändische Zivilprozessordnung
u.U.	=	unter Umständen
vgl.	=	Vergleiche
vor	=	Vorbemerkung
z.B.	=	zum Beispiel
ZStA	=	Zeitschrift der Staatsanwaltschaft, Thailand
ZStW	=	Zeitschrift für die gesamte Strafrechtswissenschaft
ZTB	=	Zeitschrift der Thai Bar
ZTGG	=	Zeitschrift der thailändische Geschäftsstelle des Gerichtshofs

Erster Teil: Problementwicklung

Kapitel A. Einführung

I. Ausgangssituation

1. Situation in Deutschland

Das Problem des Tatbegriffs ist eines der in den letzten 50 Jahren am meisten und am intensivsten diskutierten dogmatischen Themen des deutschen Strafprozessrechts. Die Tat besitzt eine immense Bedeutung in den unterschiedlichsten Stadien des Strafverfahrens. Sie zieht zahlreiche Probleme nach sich, z.B. die gegenläufigen Prozessinteressen, den komplizierten Handlungsbegriff, die unterschiedliche Natur zahlreicher Delikte, die unliebsame Konkurrenzlehre oder die schwierige Wahlfeststellung, die unbedingt beherrschet werden muss, um die bestmögliche Lösung herauszufinden.

Seit fast einem halben Jahrhundert existiert die Rspr. zur Feststellung des prozessualen Tatbegriffs i.S.d. §§ 155, 264 StPO. Die Tat umfasst demgemäß – der am meisten zitierte Satz im Zusammenhang mit der Begriffsproblematik der Tat – *„den vom Eröffnungsbeschluss betroffenen Vorgang, einschließlich aller damit zusammenhängenden oder darauf bezüglichen Vorkommnisse und tatsächlichen Umstände, die geeignet sind, das in diesen Bereich fallende Tun des Angeklagten unter irgendeinem rechtlichen Gesichtspunkt als strafbar erscheinen zu lassen, also das gesamte Verhalten des Beschuldigten, soweit es mit dem durch den Eröffnungsbeschluss bezeichneten geschichtlichen Vorkommnis nach der Auffassung des Lebens einen einheitlichen Vorgang bildet, ohne Rücksicht darauf, ob sich bei der rechtlichen Beurteilung eine oder mehrere strafbare Handlungen statt oder neben der im Eröffnungsbeschluss bezeichneten Straftat ergeben.“*[1]

Der von der Rspr. vertretene prozessuale Tatbegriff scheint komplett und keiner weiteren Untersuchung mehr zu bedürfen. Denn ein Begriff, der sich so lange weitgehend unangefochten halten kann, muss wohl einen klaren und eindeutigen Inhalt haben, dogmatisch und methodisch abgesichert und überdies zweckmäßig sein.

---

1 RGSt 61, 314, 317; RGSt 70, 396, 398.

Jedoch findet man, wenn man diesen Begriff einer genaueren und kritischen Betrachtung unterzieht, einige Schwächen. Die Unbestimmtheit des Begriffs, der Verzicht auf materielle Gerechtigkeit und die Inkonsequenz der Beurteilung des abgeschafften, fortgesetzten Delikts sind vorprogrammierte Probleme, wie der BGH selber zugegeben hat.[2] Die Lit. versucht, den Tatbegriff weiter oder in eine andere Richtung zu entwickeln. Viele Autoren im Schrifttum vertreten materiell-rechtliche Tatbegriffe (Rechtsgutsverletzungs- und Handlungstheorien),[3] faktisch-prozessrechtliche Tatbegriffe (Alternativitätstheorien)[4] oder den Tatbegriff, der aus oben genannten Theorien gebildet wird (Kombinationstheorien).[5] Alle erwähnten Tatbegriffe bergen jedoch unterschiedliche Probleme in sich und konnten sich bisher nicht vollständig durchsetzen.

Dies liegt daran, dass beim Problem des Tatbegriffs zwei unterschiedliche Teilprobleme betrachtet werden müssen. Sie sind unterschiedlicher Natur, sie benötigen zwei unterschiedliche Lösungswege und schließlich werden unterschiedliche Kriterien angewendet, um die Tat zu bestimmen. Unterscheidet man diese beiden Probleme nicht voneinander, oder tut man dies, aber inkorrekt, kommt man wohl kaum zu den erwünschten Ergebnissen.

2. Situation in Thailand

Von der Rechtsfigur des „Prozessgegenstandes“ ist im thailändischen Strafprozessrecht nicht die Rede. Sie ist nicht deutlich in der TStPO geregelt. Die Rspr. kennt den Begriff nicht und nur wenige Erwähnungen finden sich in der Lit. Es existiert nur § 192 I TStPO, der vorsieht, dass die Kognitionspflicht des Gerichts sich nur auf das beschränkt, was innerhalb der Anklageschrift und des Antrags auf Bestrafung bezeichnet ist. Spricht die Norm vom Prozessgegenstand? Wenn ja, was ist dann seine objektive Seite und wo erfährt der Begriff „Prozessgegenstand“ seine Abgrenzung? Diese Fragen sind in der vorliegenden Arbeit zu beantworten.

Wenn der Prozessgegenstand nicht äußerst präzise untersucht wird, versteht man seine Aufgaben nur ungenau. Der Umfang der Rechtshängigkeit, der Urteilsfindung, der Strafklageumgestaltung oder der Rechtskraft sind unbestimmt und zum Teil verwirrend. Zuweilen ist der Begriff des Prozessgegenstands ver-

---

2 BGHSt 6, 122, 124; 11, 130, 131; vgl. BGHSt 13, 21, 25; 32, 215, 220; 35, 14, 19.

3 S. Kapitel C., II. und III.

4 S. Kapitel C., IV.

5 S. Kapitel C., V.

bunden mit faktischem Geschehen, zuweilen knüpft er an die materiell-rechtliche Konkurrenzlehre an.

Diese Umstände sind zweifelsohne unbefriedigend. Der Anklagegrundsatz ist dadurch verletzt, da der Angeklagte nicht weiß, in welchem Umfang genau ihm etwas vorgeworfen wird, derentwegen er sich selbst nur eingeschränkt auf die Verteidigung vorbereiten kann. Darüber hinaus bleibt festzuhalten, dass durch die angedeuteten Umstände ebenfalls gegen die Rechtssicherheit i.S.d. Vertrauensschutzes verstoßen wird, da dem Verurteilten nicht bekannt ist, inwieweit das rechtskräftige Urteil ihn von einem weiteren Strafverfahren verschonen kann. Zugleich verletzen die Umstände dramatisch die materielle Gerechtigkeit, unter denen das Gericht gemäß § 192 I TStPO den Angeklagten außerhalb der Anklage i.d.R. nicht verurteilen darf, auch wenn ihm die Tatsachen aufgezeigt werden.

II. Grundverständnis des Problems und Problemdifferenzierung

Für ein besseres Verständnis der vorliegenden Arbeit müssen folgende Gesichtspunkte zunächst geklärt werden:

1. Grundverständnis des Problems „Prozessgegenstand"

Zunächst ist festzuhalten, dass man sich lediglich um die Abgrenzung der Tat bzw. des angeklagten Akts streitet, nicht aber um die Tat bzw. den angeklagten Akt selbst. Bei der Tatsache, dass Juristen begründen und argumentieren, ob die Tat bzw. der angeklagte Akt natürlich oder normativ sein sollte, handelt es sich lediglich um die Abgrenzung der Tat bzw. des angeklagten Akts. Denn die Tat bzw. der angeklagte Akt sind immer ein *factum*, und nie ein *crimen.*[6] Eine in der Anklage, im Eröffnungsbeschluss oder im Urteil erscheinende Tat bzw. ein solcher angeklagter Akt besteht aus ein oder mehreren geschichtlichen Ereignissen. Dies hat sich in Deutschland seit der Entstehung der Reichsstrafprozessordnung durchgesetzt.[7] Auch die Motive zur StPO gehen selbstverständlich davon aus.[8] In Thailand ist ausdrücklich in § 158 (5) TStPO geregelt, dass alle in der Anklage beschriebenen Akte ein geschichtliches *Ereignis* darstellen. Da der gesamte

---

6 S. auch unten Kapitel G., I., 3.

7 Vgl. *Berner*, GA 3, 472, 492 ff.; *Heffter*, S. 17, 25; Urteile des Preußischen Obertribunals vom 10. Juni 1853, GA 1, 557 f. sowie vom 6. Januar 1858, GA 6, 114 ff. S. auch LR/*Stuckenberg,* § 264, Rn. 11.

8 *Hahn*, Materialien, S. 206 f.

Vorgang des ganzen Lebens eines Täters nicht Gegenstand eines Strafverfahrens sein kann bzw. darf – das könnte länger dauern als das Berufsleben eines Richters – muss dieser Vorgang in viele Teilabschnitte aufgeteilt und in unterschiedlichen Strafverfahren verfolgt werden.[9] Die von der Rspr. vertretenen Auffassungen und alle Theorien der Lit. wurden entworfen, um diesen Vorgang rechtlich und logisch abzugrenzen, damit man weiß, dass dieser Vorgangsteil in diesem Verfahren, aber der andere Vorgangsteil in dem anderen Verfahren verfolgt werden muss. Gerade bei der Abgrenzung des lebenslangen Vorgangs kann man diesen natürlich – wie die deutsche Rspr. behauptet, dass sie es immer tut – oder normativ – wie Rechtsgutsverletzungstheorien oder Handlungstheorien – betrachten.

Eine Besonderheit bei der Abgrenzung des Vorgangs verdient gleich zu Beginn Erwähnung. Es scheint möglicherweise verwunderlich, welche gewichtige Rolle die tatbestandliche Handlungseinheit – noch nicht einmal die materiellrechtliche Tateinheit – im Zuge der hier entwickelten Argumentation immer wieder spielt. Dies ergibt sich nicht nur aus dem Wortlaut der Vorschriften bezüglich der Konkurrenz im deutschen und thailändischen StGB, sondern auch aus der Notwendigkeit zur Vermeidung der Doppelbestrafung.

Des Weiteren ist festzuhalten, dass die Identität der Tat bzw. des angeklagten Akts, was Gegenstand der vorliegenden Arbeit ist, nicht die Identität i.S.v. Gleichheit meint, sondern Identität i.S.v. Individualisierung. Wie gerade gesagt, sind die Tat bzw. der Akt Vorgänge oder Ereignisse. *„Keine zwei Ereignisse können identisch sein. Kein Ereignis ist jemals identisch mit einem anderen.“*[10] Die Ereignisse in der Anklage und die, die einzubeziehen sind, bzw. die Ereignisse im rechtskräftigen Urteil und die, die neu zu verfolgen sind, sind ebenfalls niemals identisch. Die Frage lautet deswegen nicht: „Stellen die beiden Ereignisse dieselbe Tat oder denselben Akt dar?“ oder „Sind die Tat bzw. der angeklagte Akt im rechtskräftigen Urteil und in der neuen Anklage identisch?“ – Solche Fragen nach der Identität oder der Gleichheit der Tat bzw. des Akts führen nur zu Missverständnissen. Die Frage lautet vielmehr: „Gehören diese Tatsachen zu derselben Tat bzw. demselben angeklagten Akt wie die, die in der Anklage bezeichnet sind, damit sie beide in demselben Verfahren verfolgt werden?“ oder „Gehören diese Vorgänge zu derselben Tat bzw. demselben angeklagten Akt wie die, die bereits rechtskräftig verurteilt wurden, sodass sie nicht erneut verfolgt werden können?“ Man fragt richtigerweise nach der Einheit der

---

9 Vgl. *Büchner,* Erstes Kapitel, I., 1., S. 16 f. und S. unten Kapitel D., II., 1.; S. ähnlich auch *Salas,* 3. Teil, Kapitel 1, § 26, S. 260 f.

10 *Davidson,* in: Handlung und Ereignis, S. 233.

Tat bzw. des Akts. Die Kriterien, die am Ende der Arbeit vorgeschlagen werden, haben deswegen nicht die Aufgabe, Ereignisse zu vergleichen und dann festzustellen, ob sie identisch oder gleich sind – die Antwort wäre in allen Fällen „Nein". Vielmehr haben sie die Aufgabe, Ereignisse zu individualisieren. Wenn diese Kriterien Ereignisse individualisieren können, können sie sie nicht nur auseinanderhalten, sie können auch das Zusammengehörige als solches erfassen.

2. Problemdifferenzierung

Um das Ziel der Arbeit zu erreichen, müssen ferner zwei Problemgruppen des Tat- bzw. Aktbegriffs streng voneinander unterschieden werden: *Tatausweitung* und *Tatersetzung*.[11] Die erste Problemgruppe, *Tatausweitung*, betrifft die Frage, wie groß der Geschehensabschnitt ist, der unter den Begriff einer Tat bzw. eines angeklagten Akts im prozessualen Sinne fällt, ob die Strafsache noch im selben Kreis liegt oder sich schon von diesem entfernt hat. Zu dieser Problemgruppe gehören z.B. die Fragen, ob die Gewaltanwendung beim Diebstahl der Sache X ins Strafverfahren wegen Diebstahls derselben Sache einbezogen werden muss, oder ob die Anklage wegen Totschlags um 18 Uhr am 01.07. durch das rechtskräftige Urteil wegen Schießens an bewohnten Orten (§ 367 I Nr.8 StGB a.F.) auch an demselben Tag und zu derselben Uhrzeit verbraucht ist.

Die zweite Problemgruppe, *Tatersetzung*, betrifft die Frage, ob es noch zu derselben Tat bzw. demselben angeklagten Akt im prozessualen Sinne gehört, wenn sich in der Hauptverhandlung herausstellt, dass sich im Rahmen des von der Anklage geschilderten Geschehensabschnitts vieles ganz anders abgespielt hat, als die Anklageschrift behauptet, oder ob der in der Anklage formulierte Vorwurf durch einen anderen ersetzt werden soll, d.h. der ursprüngliche also wegfällt. Einfacher: Hierher gehören Fälle vonAbweichungen von zugrundegelegten Tatsachen, Abweichungen zwischen unterschiedlichen Beteiligungsformen, Abweichungen zwischen Bezugstaten und Anschlussdelikten sowie Verurteilung auf mehrdeutiger Tatsachengrundlage. Die Frage, ob wegen des rechtskräftigen Freispruchs wegen Diebstahls der Sache X die Anklage wegen Hehlerei derselben Sache verbraucht ist, gehört zu dieser Problemgruppe.

Um die fraglichen Fällen in die richtige Problemgruppe einzuordnen, ist die Kompatibilität der gesetzlichen Beschreibungen der fraglichen Tatbestände entscheidend. Sind die Beschreibungen der Tatbestände kompatibel, z.B. zwischen

11 Begriffe von *Wolter,* GA 1986, 143, 169 ff.; *Detmer* benutzt andere Begriffe, *Tatumfang* und *Tatumgestaltung*. S. *Detmer,* Erster Teil, A. II., S. 19 ff. S. auch LR/*Stuckenberg,* § 264, Rn. 9.

Schießen an bewohnten Orten und Totschlag oder versuchter Abtreibung und Kindstötung, gehören die Fälle zum Problem der Tatausweitung. Hier fragt man sich, ob der später entdeckte Vorgang in die Anklage *addiert* werden dürfte.

Sind sie hingegen inkompatibel, z.B. zwischen Diebstahl und Hehlerei oder Totschlag und Strafvereitelung, gibt es das Problem der Tatersetzung. Aus logischen bzw. rechtlichen Gründen kann man nur entweder den einen Vorgang oder den anderen begehen. Nebeneinander sind sie nicht denkbar. Die Täterschaft der Hehlerei setzt voraus, dass der Diebstahl von einer anderen Person begangen werden muss. Der Täter der Strafvereitelung kann nicht der Täter des Totschlags sein. Die Verbindung zweier Vorgänge zu einer Tat ist deshalb unmöglich, weil nur ein einziger Vorgang geschieht, der dem Täter zugeschrieben wird. Hier stellt sich die Frage, ob der später entdeckte Vorgang den ursprünglich angeklagten Vorgang *ersetzen* dürfte.

Ohne Differenzierung kann die allgemeine Lösung nicht entwickelt werden, und das ist der Hauptgrund, warum die Rspr. und die Lit. in Deutschland immer noch Schwankungen aufweisen. Die deutsche Rspr. erkennt die Differenz zwischen den beiden Problemgruppen,[12] versucht diese aber nur durch ein einziges Kriterium, ein von ihr genanntes „natürliches" Kriterium[13], zu lösen, das oftmals nicht zum richtigen Ergebnis führt. Die generalisierende Leitlinie der deutschen Rspr. beinhaltet grds. nur eine Aussage zum Problem der Tatausweitung, sodass es auch nicht weiter überrascht, warum die Rspr. in Fällen der Tatersetzung vom natürlichen Kriterium abweicht und die Lösung von anderen Kriterien abhängig macht, die sich jedenfalls aus ihrer herkömmlichen Formel nicht ableiten lassen. Von einigen Autoren der Lit. wird die Problemdifferenzierung deutlich besprochen,[14] auch wenn sie die zwei unterschiedlichen Probleme nicht sachgemäß und nicht logisch differenziert. *Detmer* behandelt die Problemdifferenzierung zwar systematisch, macht jedoch Fehler.[15] Der Rest der Lit. entwickelt viele Theorien, aber meistens nur für Fälle der Tatausweitung. Das Problem der Tatersetzung wird demgegenüber wenig behandelt, wobei im Laufe der Arbeit bekannt wird, warum.

In Thailand ist es unmöglich, den Aspekt der Problemdifferenzierung überhaupt auf den Tisch zu bringen, da die Rechtsfigur des „Prozessgegenstandes"

---

12 S. BGHSt 32, 215 ff., wo der BGH versucht hat, den Fall einmal als das Problem der Tatausweitung, ein andermal als das Problem der Tatersetzung zu lösen; vgl. auch *Büchner*, Erstes Kapitel, I., 2., S. 23 f., 26.

13 Rein natürlich ist der Tatbegriff der Rspr. auch nicht. S. unten Kapitel D., III., 3.

14 *Detmer,* Erster Teil, II., A., II., S. 19 ff.; *Roxin,* JR 1984, 346; *Wolter,* GA 1986, 143, 164 ff. S. auch LR/*Stuckenberg,* § 264, Rn. 9 und *Hellebrand,* FS-Schlüchter, 473 f.

15 S. Kapitel G., I., 2., m.w.N.

noch nicht vollständig angesehen ist. Logischerweise sollte die vorgeschlagene Problemdifferenzierung trotzdem auch im thailändischen Strafverfahren Anwendung finden können.

III. Gang der Arbeit

Zunächst wird der Meinungsstand dargestellt (Kapitel B.), dann werden die gegenläufigen zusammenhängenden Prozessinteressen in Betracht gezogen, die den Tatbegriff bzw. die Definition des angeklagten Akts mehr oder weniger bestimmen können. Danach wird abgewogen, welche von ihnen den Vorrang gewinnen. (Kapitel C.) Der Begriff der Tat bzw. des angeklagten Akts sollte dem Ergebnis der Abwägung entsprechen. Als Nächstes kommt der Hauptteil der Arbeit, nämlich die Meinungen der deutschen und thailändischen Rspr. bezüglich aller möglichen Probleme des Tat- bzw. Aktbegriffs und die Kritik dazu (Kapitel D. und F.). Hier wird zugleich die Behandlung der Rspr. des Konkurrenzproblems diskutiert, weil die Rspr. das Problem des Tatbegriffs von dem des Konkurrenzverhältnisses abhängig macht, wenn auch nur halbherzig. Anschließend sind die zahlreichen Auffassungen der Lit. und Kritik dazu aufgeführt. (Kapitel E.) Die Meinungen der Lit. in Thailand werden in Kapitel F. zusammen mit den Meinungen der dortigen Rspr. behandelt. Im letzten Kapitel befinden sich die Ergebnisse der Arbeit und der vorgeschlagene Prüfungsaufbau der Tat bzw. des Akts.

Der vorgeschlagene Prüfungsaufbau zielt darauf ab, der heute herrschenden, aber durchaus kritikwürdigen Prüfung des Tat- bzw. des Aktbegriffs eine alternative Konzeption gegenüberzustellen. Diese Konzeption muss sich, um sich nicht von vornherein dem Vorwurf fehlenden Realitätsbezuges auszusetzen, durch zwei Charakteristika auszeichnen: Einerseits muss der vorgeschlagene Prüfungsaufbau gegenüber der herrschenden Prüfung Verbesserungen bzw. Vereinfachungen mit sich bringen oder darf jedenfalls nicht die Schwächen aufweisen, die der herrschenden Prüfung eigen sind. Andererseits darf er sich methodisch nicht zu weit vom herrschenden Tat- bzw. Aktbegriff entfernen. Die vollständige Loslösung von bekannten Argumentationsmustern und Wertungen führt, so sachgemäß sie auch sein mag, stets zu einer erhöhten Hemmschwelle. Die revolutionäre Lösung hat nur den Nachteil, dass sie sich zu weit von Althergebrachtem entfernt und folglich abgelehnt wird.

Nicht Gegenstand der Untersuchung ist hingegen die Auseinandersetzung mit dem Umfang des Prozessgegenstands im Bereich der Wahlfeststellung. Nicht behandelt wird ebenfalls das Modell des Einheitsstrafenprinzips, das im deutschen Jugendstrafrecht gilt. Dies hätte zwar zur wissenschaftlichen Vollständigkeit der Arbeit beigetragen, deren Umfang aber so wesentlich erhöht, dass die zentralen Gedankengänge des Prozessgegenstands verlorengegangen wären.

Kapitel B. Meinungsstand zum Tatbegriff bzw. zur Definition des angeklagten Akts

I. Zum Tatbegriff nach deutschem Recht

Im Folgenden wird die Tat im prozessualen Sinne in jeder Hinsicht erläutert: wie die Tat in Bezug auf den Prozessgegenstand steht, in welchem Umfang sie umgestaltet werden kann, inwieweit das Gericht sie aufklären muss, ob der Verfolgungswille des Klägers mit ihr zu tun hat, welche Aufgaben sie hat und wie sie individualisiert werden kann.

1. Die Tat als objektives Element des Prozessgegenstands

Bei dem Prozessgegenstand stellt sich erstens die Frage, was und inwieweit das Gericht bei der Urteilsfindung berechtigt und verpflichtet ist zu untersuchen. Außerdem wird man sich mit dem Prozessgegenstand nach dem rechtskräftigen Urteil beschäftigen müssen. Was genau und in welchem Ausmaß der Strafklageverbrauch umfasst, hängt von der Antwort auf die Frage des Umfangs des Prozessgegenstands ab. Wie in §§ 155 I und 264 I StPO geregelt ist, hat der Prozessgegenstand zwei Elemente, ein subjektives und ein objektives.[16] Das subjektive Element weist auf die Personen hin, die von der Urteilsfindung und dem Strafklageverbrauch umfasst sind. Nur über die Strafbarkeit der durch die Anklage beschuldigten Personen darf entschieden werden. Es kann während des Prozesses kein Wechsel in der Person des Beschuldigten eintreten. Ansonsten läge ein Verstoß gegen den Anklagegrundsatz vor. Da das Verfahren sich gegen die in der Anklageschrift bezeichnete Person richtet, die vor Gericht erscheint oder sonst im gerichtlichen Verfahren tätig wird, ist eine Namensverwechslung (d.h., wenn die Person in der Klage mit falschem Namen bezeichnet wird) für das Verfahren und das Urteil unschädlich, sofern die Identität sicher feststeht.[17]

Das objektive Element, das Gegenstand der vorliegenden Arbeit ist, deutet nach Rspr.[18] und h.L.[19] auf die Verhaltensweise hin, auf welche das Gericht bei

---

16 *Eb. Schmidt*, LehrK I, Rn. 246 ff.; *Beling*, § 28, S. 112; *Kindhäuser*, StPO, § 25, Rn. 2; *Peters*, § 50, II., 4., b); *Roxin/Schünemann*, § 20, Rn. 3 ff.; *Rüping*, Strafverfahren, Rn. 558.

17 OLG Köln MDR 1983, 865, 865; LR/*Beulke*, § 155, Rn. 5; KK/*Schoreit*, § 155, Rn. 7.

18 BVerfGE 23, 191, 202; 45, 434, 435; 56, 22, 28; RGSt 9, 420, 421; BGHSt 10, 396, 397; 13, 320, 321; 23, 141, 145; 29, 288, 292; 41, 385, 388; 45, 211, 212; BayObLGSt 1957, 196, 199; 1991, 51, 52; OLG Düsseldorf NJW 1983, 767 f.

der Urteilsfindung eingehen darf und die den Strafklageverbrauch umfasst. Nur die in der Anklage bezeichnete Tat, wie sie sich nach dem Ergebnis der Verhandlung darstellt, darf gemäß § 264 I StPO vom Gericht untersucht werden. Denn nur so weit reicht nach h.M.[20] der Strafklageverbrauch. Dies folgt auch aus dem Anklagegrundsatz.

Das subjektive Element bestimmt die Person, das objektive Element bestimmt die Tat. Beide Elemente sind miteinander verbunden: es geht um die Tat einer bestimmten angeklagten Person. Dabei ist die Tat immer der auf eine bestimmte Person bezogene Vorgang.[21]

Deswegen ist der prozessuale Tatbegriff exakt zu bestimmen, damit das Gericht weiß, in welchem Umfang es bei der Urteilsfindung eine Würdigung vornehmen kann, aber auch damit der Umfang des Strafklageverbrauchs somit geklärt ist. Nach dem Wortlaut von §§ 155, 264 StPO und der Rspr. sowie der h.L. ist die Tat prozessual zu bestimmen, wobei dies unabhängig vom materiellen Recht geschieht.[22] Hier liegt die Schwierigkeit, auf die im Rahmen dieser Arbeit noch ausführlich eingegangen wird.

---

19 KK/*Engelhardt*, § 264, Rn. 3; LR/*Gollwitzer*, 25. Aufl., § 264, 4 ff.; AK-StPO/*Loos*, StPO, § 264, 37 ff.; SK-StPO/*Schlüchter*, 64. Lfg. (Oktober 2009), § 264, Rn. 14 ff.; *Eb. Schmidt*, LehrK I, Rn. 296 ff.; LR/*Stückenberg*, § 264, Rn. 4; *Bindokat*, GA 1967, 327, 362; *Grünwald*, JZ 1970, 330; *ders.*, in: Teheran-Beiheft der ZStW 1974 (Hrsg. Jescheck), S. 94, 107 ff.

20 BVerfGE 23, 191, 202; 45, 434, 435; RGSt 21, 78, 80; BGHSt 6, 92, 95; 29, 288, 292; 35, 60, 61; 35, 318, 323; BayObLG NJW 1965, 2211, 2212; KK/*Engelhardt*, § 264, Rn. 2; LR/*Gollwitzer*, 25. Aufl., § 264, Rn. 2; LR/*Kühne*, Einl. K. Rn. 53, 88; SK-StPO/*Schlüchter*, 64. Lfg. (Oktober 2009), § 264, Rn. 7; KMR/*Stuckenberg*, § 264, Rn. 6; *Aachenbach*, ZStW 1975, 74, 90; *Bindokat*, GA 1967, 362, 366 ff.; *Oehler*, FS-Rosenfeld, 139, 142, *ders.*, GS-Schröder, 1978, 439, 443; *Roxin/Schünemann*, § 20, Rn. 2; *Schöneborn*, MDR 1974, 529, 530 f.; *Wolter*, GA 1986, 143, 154 f.; a.A. *Büchner*, Zweites Kapitel, 5., S. 112 ff., 159 ff.; *Krauth*, FS-Kleinknecht, 215, 227 ff., 233; *Marxen*, StV 1985, 472, 477; *Neuhaus*, StV 1990, 342, 343 f.; *Peters*, Strafprozess, § 36, II., § 54, II., 3.

21 BGHSt 32, 215, 217; *Detmer*, Erster Teil, A., II., 2., b., S. 28, Fn. 1; *Marxen*, StV 1985, 472, 475.

22 BVerfGE 45, 434, 435; BVerfG NJW 2004, 279; RGSt 61, 314, 317; BGHSt 35, 60, 61; 35, 318, 323; 43, 252, 256; BayObLGSt 1957, 196, 199; 1960, 5, 8; OLG Düsseldorf NJW 1983, 767, 768; OLG Frankfurt NStZ-RR 2001; vgl. auch LR/*Gollwitzer*, 25. Aufl., § 264, Rn. 3; *Pfeiffer*, § 264, Rn. 2; *Eb. Schmidt*, LehrK I, Rn. 295, 301; LR/*Stuckenberg*, § 264, Rn. 8; *Erb*, GA 1994, 265, 268; *Neuhaus*, StV 1990, 342 f.; *Oehler*, FS-Rosenfeld, 139, 147; s. auch unten Kapitel D.

2. Erschöpfung der Tat

Nach der sog. *Aufklärungspflicht* ist das Gericht verpflichtet, die den Gegenstand bildende angeklagte Tat restlos in jedem denkbaren Gesichtspunkt – tatsächlich (§ 244 II StPO) und rechtlich (§ 265 StPO) – zu würdigen und auf einmal zu erschöpfen. Dies folgt aus der Lockerung des Anklagegrundsatzes durch den *Untersuchungsgrundsatz,*[23] der vorsieht, dass das Gericht gemäß §§ 155 II, 206, 264 II StPO an die Beurteilung der Tat, die dem Beschluss über die Eröffnung des Hauptverfahrens zugrunde liegt, nicht gebunden ist. Die sog. *Subsumtionsfreiheit* gewährt dem Gericht die Unabhängigkeit von der rechtlichen, in der Anklage bezeichneten Meinung der StA. Es darf in seiner Entscheidung über die Erweislichkeit des angeklagten tatsächlichen Geschehens die von der StA eingenommene strafrechtliche Würdigung der Tat nicht mit Stillschweigen übergehen. Die veränderten Umstände, die erst in der Hauptverhandlung neu zutage treten können oder schon zuvor aktenkundig waren, hat das Gericht zugleich zu erforschen, sofern sie innerhalb der Grenzen der angeklagten Tat liegen. Diese Berücksichtigung der Änderung von Umständen und Bewertung nennt man die *Umgestaltung der Strafklage*, die im Nachstehenden erläutert wird.

Über eine Tat ist nur ein Urteil möglich. Es muss wegen ein und derselben Tat einheitlich auf Verurteilung, Freispruch oder Einstellung lauten. Verurteilung eines Tatteils und Freispruch eines anderen Tatteils sind unzulässig.[24] Über den Vorbehalt einer anderweitigen Strafverfolgung wird kein Wort verloren, um den Strafklageverbrauch einzuschränken. Ergänzungsprozess oder Vervollständigungsprozess sind *de lege lata* auch fremd.[25]

Das Recht und die Pflicht des Gerichts, innerhalb der Tat erschöpfend aburteilen zu können, müssen aber durch rechtliche Punkte eingeschränkt werden.[26] Die wichtigsten Punkte, die hier erwähnt werden sollen, sind an erster Stelle Prozesshindernisse, welche der Kognitionspflicht des Gerichts entgegenstehen, z.B. Verjährung[27] sowie Fehlen oder Rücknahme des erforderlichen Strafan-

---

23 KMR/*Stuckenberg*, § 264, Rn. 1.

24 BGHSt 21, 326, 327; 29, 341, 342; BGH NStZ 1985, 15, 15; StV 87, 52; OLG Stuttgart VRS 67, 356, 357; OLG Zweibrücken VRS 85, 206, 208; KK/*Schoreit*, § 260, Rn. 19; LR/*Stuckenberg*, § 264, Rn. 33; *Eb. Schmidt*, LehrK, § 260, Rn. 26; *Roxin/Schünemann*, § 20, Rn. 15 ff.

25 BVerfGE 65, 377, 381; s. auch LK/*Stuckenberg*, § 264, Rn. 31; *Achenbach*, ZStW 1975, 74, 101; *Schlüchter*, JZ 1991, 1057, 1068.

26 Vgl. KK/*Engelhardt*, § 264, Rn.13; LR/*Gollwitzer*, 25. Aufl., § 264, Rn. 68 ff.; KMR/*Stuckenberg*, § 264, Rn. 45 ff.

27 RGSt 39, 353, 355.

trags.[28] Die Beschränkung der richterlichen Kognition tritt außerdem ein, wenn das Verfahren nach § 154a StPO eingestellt worden ist, allerdings nur für die Zeit bis zu einer Wiedereinbeziehung.[29]

3. Umgestaltung der Anklageschrift

Der Gegenstand, den das Gericht berechtigt und verpflichtet ist zu erforschen, ist nicht nur die in der Anklage bezeichnete Tat, sondern auch jene, die sich nach dem Ergebnis der Verhandlung darstellt (§ 264 I StPO). An die Anklage ist das Gericht nur insoweit gebunden, als es den geschichtlichen Vorgang, der ihr zugrunde liegt, nicht völlig verlassen oder einen damit nicht zusammenhängenden Vorgang in das Verfahren einbeziehen darf.[30] Tritt oftmals die Änderung von Umständen oder Bewertung erst in der Hauptverhandlung ein, muss das Gericht dies umfassend würdigen, solange die Änderungen noch innerhalb der Grenze der angeklagten Tat stehen. Auch wenn der Begriff „Umgestaltung der Anklage“ in missverständlicher Weise anerkannt ist, da die Anklage nicht „umgestaltet“ werden kann, – sie bleibt unverändert als unverrückbare Grundlage der Urteilsfindung[31] – wird er in der Arbeit weiter angewendet, da er weithin noch geläufig ist. Insofern sind folgende Konstellationen denkbar:

a) Umgestaltung in tatsächlicher Hinsicht

Die tatsächlichen Abweichungen gegenüber dem im Eröffnungsbeschluss zugelassenen geschichtlichen Vorgang hindern nicht das Gericht die Aufklärungspflicht zu erfüllen, solange sich die Abweichungen innerhalb der angeklagten Tat bewegen. Auf die Frage, ob die Veränderung noch innerhalb der Tat liegt oder bereits aus ihr herausgetreten ist, findet dafür die Rspr. aufgrund der mangelnden Differenzierung des Problems[32] bis jetzt keine allgemeine Antwort. Sie lässt die Antwort davon abhängen, ob die „Nämlichkeit“ der Tat noch gewahrt, ob die Veränderung wesentlich ist, ob das veränderte noch das vom Eröffnungsbeschluss gemeinte oder ein neues Geschehen ist, ob der angeklagte geschichtliche Vorgang trotz der in der Hauptverhandlung erfahrenen Veränderung durch

28 RGSt 62, 83, 87 f.; BGHSt 17, 157 f.; OLG Frankfurt NJW 1952, 1388; s. auch KMR/*Stuckenberg*, § 264, Rn. 45; KK/*Engelhardt*, § 264, Rn. 13; LR/*Gollwitzer*, 25. Aufl., § 264, Rn. 68.

29 BGHSt 25, 388; KK/*Engelhardt*, § 264, Rn. 13; LR/*Gollwitzer*, 25. Aufl., § 264, Rn. 69; KMR/*Stuckenberg*, § 264, Rn. 47.

30 BGH StraFo 2009, 71; KK/*Engelhard*, § 264, Rn. 10; LR/*Gollwitzer*, § 264, Rn. 20; *Meyer-Goßner*, § 264, Rn. 9.

31 BGHSt 2, 371, 374; KMR/*Stuckenberg*, § 264, Rn. 2; LR/*ders.*, § 264, Rn. 2.

32 S. oben Kapitel A., II., 2. und Kapitel G., II., 2.

besondere Umstände noch so konkretisiert bleibt, dass vernünftige Zweifel an der Individualisierung der Tat bzw. an der Unterscheidbarkeit von anderen ähnlichen Taten nicht bestehen können.[33] Allerdings lässt sich allgemein sagen, dass bei Abweichungen von Zeit oder Ort der Tat, der Person des Verletzten, der Begehungsweise oder des Gegenstands, auf den sich die Tat bezieht, dem sog. Tatbild der Anklage, zumeist die prozessuale Tateinheit noch gewahrt ist.[34]

Durch die tatsächliche Umgestaltung darf die Verteidigung des Angeklagten nicht beeinträchtigt werden. Die veränderten Umstände müssen gemäß dem Mündlichkeitsprinzip zum Gegenstand der mündlichen Verhandlung gemacht werden. Ist der Angeklagte mit seiner Verteidigung nicht genügend darauf vorbereitet, so hat das Gericht die Hauptverhandlung nach § 264 IV StPO auszusetzen.[35]

b) Umgestaltung in rechtlicher Hinsicht

Rechtliche Abweichungen gegenüber Anklage und Eröffnungsbeschluss können unabhängig von einer Veränderung des Sachverhaltskomplexes gegeben sein. Diese Art der Abweichung ist innerhalb der Tat immer zulässig. Denn das Gericht muss den Unrechtsgehalt der Tat voll ausschöpfen (§ 264 I StPO) und ist nicht an die rechtliche Subsumtion der StA gebunden (§§ 155 II, 264 II StPO). Es kann Erschwerungs- oder Milderungsgründe berücksichtigen, die erst in der Hauptverhandlung hervortreten.[36] Wenn beispielsweise die Anklage wegen gewöhnlichen Diebstahls erhoben wird, kann das Gericht ohne weiteres wegen Diebstahls mit Waffen verurteilen.[37] Sogar unter einem anderen rechtlichen Gesichtspunkt kann es verurteilen, z.B. wegen Unterschlagung statt Diebstahls, wegen falscher Verdächtigung statt Falschaussage[38] oder wegen Beihilfe statt Mittäterschaft und umgekehrt. Beinhaltet das Ergebnis der Hauptverhandlung weitere rechtliche Gesichtspunkte, hindert dies das Gericht auch nicht daran, dementsprechend zu verurteilen, z.B. bei Anklage nur wegen Urkundenfälschung, aber auch Verurteilung wegen eines durch dieselbe Handlung begangenen Betrugs.

---

33 BGHSt 32, 215; BGH NStZ-RR 1998, 263; OLG Hamm GA 1972, 60; OLG Karlsruhe VRS 62, 278; OLG Saarbrücken VRS 50, 438, 439.

34 LR/*Gollwitzer*, 25. Aufl., § 264, Rn. 25; KMR/*Stuckenberg*, § 264, Rn. 21.

35 KK/*Engelhardt*, § 264, Rn. 18; LR/*Gollwitzer*, 25. Aufl., § 264, Rn. 25; KMR/*Stuckenberg*, § 264, Rn. 53.

36 KK/*Engelhardt*, § 264, Rn. 23; LR/*Gollwitzer*, 25. Aufl., § 264, Rn.30; *Roxin/Schünemann*, § 20, Rn.16.

37 *Roxin/Schünemann*, § 20, Rn. 16.

38 BayObLGNStZ 91, 405.

Allerdings könnten solche rechtlichen Abweichungen die *Informationsfunktion*[39] des Anklagegrundsatzes und damit die Verteidigung des Angeklagten beeinträchtigen. Deswegen ist die Hinweispflicht bei der Veränderung des rechtlichen Gesichtspunkts in § 265 I StPO geregelt. Danach muss der Angeklagte auf solche Veränderungen hingewiesen und ihm Gelegenheit zur Verteidigung gegeben werden. Jedoch wird man aus Art. 103 I GG und aus der auch von § 265 I StPO abgeleiteten Fürsorgepflicht über den Wortlaut des § 265 StPO hinausfolgern müssen, dass auch bei bloßer, tatsächlicher Änderung ein Hinweis zu erfolgen hat.[40] Denn es ist seit langem allgemein anerkannt, dass der Richter den Angeklagten in Bezug auf die neuen Tatsachen nicht im Unklaren lassen und der Angeklagte nicht mit der Feststellung einer entscheidungserheblichen neuen Tatsache überrascht werden darf.[41]

4. Verfolgungswille des Anklägers

Grds. spielt der Verfolgungswille der StA keine Rolle bei der Abgrenzung der prozessualen Tat. Der Gegenstand der Urteilsfindung ist laut § 264 I StPO die in der Anklage bezeichnete Tat, wie sie sich nach dem Ergebnis der Verhandlung darstellt. Der geschichtliche, einheitliche Lebensvorgang bildet immer eine Tat, so versteht es die h.M., ohne Rücksicht auf den Verfolgungswillen der StA.[42] Der Verfolgungswille der StA rückt nur in den Fokus der Betrachtung, wenn es darum geht zu bestimmen, welche von mehreren verfahrensrechtlich selbstständigen Taten Gegenstand der gerichtlichen Untersuchung sind.[43] In diesem Fall ist zu unterscheiden zwischen den Umständen, die nach dem Willen der StA mit der Anklage verfolgt werden sollen und den Umständen, die nur zum besseren Verständnis der erhobenen Anklage oder zum Zwecke des Beweises beiläufig erwähnt werden, ohne aber selbst Gegenstand eines in der Anklage erhobenen Vorwurfs oder Teil des einheitlichen Lebensvorganges zu sein. Solche beiläufig erwähnten Vorgänge werden nicht der Entscheidung des Gerichts unterstellt,

---

39 S. unten Kapitel C., IV., 2.

40 BGH NStZ 1984, 422; 1991, 550; 1994, 502; BGH StV 1991, 149; 1997, 237; OLG Bremen StV 1996, 301.

41 RGSt 76, 82, 85; BGHSt 8, 92, 96f.; 11, 88, 91, 19, 141, 142; 28, 196, 197; BGH NStZ 1981,190 f.; BayObLGSt1971, 91f.; OLG Hamm NJW 1980, 1587; KK/*Engelhardt*, § 265, Rn. 24; LR/*Gollwitzer*, 25. Aufl., § 265, Rn. 79; *Roxin/Schünemann*, § 44, Rn. 28.

42 BVerfGE NJW 2004, 279; BGHSt 32, 215, 216; 35, 60, 62; BGH NJW 81, 997; BGH NStZ 83, 87; 84, 469; 95, 351; BGH NStZ-RR 2006, 316 f.; BayObLG NJW 1984, 187; 1991, 2360; KK/*Engelhardt*, § 264, Rn. 9; LR/*Gollwitzer*, 25. Aufl., § 264, Rn. 4 ff.; *Eb. Schmidt*, LehrK I, Rn. 296 ff.; LR/*Stuckenberg*, § 264, Rn. 35.

43 BGHSt 16, 200, 202; 23, 271, 275; OLG Düss NJW 83, 767, 768.

auch wenn sie selbstständige Taten bilden. Denn der in der Anklage manifestierte Verfolgungswille der StA erstreckt sich nicht auf eben jene. Gehören die beiläufig erwähnten Geschehnisse demgegenüber selbst zum angeklagten Lebensvorgang, unterliegen sie der Entscheidung des Gerichts, obgleich sie die StA nicht als strafbares Verhalten gewürdigt hat.

5. Aufgaben der Tat

Die Tat als objektives Element des Prozessgegenstands hat vier Aufgaben: Sie bezeichnet den Gegenstand der Rechtshängigkeit, bestimmt die Grenze der Urteilsfindung, legt die Grenze der Strafklageumgestaltung fest und begrenzt die Ausdehnung der Rechtskraft.[44]

a) Festlegung des Umfangs der Rechtshängigkeit

Rechtshängigkeit tritt ein mit der Eröffnung des Hauptverfahrens oder mit diesen gleichkommenden Ereignissen[45] und endet mit der Rechtskraft der richterlichen Entscheidung. Von da an kann die StA gemäß § 156 StPO die öffentliche Klage nicht mehr zurücknehmen und die Verfahrensherrschaft geht auf das Gericht über.[46] Mit der Rechtshängigkeit tritt zugleich Prozesshindernis ein,[47] d.h. ein weiteres Verfahren bei einem anderen Gericht darf nicht anhängig gemacht werden. Dies führt grds. zur Einstellung des Verfahrens.[48] Der prozessuale Tatbegriff bestimmt deshalb den Umfang der Rechtshängigkeit; der außerhalb des Tatbegriffs liegende Sachverhaltskomplex darf hingegen in einem anderen Verfahren verfolgt werden.

b) Festlegung des Umfangs der Urteilsfindung

Nach den Schlussvorträgen und dem letzten Wort des Angeklagten kommt das Gericht zur Urteilsfindung. Gegenstand der Urteilsfindung ist die in der Anklage bezeichnete Tat, wie sie sich nach dem Ergebnis der Verhandlung darstellt (§ 264 I StPO). Der Prozessgegenstand bestimmt die Grenze der Urteilsfindung des

---

44 *Kindhäuser*, StPO, § 25, Rn. 5 ff.; *Volk*, § 13, Rn. 4 ff.; s. auch ähnlich *Roxin/Schünemann*, § 20, Rn. 2.

45 BGHSt 14, 17; 20, 219, 221; OLG Hamm VRS 58, 363, 365; LR/*Beulke*, § 156, Rn. 1; KMR/*Plöd*, § 151, Rn. 65; *Eb. Schmidt*, LehrK I, Rn. 155 ff.; a.A. BGHSt 29, 341, 343; *Roxin/Schünemann*, § 40, Rn. 10;

46 BGHSt 27, 253; 29, 224, 229.

47 BayObLG MDR 88, 77; *Eb. Schmidt*, LehrK I, Rn. 155 ff.; *Kindhäuser*, StPO, § 14, Rn.14; *Roxin/Schünemann*, § 21, Rn. 8, § 40, Rn. 10;

48 BGHSt 5, 381, 384; 22, 185, 186; 22, 232, 235; KK/*Engelhardt*, § 264, Rn. 2; KK/*Pfeiffer*, Einl., Rn. 131; LR/*Stuckenberg*, § 206a, Rn. 34.

Gerichts, d.h. innerhalb desselben Prozessgegenstands ist das Gericht berechtigt und verpflichtet, in jeder strafrechtlich denkbaren Hinsicht die Situation zu bewerten. Im Umkehrschluss bedeutet das auch, dass alle anderen Vorgänge, die nicht zur prozessualen Tat gehören, nicht der Kognitionspflicht unterliegen.

Deswegen begrenzt die prozessuale Tat den Umfang der Urteilsfindung. Handelt es sich um dieselbe Tat, die in der Anklage bezeichnet ist, muss das Gericht die sog. *materielle Wahrheit* von Amts wegen erforschen (§§ 155 II, 264 II StPO). Alle anderen Umstände, die nicht zur prozessualen Tat gehören, unterliegen nicht dem Gericht.

c) Festlegung des Umfangs der Strafklageumgestaltung

Aus dem Grundsatz der Erschöpfung des Tatbegriffs erstreckt sich die Wahrheitsfindung des Gerichts gemäß § 244 II StPO nicht nur auf die angeklagte Tat, sondern auch auf neue Umstände und Bewertungen, die während der Hauptverhandlung auftauchen, solange sie den Rahmen derselben Tat nicht sprengen. Um den Angeklagten vor der Überraschung der Feststellung einer entscheidungserheblichen neuen Tatsache zu schützen, ist er zuvor auf diese Gegebenheit hinzuweisen (§ 265 I StPO). In Fällen, in denen die neuen Umstände eine andere prozessuale Tat betreffen, reicht der Hinweis des Gerichts aber nicht aus. Sie können mangels einer Anklage nicht als Gegenstand der Untersuchung und Entscheidung einbezogen werden (§§ 155 I, 264 I StPO). Die Eröffnung eines gerichtlichen Strafverfahrens setzt aus dem Anklagegrundsatz die Erhebung einer Anklage voraus (§ 151 StPO). Die neuen Umstände können in diesem Verfahren nur angeklagt werden, indem die StA eine Nachtragsanklage erhebt (§ 266 StPO).

Geht es um dieselbe prozessuale Tat, ist das Gericht verpflichtet, alle strafrechtlich denkbaren Würdigungen und Ansichten in einer umfassenden einheitlichen Aburteilung zusammenzubringen. Umstände, die von der prozessualen Tat nicht umfasst werden, darf das erkennende Gericht dagegen nicht als Gegenstand seiner Aburteilung miteinbeziehen, solange sie ihm nicht durch eine Nachtragsanklage nach § 266 StPO unterbreitet wurden, (wobei die Zustimmung des Angeklagten notwendig ist).[49]

d) Festlegung des Umfangs der Rechtskraft

Die materielle Rechtskraft besitzt die sog. *Sperrwirkung*. Mit ihr ist die Strafklage wegen derselben prozessualen Tat verbraucht. Die erneute Strafverfolgung

---

49 BGHSt 27, 115; BGH StV 1982, 159; 1984 363; OLG Köln VRS 1964, 216.

wegen jener Tat ist unzulässig.[50] Dies folgt aus dem Grundsatz *„ne bis in idem"*, der in Art. 103 III GG geregelt ist und deshalb Verfassungsrang hat.[51]

Insofern bestimmt der Prozessgegenstand die Ausdehnung der Rechtskraft. Umstände, die zur prozessualen Tat gehören, obwohl sie nicht in der Hauptverhandlung berücksichtigt werden, dürfen nicht erneut verfolgt werden.

6. Die Tat und ihre Individualisierung

Tatindividualisierung oder *Tatkonkretisierung* in tatsächlicher Hinsicht bezieht sich auf die prozessuale Tat,[52] indem die Tatindividualisierung dem Gericht den Anfangspunkt oder den Hinweis vermittelt, dass es damit seine Kognitionspflicht innerhalb der Tat erkennt. Durch die Tatindividualisierung wird die prozessuale Tat impliziert.[53] Die Angaben der Tat in tatsächlicher Hinsicht, z.B. Zeit, Raum, Gegenstand, Art der Tätigkeit, Erfolg, sowie die gesetzlichen Merkmale der Tatbestände und die anzuwendenden Strafvorschriften, dienen als *Umgrenzungs- und Informationsfunktion*[54] des Anklagegrundsatzes. Die Anklagebehörde soll die Tat so beschreiben, dass sie individualisiert ist. Alle Eigenschaften einer Tat müssen so angegeben werden, dass sich die Anklage tatsächlich auf ein bestimmtes Tatindividuum bezieht, nicht auf ein anderes, bzw. dass eine *Verwechslungsgefahr* ausgeschlossen wird.[55]

Es ist unmöglich – und zudem auch sachwidrig – allgemein zu bestimmen, welche Angaben dargestellt werden müssen, damit die Tat individualisiert ist. § 200 I StPO erwähnt nur allgemeine Individualisierungsmerkmale, nämlich Tatzeit und Tatort. Sie sind einerseits zwar unentbehrlich, aber sie reichen allein regelmäßig nicht aus.[56] Überflüssig sind sie allerdings auch nicht. Weil niemand zur gleichen Zeit an verschiedenen Orten sein kann, ist die einfachste und effektivste Methode der Tatbeschreibung die genaue Angabe von Ort und Zeit der Tat. Bei Erfolgsdelikten, z.B. Totschlag oder Sachbeschädigung, haben sie jedoch nur untergeordnete Bedeutung, da der Erfolg, beschrieben durch Tatopfer und Tatobjekt, vorgeht. Dies ergibt sich daraus, dass ein Mensch oder eine Sa-

---

50 RGSt 72, 99 102; BVerfGE 3, 248, 251; BGHSt 5, 323, 328; 7, 283, 286, 9, 190, 192; 13, 306, 308; 19, 190, 192; 20, 292, 293; *Kindhäuser*, StPO, § 25, Rn. 34; *Roxin/Schnünemann*, § 52, Rn. 6; *Volk*, § 32, Rn. 6.

51 *Liebholz/Rinck*, GG, Art. 103, Rn. 1631; LR/*Kühne*, Einl. K., Rn. 74 ff.; *Kindhäuser*, StPO, § 25, Rn. 34; *Roxin/Schnünemann*, § 52, Rn. 6; *Volk*, § 32, Rn. 6.

52 LR/*Stuckenberg*, § 200, Rn. 14; *v. Kries*, § 62, 501.

53 *Detmer*, Erster Teil, C., I., S. 43; *Jakobs*, GA 1971, 257, 258.

54 S. unten Kapitel C., IV, 2.

55 LR/*Stuckenberg*, § 200, Rn. 5, 18; *Jakobs*, GA 1971, 257, 258; *Puppe*, NStZ 1982, 230.

56 RGSt 68, 105, 106 ff.; LR/*Stuckenberg*, § 200, Rn. 19.

che nur einmal getötet oder zerstört werden kann, die sog. *Einzigartigkeit des Erfolges*.[57] Trotz Abweichungen von Tatzeit und Tatort bleibt die angeklagte Tat dem Angeklagten deshalb noch verständlich. Allerdings ist es nach allgemeinen Gesetzen der Natur und der Erfahrung nicht ausgeschlossen, dass ein Mensch mehrmals körperlich verletzt oder eine Sache mehrfach in gleicher Weise beschädigt oder gestohlen werden kann. Damit die Tat bei solchen Fällen auch individualisiert werden kann, muss die Mehrfacherfüllung der Tatbeschreibung völlig ausgeschlossen sein.[58]

Liegen Mängel einer den Tatvorwurf nicht hinreichend konkretisierten Anklage vor, ist nach h.M. das entscheidende Kriterium die Beurteilung, ob durch die Mängel die Umgrenzungs- oder die Informationsfunktion der Anklage betroffen ist.[59] Falls die Angaben in der Anklage die Umgrenzungsfunktion nicht erfüllen, die sich auf Person, konkreten Sachverhalt und Umfang der Rechtskraft eines Urteils richtet, liegt nach der h.M. eine unwirksame Anklage vor, was zur Ablehnung der Eröffnung oder Einstellung des Verfahrens wegen eines Prozesshindernisses führt.[60] Fehlen die Angaben, die die Informationsfunktion erfüllen, z.B. Unvollständigkeit oder Fehlen der gesetzlichen Merkmale der Tatbestände, der anzuwendenden Strafvorschriften oder des wesentlichen Ergebnisses der Ermittlungen, ist von der Unwirksamkeit der Anklage keine Rede.[61]

7. Einheitlichkeit des Tatbegriffs

Wie oben bereits gezeigt wurde, bestimmt der Tatbegriff den Umfang der Rechtshängigkeit und der Rechtskraft. Ob der Umfang des Tatbegriffs in den beiden Prozessstadien identisch ist, ist eine andere Frage. Gewiss führt ein weit gefasster Tatbegriff bei Rechtshängigkeit zu einer zu weiten Sperrwirkung, was als unerwünscht angesehen wird.[62] Ein zu derselben Tat gehörender Vorgang, der aber nicht in der Hauptverhandlung berücksichtigt wird – was bei einem

---

57 *Detmer*, Dritter Teil, B., V., 3, S. 307; *Puppe*, NStZ 1982, 231.

58 *Puppe*, NStZ 1982, 231.

59 BGHSt 40, 44, 45; 40, 390, 392, 44, 153, 156; OLG Karlsruhe StV 1986, 336; AK/*Loos*, StPO, § 200, Rn. 25; SK-StPO/*Paeffgen*, § 200, Rn. 26 ff.; KK/*Schneider*, § 200, Rn. 30 ff.; LR/*Stuckenberg*, § 200, Rn. 80; *Beulke*, StPR, § 13, Rn. 285; *Volk*, § 12, Rn. 40.

60 BGHSt 40, 390, 392; OLG Düsseldorf NStZ-RR 1997, 109; OLG Schleswig NStZ-RR 1996, 111, 112; *Meyer-Goßner*, § 200, Rn. 26; SK-StPO/*Paeffgen*, StPO, § 200, Rn. 29; SK-StPO/*Schlüchter*, 64. Lfg. (Oktober 2009), § 243, Rn. 28; KK/*Schneider*, § 200, Rn. 32; KMR/*Seidl*, § 200, Rn. 66; *Volk*, § 12, Rn. 40; a.A. OLG Karlsruhe StV 1986, 336;.

61 KK/*Schneider*, § 200, Rn. 34; SK-StPO/*Paeffgen*, § 200, Rn. 28; LR/*Stuckenberg*, § 200, Rn. 80; *Beulke*, StPO, § 13, Rn. 265; *Volk*, § 12, Rn. 40.

62 S. vor allem die Ansicht der tatsächlichen Aburteilungsmöglichkeit in Kapitel E., VI.

weiten Tatbegriff der Rechtshängigkeit öfter vorkommt – kann nicht erneut verfolgt werden. Deswegen versuchen einige Autoren[63] den Umfang der Sperrwirkung zu verengen, indem sie beispielsweise die Sperrwirkung nur auf den konkreten Urteilsgegenstand beschränken, nicht aber auf den potentiell überprüfbaren.

Die ganz überwiegende Auffassung in der Rspr. und im Schrifttum spricht ausnahmslos für die Einheitlichkeit des Tatbegriffs,[64] jedenfalls bis BGHSt 29, 288 ff. Das bedeutet, dass die Sperrwirkung auch das Ereignis erfasst, dass das Gericht in der Hauptverhandlung hätte berücksichtigen müssen, weil es zu derselben Tat gehört. Der Angeklagte kann nicht wegen eines solchen Ereignisses erneut verfolgt werden.

Das einfachste Argument, mit dem man die Einheitlichkeit des Tatbegriffs begründen kann, ist der Wortlaut der §§ 155, 264 StPO einerseits und der des Art. 103 III GG andererseits. Der Gesetzgeber verwendet bei allen drei Vorschriften den gleichen Begriff „Tat".[65]

Neben der grammatischen Analyse spricht eine teleologische Auslegung auch für die Einheitlichkeit des Tatbegriffs. Der Grundsatz *„ne bis in idem"*, dem Art. 103 III GG zugrunde liegt, schützt in erster Linie den Verurteilten und den Freigesprochen vor der erneuten Strafverfolgung wegen derselben Strafsache, damit nach dem Urteil, insbesondere für den Verurteilten, Rechtsfrieden entsteht.[66] Der Staat – durch seine Strafverfolgungsorgane – hat das Recht und die Pflicht, die angeklagte Tat umfassend zu erforschen. Zum Ausgleich dafür bindet er sich selbst durch die Rechtskraft eines Urteils an Recht und Pflicht.

---

63 Vor allem der Ansatz der tatsächlichen Aburteilungsmöglichkeit, vgl. *Büchner,* Zweites Kapitel, 5., S. 112; *Geerds,* § 37, I., S. 407; *Henkel,* Strafverfahrensrecht, § 100, III., 1., d), S. 389 f.; S. auch Kapitel E., VI.

64 BVerfGE 45, 434, 435; 56, 22, 29; RGSt 24, 419 f.; 49, 272, 274; BGHSt 13, 21, 22; 25, 388, 390; 32, 145, 150; NJW 1955, 1240; OLG Celle VRS 36, 353; OLG Hamm StV 1984, 16; KK/*Engelhardt*, § 264, Rn. 2; LR/*Rieß,* 25. Aufl., Einl. Abschn. J, Rn. 62; LR/*Stuckenberg,* § 264, Rn. 7; *Aachenbach*, ZStW 1987, 74, 90; *Beling*, § 56, S. 267; *Beulke* in: FG 50 Jahre BGH IV (Hrsg. Canaris u.a.), S. 781 f.; *Cording*, 5. Teil, B., IV., 2., j), S. 199 ff.; *Fezer,* in: Rechtsdogmatik (Hrsg. Schmidt), S. 125, 129; *Grünwald*, Teheran-Beiheft der ZStW 1974 (Hrsg. Jescheck), S. 94, 111 ff.; *Herzberg*, JuS 1972, 120; *Oehler*, Rosenfeld-FS, 139, 142; *Roxin/Schünemann*, § 20, Rn.2; *Eb. Schmidt*, LehrK I, Rn. 295 f.; *Schnöneborn*, MDR 1974, 529, 530, Fn. 20; *Wolter*, GA 1986, 154 ff.; a.A. BGHSt 29, 288 ff.; BayObLG JZ 1991, 1095, 1096; *Büchner,* Zweites Kapitel, 5., S. 112; *Krauth,* Kleinknecht-FS, 215, 232 f.; *Marxen*, StV 1985, 472, 477; *Peters,* Strafprozess,§ 36, I., II., S. 278 ff.

65 *Cording*, 5. Teil, B., IV., 2., j), S. 199; *Detmer*, Erster Teil, E., I., S. 77; vgl. auch *Bertel*, I., A., 5., S. 16.

66 S. Kapitel C., III., 2., b), aa).

Eine solche Bindung ist dadurch gekennzeichnet, dass das Gericht bei der Verfolgung eines unbekannt gebliebenen Ereignisses in einem späteren Prozess dieses nicht ohne weiteres miteinbeziehen darf. Es darf nicht zu Lasten des Verurteilten gehen, wenn das Gericht keine Strafbarkeitsmöglichkeit gesehen hat. Deshalb muss die Reichweite der Sperrwirkung zwangsläufig gleichgesetzt werden, wie die der Klageumgestaltungsbefugnis.[67]

Die Einheitlichkeit des Tatbegriffs wird durch die systematische Interpretation auch bestätigt.[68] Der Grundsatz *„ne bis in idem"* ist Ausfluss der materiellen Rechtskraft: Alles, was nach § 264 StPO Urteilsgegenstand ist, erwächst in materielle Rechtskraft; was bereits abgeurteilt ist, darf grds. nicht noch einmal abgeurteilt werden. Die Strafklage kann nie in einem weiteren Umfang verbraucht sein, als das entscheidende Gericht das Recht gehabt hätte, ein strafbares Verhalten zum Gegenstand des Verfahrens und Urteils zu machen – andernfalls gäbe es straffreie Räume. Diese systematische Zusammenschau zwischen § 264 StPO und Art. 103 III GG lässt eine unterschiedliche Tatbegrenzung als systemwidrig erscheinen.

Auch ein Zusammenhang mit den engen Wiederaufnahmevorschriften führt zu diesem Ergebnis, der Einheitlichkeit des Tatbegriffs. Diese Normen enthalten eine Regelung darüber, wann das Auftauchen neuer Tatsachen oder Beweismittel ein neues Verfahren rechtfertigt. Der Gesetzgeber regelt damit genau, wann bisher unbekanntes Material zu einer Durchbrechung der Sperrwirkung führen darf und deshalb kann der Umfang der Sperrwirkung nicht davon abhängen, was dem Gericht im früheren Verfahren alles bekannt oder erkennbar war.[69]

Zu demselben Schluss führt eine historische Interpretation: Der Gesetzgeber hat sich dafür entschieden, dass eine Befugnis der Klageumgestaltung notwendig ist; m.a.W. hat er einen Tatbegriff festgelegt, der eine Klageumgestaltung zulässt und zu einer entsprechend weiten Rechtskraftwirkung führt, nicht aber einen Tatbegriff, der eine Umgestaltung der Strafklage ausschließt, dafür aber ein erneutes Verfahren bei Auftreten neuer Umstände oder Gesichtspunkte gestattet. Damit zeigt sich, dass für den Gesetzgeber die Einheitlichkeit der Tatbestimmung selbstverständlich ist.[70]

---

67 *Cording*, 5. Teil, B., IV., 2., j), S. 200; *Detmer*, Erster Teil, E., III., 3., S. 98 ff.; *Fezer,* in: Rechtsdogmatik (Hrsg. Schmidt), S. 125, 129 f.; *Oehler*, Rosenfeld-FS, 139, 141; *Schöneborn*, MDR 1974, 529, 530 f.; *Wolter*, GA 1986, 143, 155.

68 *Cording*, 5. Teil, B., IV., 2., j), S. 199 f.;

69 *Bertel*, Anhang, 1., S. 186; *Cording*, 5. Teil, B., IV., 2., j), S. 200.

70 *Cording*, 5. Teil, B., IV., 2., j), S. 199; *Radtke*, 1. Kapitel, B., III., 2., b), S. 76 ff.; *Schöneborn*, MDR 1974, 529, 530 f.

Außerdem unterstützt der Gedanke der *Sanktionswirkung* auch die Einheitlichkeit des Tatbegriffs. Danach hat der Staat das Recht und die Pflicht, durch die Verwirklichung des materiellen Strafrechts die materielle Gerechtigkeit durchzusetzen und die Rechtssicherheit wiederherzustellen. Um die Pflicht zu erfüllen, verleiht das Gesetz dem Staat eine Reihe von Machtmitteln. Erfüllt er diese Pflicht nur unvollständig, so muss er die darauf beschlossene Wirkung hinnehmen, also kann er eine erneute Strafverfolgung wegen derselben Tat nicht erheben. Diese Sanktionswirkung kann jedoch nur angenommen werden, wenn sich der Tatbegriff bei der Klageumgestaltung und der Rechtskraft auf exakt diejenige Tat bezieht, die das Gericht hätte aufklären und erledigen müssen.[71]

Aus dem Prinzip der Einheitlichkeit des Tatbegriffs heraus sind die Theorien der tatsächlichen Kognitionsmöglichkeit abzulehnen.[72]

II. Zum objektiven Element des Prozessgegenstands nach thailändischem Recht

Da in Thailand der Prozessgegenstand bzw. sein objektives Element bis jetzt nicht viel Beachtung findet, muss zunächst herausgefunden werden, was er darstellen soll. Dann muss man weiter erforschen, welche Aufgaben er hat, inwieweit er geändert werden kann, ob die Erschöpfung des angeklagten Akts nach thailändischem Strafprozessrecht auch existiert, wie der Ankläger die Anklageschrift bezeichnen muss und wie groß der Einfluss des Verfolgungswillens des Anklägers ist. Um ein besseres Verständnis zu erlangen, wird der Überblick über das thailändische Strafrecht und Strafprozessrecht gesondert vorgestellt.

1. Überblick über das thailändische Strafrecht und das Strafprozessrecht

Um einen Überblick über das thailändische Strafrecht und das Strafprozessrecht zu bieten, werden im Folgenden der Gang des Strafverfahrens, wichtige Prozessmaximen, die Konkurrenz des Strafrechts und die Wahlfeststellung skizziert.

a) Allgemeines

Seit eh und je, auch bis heute, ist der thailändische Strafprozess unglücklicherweise in vielen Bereichen vom Zivilprozess geprägt. Die thailändische Strafpro-

---

71 *Aachenbach*, ZStW 1975, 74, 90; *Cording*, 5. Teil, B., IV., 2., j), S. 200 f.; *Detmer,* Erster Teil, E., III., 1., S. 95.
72 S. Kapitel E., VI.

zessordnung (TStPO) und die Lit. sprachen und diskutierten von Strafansprüchen[73] oder Rechtsverhältnissen[74], welche der deutschen, strafrechtlichen Rechtsordnung fremd sind. Vor Gericht waren Ankläger und Angeklagter auf gleicher Ebene Gegenspieler, in deren Verfahrenstätigkeit gegensätzliche Interessen aufeinandertreffen und deren Verfahrensrechte einander entgegengestellt sind. Das richterliche Verfahren war damals stark kontradiktorisch geprägt, da in dessen Rahmen die Beteiligten einander als „Gegner" gegenübertraten.

Allerdings wurde in der Zeit des Kolonialismus eine große Gesetzreform durchgeführt. Zum Ersatz für das *Gesetz der drei Siegel* wurden alle fundamentalen Gesetzbücher völlig neu entworfen. Die Lehre der staatlichen Justizwährungspflicht, die die Bewährung der Rechtssicherheit als Aufgabe des Staates ansieht, wurde eingeführt. Man begann den Unterschied zwischen der Eigenart des Strafprozesses und der des Zivilprozesses zu erkennen. Deswegen wurde der Versuch unternommen, zivilprozessuale und strafprozessuale Regelungen streng voneinander zu trennen, indem man die jeweiligen Normen in zwei verschiedene Gesetzbücher unterteilte. Leider war nur die Trennung der Bücher geschaffen, nicht aber die Trennung des unterschiedlichen Charakters der Normen. Wesentlich einschneidender ist jedoch der Fakt, dass die TZPO als Modell für die TStPO erhalten wurde. Deshalb herrscht noch immer der Parteiprozess im thailändischen Strafverfahren.[75]

§ 15 TStPO ist ein klares Zeichen dafür, dass die Gedanken bezüglich der zivilprozessrechtlichen Normen im Strafprozess noch immer eine Rolle spielen. Diese Norm, deren Zweck es ist, die unnötige Wiederholung von Vorschriften zu vermeiden,[76] erlaubt die Einbeziehung der zivilprozessrechtlichen Normen ins Strafverfahren, um etwaige Lücken zu füllen. Jedoch verursacht sie einen Fremdkörper im Strafverfahren.

Im Schrifttum erkennt man den Unterschied des Wesens des Zivilprozesses und des Wesens des Strafprozesses. Deswegen vertritt die h.L. die Meinung, dass der Staatsanwalt nicht auf gleicher Ebene mit dem Beschuldigten stehen soll. Vielmehr sei er dem Beschuldigten eindeutig übergeordnet. Er habe von Beginn des Verfahrens an starke Machtmittel zur Hand; ihm stehe der Apparat des Polizei- und Sicherheitsdienstes bei der Strafverfolgungstätigkeit zur Verfügung. Die StA und die polizeilichen Ermittlungspersonen müssen ihre Aufgaben objektiv erfüllen; sie müssen die materielle Wahrheit erforschen, ohne Bindung

73 §§ 34, 36, 39 TStPO

74 *NaNakorn*, in: Kritik (Hrsg. Winyuchon Verlag), S. 9, 15 f.

75 *Prokati*, Rechtsreform, S. 31 ff.

76 *NaNakorn*, StPR , S. 48.

an irgendeinen Antrag.[77] Schließlich ist die h.L. der Auffassung, der sich die Rspr. auch anschließt, dass hinsichtlich § 15 TStPO nur solche zivilprozessrechtlichen Regelungen in das Strafverfahren einbezogen werden können, die dem Wesen des Strafprozesses nicht entgegenstehen,[78] z.B. Vorschriften von Ausschließung und Ablehnung von Gerichtspersonen, Missachtung des Gerichts,[79] Beweisanträge,[80] Rechtshängigkeit,[81] Zeugenladung[82].

aa) Gang des Verfahrens

Das thailändische Strafverfahren lässt sich nach h.L. in drei Teile gliedern: das Vorverfahren, das gerichtliche Hauptverfahren und das Vollstreckungsverfahren.[83]

Das *Vorverfahren* ist das Verfahren, in dem die Strafanklage noch nicht vor Gericht gebracht wurde. Es besteht aus Antragsstellung, informatorischer Befragung, Ermittlung durch polizeiliche Ermittlungspersonen und die StA sowie der Entscheidung zur Strafklageerhebung der StA. Sobald die StA oder der Verletzte die Anklage vor Gericht erheben, ist das Vorverfahren beendet.

Es soll hier erwähnt werden, dass das thailändische Vorverfahren wiederum in zwei Teile gegliedert wird: Ermittlung und Strafklageerhebung. Sie sind scharf zu trennen. Die polizeilichen Ermittlungspersonen sind für die Ermittlung grds. allein verantwortlich. Nach der Ermittlung leiten sie das Ermittlungsergebnis an die StA weiter. Die StA entscheidet, ob sie die Strafklage vor Gericht erhebt. Sie kann sich grds. nicht an der Ermittlung beteiligen.

Das *gerichtliche Hauptverfahren* beginnt mit der Anklage der StA oder des Verletzten. Dabei hat das Gericht die Pflicht, die Anklage darauf zu prüfen, ob sie alles beinhaltet, wie § 158 TStPO es vorsieht und ob die gerichtliche Zuständigkeit gegeben ist, die sog. *Überprüfung der Anklageschrift* (§ 161 TStPO). Ist das Gericht der Meinung, dass die Anklage richtig bezeichnet wurde, kann das Gericht entweder die Eröffnung des Hauptverfahrens sofort beschließen oder das Vorbereitungsverfahren einleiten, wenn vernünftige Gründe vorliegen (§ 162 (2) TStPO). Allerdings ist das Gericht verpflichtet, das Vorbereitungsver-

---

77 *Likasitwatanakul*, Dul. Okt. 1996, 3, 9 ff.;*NaNakorn*, in: Kritik (Hrsg. Winyuchon Verlag), S. 9, 24 ff.

78 *Chaihan*, StPR I, S. 16; *NaNakorn*, StPR, S. 48 ff.

79 TObGE 195/1941.

80 TObGE 280/1962; 261/1968; 1706/1988.

81 TObGE 1012/1984.

82 TObGE 886/1999.

83 *Chaihan*, StPR I und II, S. 41 ff., *Ketsawapitak*, StPR I und II; *Likasitwatanakul*, Dul.Okt. 1996, 3, 5.

fahren vorzunehmen, falls der Verletzte der Kläger ist (§ 162 (2) TStPO). Das Vorbereitungsverfahren dient dazu, dass das Gericht alle Beweismittel des Anklägers daraufhin prüft, ob sie den Anfangsverdacht bezüglich der Begehung eines Tatbestands begründen. So sollen Situationen vermieden werden, in denen der Einzelne die Klägerrolle aus seinem speziellen Interessenkreis heraus übernimmt oder eben nicht übernimmt, und sich die Gefahr eröffnet, dass entweder erforderliche Prozesse unterbleiben, die im Staatsinteresse geboten wären, oder grundlose Prozesse unnötig vorgenommen werden.[84]

In der Hauptverhandlung erforscht das Gericht die Wahrheit durch alle Beweismittel, die der Ankläger und der Angeklagte erhoben haben. Die Hauptverhandlung der Strafsachen vor dem Strafgericht in Thailand ist unterschiedlich zu jener in Deutschland. Auch wenn die h.L. die ganz einhellige Meinung vertritt, dass alle Verfahrensbeteiligten, besonders das Gericht und die StA, berechtigt und verpflichtet sind, die materielle Wahrheit von Amts wegen zu erforschen,[85] verhält man sich in der Praxis exakt wie bei der Hauptverhandlung von Zivilsachen. Die Verfahrensherrschaft liegt beim Ankläger und dem Angeklagten. Nur die Parteien können den Streitstoff in den Prozess einführen. Das Gericht verwendet nur diejenigen Tatsachen zu seiner Entscheidung, die von einer Partei vorgetragen worden sind. Dementsprechend bestimmen auch die Parteien über Gang und Inhalt des Verfahrens.

Nach der Hauptverhandlung muss das Gericht die Hauptverhandlung durch Urteil abschließen. Kommt es zum Ergebnis, dass der Angeklagte sich strafbar gemacht hat und keine Entschuldigungsgründe vorliegen, muss es ihn verurteilen (§ 185 II TStPO). Befindet es dagegen, dass sich der Angeklagte nicht strafbar gemacht hat, dass ein Entschuldigungsgrund vorliegt, dass der Tatbestand verjährt ist, oder dass andere geregelte Gründe vorliegen, die eine Strafbarkeit des Angeklagten somit nicht begründen, muss es ihn freisprechen (§ 185 I TStPO). Das Urteil muss alle Einzelheiten gemäß § 186 TStPO beinhalten.

Nach dem Urteil des Gerichts erster Instanz haben die Prozessbeteiligten noch die Möglichkeit, von Rechtsmitteln Gebrauch zu machen.

Das *Vollstreckungsverfahren* beginnt mit dem rechtskräftigen Urteil. Es richtet sich nach § 245 ff. TStPO und liegt, anders als in Deutschland, in der Hand des Gerichts.[86] Ist die Todesstrafe oder eine lebenslange Freiheitsstrafe zu vollstrecken und wurde kein Gebrauch von Rechtsmittel gemacht, muss das Ge-

---

84 *Chaihan*, StPR II, S. 51; *Ketsawapitak*, StPR II, S. 119.

85 *Likasitwatanakul,* Dul. Okt. 1996, 3, 8 f.; *NaNakorn*, in: Kritik (Hrsg. Winyuchon Verlag), S. 9, 24 ff.

86 § 245 II TStPO; vgl. auch TObGE 42/1977.

richt erster Instanz das Urteil an das Gericht zweiter Instanz weiterleiten. Das Urteil ist nicht rechtskräftig, solange das Gericht zweiter Instanz es noch nicht bestätigt hat (§ 245 II TStPO). Das Urteil der Todesstrafe darf nicht sofort vollstreckt werden. Es muss ausgesetzt werden, bis der Verurteilte oder Dritte mit berechtigtem Interesse den Antrag auf königliche Amnestie stellt.

Nach der MM.[87] wird das Strafverfahren nur in zwei Teile gegliedert, vergleichbar mit dem in Deutschland, nämlich in das *Erkenntnisverfahren* und das *Vollstreckungsverfahren.* Die unterschiedlichen Gliederungen haben jedoch kaum Bedeutung.

bb) Wichtige Prozessmaximen

Die Prozessmaximen, die für die vorliegende Arbeit wesentlich und für ein besseres Verständnis des thailändischen Strafprozessrecht erforderlich sind, sind die vier Folgenden:

(1) Offizialmaxime und ihre Durchbrechung durch den Verletzten

Die TStPO vermittelt grds. den staatlichen Justizorganen das Recht, den kompletten Strafprozess vorzunehmen: im Vorverfahren den polizeilichen Ermittlungspersonen und der StA, im Hauptverfahren der StA und dem Gericht, im Vollstreckungsverfahren dem Gericht und den Vollstreckungsorganen. Der Verletzte kann sich jedoch an bestimmten Teilen weitgehend beteiligen, nämlich in dem er Anzeige bei der Polizei stellt (§§ 123, 124 TStPO), die Strafklage vor Gericht erhebt (§ 28 TStPO) und die Strafklage zurücknimmt (§§ 35, 36 TStPO). Er kann Straftaten allein verfolgen. Er kann sogar die Befugnis der StA einschränken: Ohne Strafantrag des Verletzten können die polizeilichen Ermittlungspersonen die Ermittlung bei Straftaten gegen persönliche Rechtsgüter nicht vornehmen und ohne die Ermittlung kann die StA die Strafklage nicht erheben (§§ 121 f. TStPO). Entscheidet sich die StA, die Strafklage vor Gericht nicht zu erheben, verkürzt dies den Anspruch des Verletzten aber nicht, seine Strafklage vor Gericht selbst zu erheben (§ 34 TStPO). Trotz aller Beschränkungen der Befugnisse der StA vertritt die h.L. die Meinung, dass die Offizialmaxime im thailändischen Strafverfahren herrscht, da die StA eine wichtigere Rolle spielt. Dies basiert vor allem darin, dass sie gemäß § 32 TStPO berechtigt ist, beim Gericht zu beantragen, dass das Gericht den Ausschluss der Mitwirkung des Verletzten anordnet, wenn eine solche Mitwirkung das Verfahren beschädigen könnte.[88]

---

87 *NaNakorn*, StPR, S. 44 f.

88 *Chaihan*, StPR I, S. 31; *NaNakorn*, StPR, S. 61; *ders.*, JZ-DPU 2001, 49, 54; a.A. *Phonwan*, ZStA 1983, 20 f.

(2) Legalitätsprinzip

Da die Durchführung des Verfahrens von polizeilichen Ermittlungspersonen und die von der StA deutlich voneinander abgegrenzt sind, ist getrennt zu überlegen, ob die beiden Strafverfolgungsorgane das Verfahren von Amts wegen vornehmen müssen. Diese Frage wird in der TStPO nicht deutlich beantwortet. Damit muss man die Antwort aus den zusammenhängenden Vorschriften entnehmen. Die häufigste Begründung dafür, dass das Legalitätsprinzip im Ermittlungsverfahren der Polizei herrscht, findet sich in §§ 121, 122 TStPO. In § 121 I TStPO ist Folgendes geregelt: *„Polizeiliche Ermittlungspersonen sind befugt, alle strafrechtlich relevanten Umstände zu ermitteln."* Ausnahmen, wonach sie die Ermittlung nicht einleiten könnten, sind in § 122 TStPO geregelt. Abgeleitet davon vertritt die h.L. die Ansicht, dass die polizeilichen Ermittlungspersonen i.d.R. verpflichtet sind, die Ermittlung einzuleiten. Lediglich bei den in § 122 TStPO genannten Fällen müssen sie sie nicht vornehmen.[89]

Ferner versucht *NaNakorn* mit noch zwei weiteren Gründen zu beweisen, dass polizeiliche Ermittlungspersonen das Ermittlungsverfahren von Amts wegen einleiten müssen. Erstens besage § 189 TStGB, *„[w]er einem anderen hilft, der wegen Vergehens beschuldigt wird, damit die Strafe nicht vollstreckt werden kann, indem er ..., wird mit ... bestraft.*" Davon könnte man ableiten, dass die polizeilichen Ermittlungspersonen dazu verpflichtet seien, die Ermittlung bei allen Verbrechen vorzunehmen. Würde die Polizei diese Aufgabe unterlassen, läge eine Amtspflichtverletzung vor. Zudem zeige sich auch eine der grundsätzlichen Aufgaben der Polizei, nämlich den Rechtsfrieden der Gesellschaft wiederherzustellen, indem sie u.a. das Ermittlungsverfahren durchführen müsse.[90]

Ob die StA eine Anklage nicht erheben darf, auch wenn der hinreichende Tatverdacht besteht – beim sog. *Opportunitätsprinzip* – war gesetzlich nicht zweifelsfrei geregelt und vor 2010 umstritten. Die h.L. war allerdings der Meinung, dass es der StA freistand, ob sie einen bestimmten Tatbestand ahnden oder auf eine Verfolgung des Täters verzichten wollte.[91] *NaNakorn* hat seine Aussage bewiesen, indem er meinte, in der TStPO sei keine Norm vorhanden, die besage, dass die StA bei allen verfolgbaren Straftaten einschreiten müsse. Deswegen habe sie keine Pflicht, alle Strafklagen vor Gericht zu erheben. Außerdem meinte er, falls das Legalitätsprinzip bei der Strafklageerhebung der StA herrschen würde, sollte die vor Gericht bereits erhobene Strafklage nicht mehr zurückgenommen werden können. Die TStPO verbietet jedoch das nicht. Sie erlaubt so-

---

89 *Chaihan*, StPR I, S. 34 ff; *Chaisamutr*, StPR I, S. 726; *NaNakorn*, StPR, S. 405.
90 *NaNakorn*, StPR, S. 405.
91 *NaNakorn*, StPR, S 409 f.

gar der StA, die Strafklage wegen Straftaten gegen kollektive Rechtsgüter und auch gegen persönliche Rechtsgüter zurückzunehmen (§ 35 TStPO).[92] Allerdings ist seit dem Inkrafttreten des Staatsanwaltschaftsgesetzes 2010 das Problem erledigt, da sehr deutlich geregelt ist, dass die StA von der Verfolgung einer Tat absehen kann. Daher herrscht bei der StA das Opportunitätsprinzip.

(3) Anklagegrundsatz

Die Begriffe „Anklagegrundsatz" oder „Akkusationsprinzip" einerseits und „Inquisitionsprinzip" andererseits haben die thailändischen Juristen nicht einstimmig verstanden. Früher glaubte man, dass während in Kontinentaleuropa das Inquisitionsprinzip das Strafverfahren beherrschte, in anglo-amerikanischen Ländern und auch in Thailand das Akkusationsprinzip regierte. Jedoch veränderte sich in den letzten zehn Jahren die Ansicht. Zurzeit versteht man unter dem Inquisitionsprozess den bis ins 19. Jahrhundert in Deutschland praktizierten Prozess, wobei es keinen Ankläger und keinen Angeklagten gab, sondern nur den untersuchenden und urteilenden Richter und das Objekt seiner Tätigkeit. Nun gilt in den meisten Ländern und auch in Thailand aber der Anklagegrundsatz, wobei die Richterrolle und die Klägerrolle getrennt sind und der Angeklagte nicht mehr als Rechtsobjekt angesehen wird, sondern als Rechtsadressat.[93]

Gemäß §§ 28, 143 (2), 157, 192 I TStPO setzt die Eröffnung eines gerichtlichen Strafverfahrens die Erhebung einer Anklage voraus. Die Klägerrolle und die Richterrolle sind im thailändischen Strafverfahren streng voneinander abgegrenzt. Darüber hinaus ist die gerichtliche Kognitionspflicht auf eine dem Gericht bindend vorgegebenen Anklage begrenzt. Man kann sagen, dass unter der Bezeichnung „Anklagegrundsatz" – anders als im deutschen Strafverfahren – ein *reines Anklageverfahren* verstanden wird. Bei der Untersuchungs- und Urteilstätigkeit hängt von der Anklageerhebung nicht nur ab, *ob* richterliche Untersuchung und Entscheidung eintreten, sondern auch *wie* diese richterliche Untersuchung nach erhobener Anklage durchgeführt wird. Ankläger und Angeklagter als Parteien üben die Verfahrensherrschaft aus. Sie führen den Tatsachenstoff und die Beweismittel herbei. Sie können über den Verfahrensgegenstand durch Zurücknahme der Anklage einerseits und mittels Geständnis andererseits verfügen. Sie haben im Ganzen die Gestaltung des Verfahrens derart in der Hand, dass das Gericht nur über das von ihnen beigebrachte Material zu entscheiden hat, ohne selbst eine Untersuchungstätigkeit auszuüben.[94] Außerdem besteht das

---

92 *NaNakorn*, StPR, S 409 ff; S. auch *Chaihan*, StPR I, S. 34 f.

93 *Chaihan*, StPR I, 26 ff.; *NaNakorn*, StPR, S. 56 ff.

94 Vgl. auch *NaNakorn*, in: Kritik (Hrsg. Winyuchon Verlag), S. 9, 29 f.

Überschreitungsverbot der Anklageschrift bei Urteilsfindung gemäß § 192 I TStPO.

(4) Ermittlungsgrundsatz

Der Ermittlungsgrundsatz ist im thailändischen Strafverfahren einer der problematischsten Grundsätze.[95] Wie soeben erwähnt verhält man sich im Strafverfahren ähnlich wie im Zivilverfahren. Die Prozessrechtsverhältnisse sind dreiseitig; das Gericht, der Ankläger und der Angeklagte. Die Verfahrensherrschaft liegt bei Ankläger und Angeklagtem. Nur die Parteien können den Streitstoff in den Prozess einführen. Das Gericht verwendet nur diejenigen Tatsachen zu seiner Entscheidung, die von den Parteien vorgetragen wurden. Dementsprechend bestimmen auch die Parteien den Gang und den Inhalt des Verfahrens.[96]

Jedoch wird dieses Verhältnis sehr heftig von der Lit.[97] kritisiert. Dort versteht man strafrechtswidriges Verhalten als Beeinträchtigung der Rechtsgüter. Der Staat und alle staatlichen Organe haben deshalb die Pflicht, die materielle Wahrheit zu untersuchen, um Frieden in die Gesellschaft zurück zu bringen. Diese staatliche Justizgewährungspflicht würde niemals erfüllt, wenn das Gericht nur die von Parteien vorgetragenen Tatsachen verwendet, aber sonstige Tatsachen außer Acht lässt. Außerdem bilden die strafrechtlichen Sanktionen den Belastungsgehalt für den Betroffen. Sie sind der schwerstwiegende Eingriff in die freie Entfaltung des Einzelnen. Deswegen soll die Voraussetzung der Anwendung solcher Sanktionen die Wahrheit darüber, ob der Angeklagte sich strafbar macht, voraussetzen. Ansonsten könnten Unschuldige mit lebenslanger Freiheitsstrafe oder sogar Todesstrafe wahrheitswidrig bestraft werden. Deswegen sollen die strafrechtlichen Verfolgungsorgane, besonders das Strafgericht, die materielle Wahrheit erforschen. Das Strafgericht soll hierbei die aktive Rolle übernehmen.[98]

Die Lit. begründet ihre Meinung, indem sie Normen in der TStPO erwähnt, die nach ihrer Ansicht als Berechtigungs- und Verpflichtungsnormen gelten, die die StA dazu zwingen, die materielle Wahrheit aufzuklären.[99] Nach § 175 TStPO

---

95 Vgl. *NaNakorn*, in: Kritik (Hrsg. Winyuchon Verlag), S. 9, 24 ff.

96 S. etwa wie *Chaihan,* StPR I, S. 51 ff.; *ders.,* StPR II, S. 103 ff.; *Ketsawapitak,* StPR I, S. 458 ff.; *ders.,* StPR II, S. 193 ff., 223 ff.; *Luechai,* StPR I, S. 19 ff.; *ders.,* StPR II, S. 120 ff.; *NaNakorn,* in: Kritik (Wiyuschon Verlag), S. 35, 36 ff. und *passim*; *Watjanasawad,* StPR I, S. 15 ff.

97 *Lamultree,* S. 8 ff., 76 ff. ; *Moungpon,* S. 148 ff.; *NaNakorn,* in: Kritik (Hrsg. Winyuchon Verlag), S. 35 ff.; *Pinveera,* S. 54 ff.; *Polsombatnant,* S. 31 ff.; *Yaisawang*, S. 82 ff.

98 *NaNakorn*, JZ-DPU 2001, 49 ff., *ders.*, in: Kritik (Hrsg. Winyuchon Verlag), S. 9, 29 f.

99 *Chaihan*, StPR I, S. 36; *ders.*, StPR II, S. 222 f.; *NaNakorn*, StPR, S. 64.

hat das Gericht die Befugnis, das Ermittlungsergebnis von der StA in die Hauptverhandlung miteinzubeziehen, damit es jenes als Hilfsmittel bei der Urteilsfindung benutzt. Ferner hat das Gericht laut § 229 TStPO[100] die Beweisaufnahme selber durchzuführen.[101] Außerdem ist es gemäß § 228 TStPO nicht nur an das Beweismittel gebunden, das von Parteien erhoben wird. Vielmehr kann es auch ein anderes Beweismittel selbst verwenden, um mehr Tatsachen zur Kenntnis zu nehmen.[102] Das Gericht kann letztlich die Beweisaufnahme weiter durchführen, obwohl der Angeklagte sein Geständnis ablegt (§ 176 TStPO). Nach dieser Auffassung zeigen sich die genannten Vorschriften, dass die Pflicht des Gerichts, die materielle Wahrheit aufzuklären, nicht an irgendeiner formellen Verhandlungsordnung oder an Anträge von jemandem gebunden ist.[103]

Nicht nur das Gericht, sondern auch die polizeilichen Ermittlungspersonen und die StA, haben die Pflicht, die materielle Wahrheit zu untersuchen. Die polizeilichen Ermittlungspersonen müssen gemäß § 131 TStPO alle Beweismittel sammeln, also nicht nur die, die die Schuld des Angeklagten, sondern auch solche, die seine Unschuld erweisen. Die StA kann bei Entscheidung zur Strafklageerhebung die polizeilichen Ermittlungspersonen gemäß § 143 TStPO anweisen, die Ermittlungen weiter durchzuführen. Das Ermittlungsergebnis darf der StA nicht genügen, wenn sie befindet, dass die Wahrheit noch nicht aufgeklärt ist. Dies alles ist nach der Lit. so zu deuten, dass alle Strafverfolgungsorgane die Pflicht haben, die materielle Wahrheit zu erforschen.

Bis jetzt misslingt leider der Versuch der Lit. Die Verhandlung vor dem Strafgericht ist immer noch die gleiche wie die vor dem Zivilgericht. Die Rspr. könnte wahrscheinlich der Lit. zustimmen. Sie könnte aber leider nicht ändern, wie sie sich in der Hauptverhandlung seit Jahrzehnten verhält.

b) Skizzierung der materiell-rechtlichen Konkurrenz

Die Konkurrenzen sind in §§ 90 ff. im thailändischen Strafgesetzbuch (TStGB) geregelt. Sie werden mit dem sog. *Differenzierungsprinzip* – wie in Deutschland – behandelt. Tateinheit liegt gemäß § 90 TStGB vor, wenn mehrere Gesetzesverletzungen durch eine Handlung bzw. Handlungseinheit verwirklicht werden. Dabei kommt gemäß § 90 TStGB der Strafrahmen des Gesetzes zur Anwendung, das *„die schwerste Strafe ... androht“*. Bei der Tatmehrheit wird gemäß § 91 TStGB dagegen eine Einzelstrafe für jede der Taten festgestellt und diese

---

100 Die Vorschrift ist auch als ein Zeichen des Unmittelbarkeitsprinzips angesehen. Vgl. *NaNakorn*, StPR, S. 67 f.

101 *Chaihan*, StPR II, S. 222 f.,

102 TObGE 2944/2001.

103 *Chaihan*, StPR I, S. 36; *NaNakorn*, StPR, S. 64.

anschließend verrechnet und summiert. Allerdings darf dies die in § 91 (1) - (3) TStGB geregelten, höchsten Strafmaße nicht überschreiten.

Diese vom Westen übernommenen Konkurrenzen fanden ihren Einzug im thailändischen Strafrecht erst im Jahr 1909, als König Rama V. ein neues Strafgesetzbuch zum Ersatz für das *Gesetz der drei Siegel* schaffen ließ. In den §§ 70 f. StGB 1909 wurden die Konkurrenzen geregelt. In § 70 TStGB 1909 wurde die Tateinheit in demselben Sinne geregelt wie die Tateinheit der deutschen Konkurrenzen, § 71 TStGB 1909 Kratong-Mehrheit[104] bzw. Tatmehrheit. Als das TStGB 1909 noch in Kraft war, hat die Rspr. den Grundsatz *Ungleichheit und Ungleichzeitigkeit der Handlung* entwickelt, um Tateinheit und Tatmehrheit voneinander abzugrenzen. Als das heutige Strafgesetzbuch im Jahr 1957 entworfen wurde, wurden die Konkurrenzen in die §§ 90 f. StGB mit kleinen Veränderungen übertragen. Der Begriff „Kamma“[105] wurde durch den Einfluss des von der Rspr. entwickelten Grundsatzes Ungleichheit und Ungleichzeitigkeit der Handlung ebenfalls hinzugefügt, also § 90 TStGB Kamm-Einheit und § 91 TStGB Kamm-Mehrheit. Die Kamm-Einheit hat, allgemein gesagt, dieselbe Bedeutung wie die Handlungseinheit, und Kamm-Mehrheit wie die Handlungsmehrheit.

Genau wie in § 52 des deutschen StGB setzt § 91 TStGB für die Anwendung der Strafe, nach dem die schwerste Strafe androhenden Gesetz, zweierlei voraus: Zunächst müssen mehrere Tatbestandsverwirklichungen vorliegen. Zum anderen stehen diese Tatbestandsverwirklichungen im Verhältnis zur Handlungseinheit. Diese zwei verschiedenen Probleme werden zwar von der Lit.[106] deutlich voneinander abgegrenzt, wie man in Fällen von iterativen oder sukzessiven Handlungen, Dauerdelikten und mehraktigen Delikten erkennen kann. Dabei ist nur eine Tatbestandsverwirklichung vorhanden, wobei, wie *Wajanasawad*[107] ganz deutlich darlegt, §§ 91 f. TStGB hier keine Anwendung findet. Jedoch nimmt die Rspr. die Abgrenzung verschwommen wahr.[108] Gewiss würden keine thailändischen Strafrichter den Angeklagten wegen dreifacher Körperverletzung verurteilen, wenn er sein Opfer dreimal direkt hintereinander auf den Kopf schlägt. Indessen drückt die Rspr. häufig aus, dass der Täter eine Körper-

---

104 Die Bedeutung des Begriffs „Kratong“ ist in der thailändischen Rechtsgeschichte niemals deutlich definiert. Es könnte „Strafe“, „Tatbestand“ oder auch „Tat“ i.S.d. Tateinheit oder Tatmehrheit heißen. S. z.B. für die Undeutlichkeit des Begriffs „Kratong“ *Darunowart*, 2. Kapitel, 2.2, 2.2.4 und *passim;Lulitanond,* AT, S. 162; *Tingsapat,* S. 490.

105 „Kamma“ bedeutet „Akt“ oder „Handlung“.

106 *Meenakanit,* AT, S. 144 ff.; *Sang-Uthai,* AT, S. 125 f.; *Watjanasawad,* AT, S. 766 ff.

107 *Watjanasawad*, AT, S. 766.

108 S. unten Kapitel F., II., 2., m.w.N.

verletzung *tateinheitlich* verwirklicht.[109] Das ist unhaltbar inkorrekt. Bei Dauerdelikten oder mehraktigen Delikten, bei denen nach der Strafrechtdogmatik nur eine Tatbestandsverwirklichung vorliegt, sagt die Rspr. ebenfalls fälschlicherweise aus, dass *Tateinheit* vorliegt.[110]

c) Wahlfeststellung

In Thailand wird Wahlfeststellung nur in der Lit. diskutiert, jedoch selbst das nur sehr beschränkt. Man versteht unter Wahlfeststellung nur Situationen, in denen das Gericht mit Sicherheit erklären kann, wodurch sich der Angeklagte schuldig gemacht hat, das aber nicht in der Anklage bezeichnet wurde, die sog. *Wahlfeststellung i.w.S.*[111] Die Wahlfeststellung i.e.S. oder Verurteilung auf mehrdeutiger Tatsachengrundlage findet keine Beachtung und ist nach Einstellung der thailändischen Juristen vermutlich undenkbar.

§ 192 III TStPO besagt, dass Wahlfeststellung unter acht genannten Delikten zulässig ist, nämlich Diebstahl, Erpressung, Erpressung mittels Geheimnisverrat, Betrug, Gläubigerbetrug, Unterschlagung, Hehlerei und Sachbeschädigung. Zudem ist die Wahlfeststellung zwischen vorsätzlichen und fahrlässigen Delikten auch möglich.

2. Objektives und subjektives Element des Prozessgegenstands

Um zu bestimmen, ob es sich immer noch um denselben Prozessgegenstand handelt und damit das Gericht Klarheit darüber erhält, ob es ihn erforschen kann, müssen die Elemente des Prozessgegenstands präzisiert werden. Wie soeben erwähnt spricht die TStPO nicht exakt vom Prozessgegenstand, jedoch spricht die Lit. schon von zwei folgenden Elementen. Allerdings bestehen diese Erläuterungen leider nur beim Gegenstand der Rechtskraft, also bei § 39 (4) TStPO, nicht aber auch beim Gegenstand der Rechtshängigkeit (§§ 163 f., 192 TStPO).

Das erste ist das subjektive Element, nämlich die angeklagte Person. Ist die Person des rechtskräftigen Urteils die gleiche, wie die in der neuen Anklage, ist die erneute Anklage unzulässig.[112] Falls der Ankläger die falsche Person anklagt, darf er deshalb die richtige Person verfolgen.[113]

---

109 TObGE 347/1937; 1104/1961; 172/1983; 3625/1988; 1633/1991; 4025/1991; 1864-1866/1993.

110 TObGE 400/1986; 2457/1987; 2083/1996.

111 *NaNakorn,* StPR, S. 506, 554.

112 TObGE 1067/1941; 2664/1984; *Chaihan*, StPR I, 143; *Luechai,* StPR I, S. 151 f.; *NaNakorn*, StPR, S. 560 f.; *Ketsawapitak*, StPR I, S. 581; *Watjanasawad*, StPR I, S. 197.

113 TObGE 755/1933.

Vom objektiven Element des Prozessgegenstands redet man in Thailand noch noch sehr selten. Vorwurf, Anklage und auch der Akt werden als objektives Element des Prozessgegenstands genannt, aber nicht ausführlich diskutiert. Bis jetzt setzt sich noch keine einzige Ansicht darüber durch, was das objektive Element des Prozessgegenstands ist. Es ist die erste Hauptaufgabe der vorliegenden Arbeit, dies herauszufinden und danach mithilfe der gültigen Normen ihre Reichweite zu bestimmen.

3. Angeklagter Akt als objektives Element des Prozessgegenstands und seine Aufgaben

Was das objektive Element des Prozessgegenstands ist, lässt sich in den Normen der TStPO finden. Eine Vorschrift in der TStPO, an die man immer denken muss, wenn man vom Prozessgegenstand redet, ist § 39 (4) TStPO. Sie ist nach der hier vertretenen Meinung als Zentralvorschrift anzusehen, weil sie von allem, was überhaupt in der thailändischen Rechtsordnung vorhanden ist, dem Grundsatz *„ne bis in idem"* am nächsten kommt. Es handelt sich in § 39 (1) - (7) TStPO um Prozesshindernisse. Unter § 39 (4) TStPO versteht man in Thailand den Grundsatz *„ne bis in idem"*, also das Doppelbestrafungsverbot nach der Rechtskraft.[114] Demgemäß erlischt der Strafanspruch, wenn das „absolut beendete" Urteil über den „angeklagten Tatbestand" besteht. Auf den ersten Blick ist dann zu sagen, dass die „angeklagten Tatbestände" die objektive Seite des Gegenstands der Rechtskraft darstellen, oder wahrscheinlich auch den Gegenstand des Strafprozesses überhaupt. Was der „angeklagte Tatbestand" ist, lässt sich aber nicht einfach bestimmen.

Nach der grammatikalischen Auslegung ist mit dem Begriff „Tatbestand" ohne Zweifel die Norm gemeint, die menschliches Verhalten als unrechtmäßig bestimmt und eine strafrechtliche Rechtsfolge anordnet.Allerdings steht für die ganz überwiegende Meinung fest, dass § 39 (4) TStPO damit nicht den Tatbestand meint, also nicht *crimen*. Die Rspr. drückt es ganz klar aus: Mit dem angeklagten Tatbestand sei nicht der Tatbestand gemeint, sondern der Akt des Angeklagten.[115] Nicht selten macht die Rspr. einen großen Fortschritt und sagt, die Tatbestandsverwirklichungen in der neuen Anklage stehen im Verhältnis von

---

114 *Chaihan*, StPR I, S. 143; *Charuchinda,* ZTB 1970, Teil II, 318, 320; *Kowilaikul,* JZ-CU Sep.1978,91 f.; *Luechai,* StPR I, S. 151; *NaNakorn*, StPR, S. 185 f.; *ders.*, in: Kritik (Hrsg. Winyuchon Verlag), S. 9, 22; *Sang-Uthai,* Anm. zur TObGE 87/1941; *Siriroj,* viertes Kapitel, S. 60 ff.

115 TObGE 938/1941; 382-383/1945; 2019/1950 (GS); 783/1950; 1182/1951; 1037/1958; 1295/1966; 1656/1979; 3116/1982; 4105/1998; 6243/2001; 8910/2006.

Tateinheit zu denen im rechtskräftigen Urteil, deswegen erlischt bereits der Strafanspruch.[116] In der Lit. ist es unbestritten, dass mit dem angeklagten Tatbestand hier der angeklagte Akt des Angeklagten gemeint ist, der der Anklage zugrunde liegt.[117] Dem ist zuzustimmen. Wäre in § 39 (4) TStPO Tatbestand gemeint, hätte der wegen Mordversuchs rechtskräftig Verurteilte noch einmal wegen des vollendeten Mordes verfolgt werden können, wenn das Opfer erst später gestorben ist. Das wäre in einem modernen Rechtsstaat undenkbar.[118]

Nachdem der Gegenstand der Rechtskraft in die Rede eingefügt ist, bleibt noch die unentbehrliche Frage nach dem Gegenstand der Rechtshängigkeit. Diese ist noch schwieriger zu beantworten. Zwei Vorschriften kommen in Betracht, nämlich § 192 und § 158 TStPO.

§ 192 TStPO schreibt vor, inwieweit das Gericht untersuchen und aburteilen darf. Demgemäß darf das Gericht den Angeklagten wegen der nicht im Antrag auf Bestrafung stehenden Tatbestände und wegen der in der Anklage nicht bezeichneten Tatsachen nicht verurteilen. Im Umkehrschluss bedeutet dies, dass das Gericht berechtigt und verpflichtet ist, ausschließlich das zu erforschen, was in der Anklageschrift und im Antrag auf Bestrafung bezeichnet ist. Aber was ist es dann, das in der Anklageschrift steht oder im Antrag der Bestrafung bezeichnet ist? Die Antwort könnte wahrscheinlich der Gegenstand der Rechtshängigkeit sein.

Man sucht dann weiter danach, was nach thailändischem Strafprozessrecht in der Anklageschrift bezeichnet werden muss. In § 158 TStPO, welcher im dritten Buch „Verfahren im ersten Rechtszug", dem ersten Abschnitt „Erhebung der Anklage" steht, handelt es sich darum, was in der Anklage bezeichnet werden muss. Bei Nr. (5) steht Folgendes: *Alle angeklagten Akte, ihre örtlichen und zeitlichen Umstände und ihre Einzelheiten, und die betroffenen Personen oder Gegenstände, damit der Angeklagte den Vorwurf gut nachvollziehen kann.*

An dieser Stelle kommt die Arbeit in zwei Bereichen, nämlich Rechtshängigkeit und Rechtskraft, zum selben Ergebnis. § 39 (4) besagt, dass der Gegenstand der Rechtskraft der angeklagte Akt sei. §§ 192 I, 158 (5) schreiben vor, dass der Gegenstand der Rechtshängigkeit den angeklagten Akt darstellen müsse.

---

116 TObGE 4105/1998; 588/1999; 290/2000; 892/2001; 7028/2004; 9083/2004; 680/2007; 6602/2008; 4209/2009; 1411/2010.

117 *Chaihan,* StPR I, S. 143; *Charoencham*, Anm. zur EMStA 31/1998 *Ketsawapitak,* StPR I, S. 585; *Luechai,* StPR I, S. 152; *NaNakorn,* StPR, S. 198; *Watjanasawad*, StPR I, S. 199.

118 S. auch Kapitel A., II., 1., und Kapitel G., I., 3. m.w.N.

a) Festlegung des Umfangs der Rechtshängigkeit

Nach dem Anklagegrundsatz bzw. dem reinen Anklageverfahren darf das Gericht nur im Rahmen des angeklagten Akts tätig werden. Jedoch ist für thailändische Juristen dieser Rahmen mangels Kenntnis des Rechtsinstituts „Prozessgegenstand" nicht festgelegt. Normen der TStPO sollen untersucht werden, um den Rahmen des angeklagten Akts zu bestimmen. Man denkt zunächst an § 192 TStPO. § 192 I TStPO verbietet dem Gericht zweierlei. Erstens darf es den Angeklagten nicht wegen Tatsachen verurteilen, die nicht in der Anklageschrift bezeichnet wurden. Zweitens darf das Gericht den Angeklagten nicht wegen Tatbeständen verurteilen, die den Antrag auf Bestrafung überschreiten. Das nennt man das *Überschreitungsverbot der Anklageschrift bei der Urteilsfindung*. Das Verbot bedeutet auch umgekehrt, dass nur das, was in der Anklageschrift und im Antrag auf Bestrafung steht, der Untersuchung und der Aburteilung des Gerichts unterliegt. § 192 I TStPO bestimmt dann hauptsächlich den Umfang der Rechtshängigkeit. Der wegen einfachen Diebstahls Angeklagte kann deshalb nicht wegen Nachtdiebstahls, sondern nur wegen einfachen Diebstahls verurteilt werden, obwohl das Gericht den Nachtdiebstahl feststellt, da dieser die Anklage überschreitet.[119]

Wie sehr dieses Ergebnis dem Gerechtigkeitsgefühl entgegensteht, braucht nicht mehr näher begründet zu werden. Deswegen lockert § 192 II TstPO am Ende die Regel des Absatz 1 auf. Auch wenn es in der Anklage nicht bezeichnet wird, kann das Gericht die in der Hauptverhandlung eintretenden Tatsachen untersuchen, wenn der Unterschied zwischen den in der Anklage bezeichneten Tatsachen und den Tatsachen gemäß dem Ergebnis der Hauptverhandlung nicht den Kernpunkt der Anklage betrifft, m.a.W. wenn der Unterschied nicht wesentlich ist, und die Verteidigung des Angeklagten davon nicht benachteiligt wird. Absatz 3 konkretisiert Absatz 2 dahingehend, welcher Unterschied nur Einzelheiten der Anklage betrifft, sodass das Gericht den Angeklagten nicht freisprechen muss, aber ihn wegen der Tatsachen gemäß dem Ergebnis der Hauptverhandlung aburteilen kann.

Noch hinzuzufügen ist § 192 VI TStPO. Dort ist es erlaubt, den Angeklagten wegen der nicht im Antrag auf Bestrafung bezeichneten Tatbestände zu verurteilen, wenn die in der Anklage bezeichneten Tatsachen mehrere Tätigkeitsakte verbinden, die auch unter die abzuurteilenden, aber unbezeichneten Tatbestände subsumiert werden können.

Durch den Umfang des Gegenstands der Rechtshängigkeit gemäß § 192 I, II, VI TStPO sollte zugleich ein Prozesshindernis gebildet werden, das sich für

119 Vgl. TObGE 2624/1998 und *Ketsawapitak*, StPR II, S 465 f.; *NaNakorn*, StPR, S. 554.

weitere Strafverfahren auf denselben Gegenstand auswirkt. Bedauerlicherweise wendet sich die ganz h.M. zu § 173 II (1) TZPO hin, die durch § 15 TStPO ins Strafverfahren einbezogen werden kann.[120] § 173 TZPO verbietet dem Kläger, eine weitere Klage zu erheben, wenn das Gericht eine Klage wegen derselben Sachen bereits angenommen hat bzw. wenn eine Klage wegen derselben Sachen bereits rechtshängig ist.[121] Unter „dieselben Sachen" gemäß § 173 II (1) TZPO verstehen die Rspr. und die Lit. denselben Streitgegenstand, der dasselbe Geschehen bzw. denselben Vorgang darstellt.[122] Obwohl dies dem Ergebnis vom vorherigen Abschnitt (der Gegenstand der Rechtshängigkeit ist kein *crimen*) entspricht, muss die Übertragung der zivilprozessrechtlichen Normen durch § 15 TZPO ins Strafverfahren abgelehnt werden. Wie *NaNakorn* meint, sei der Normzweck von § 15 TZPO, in der Tat die unnötige Wiederholung der Normen zu vermeiden.[123] So soll § 15 TZPO aus diesem Grund hier keine Anwendung finden, da diejenigen Regelungen im Strafprozessrecht bereits gegeben sind.

Neben § 192 TStPO gibt es noch die §§ 163 f. TStPO. Dort wird von der Änderung der Anklageschrift gesprochen, was im nächsten Abschnitt ausführlich behandelt wird. Hier ist nur festzustellen, dass §§ 163 f. TStPO den Umfang der Rechtshängigkeit mitbestimmen. Denn sie besagen, welche Umstände in der Anklage korrigiert und welche nicht in der Anklage erwähnten Umstände ergänzt werden dürfen. Solche Umstände werden dann Gegenstand der gerichtlichen Urteilsfindung i.S.d. § 192 TStPO.

b) Festlegung des Umfangs der Rechtskraft

Trotz dem Wortlaut des § 39 (4) TStPO „der angeklagte Tatbestand" stellt der angeklagte Akt den Gegenstand der Rechtskraft dar und bestimmt deswegen den Umfang des Strafklageverbrauchs. Die materiell rechtskräftige Verurteilung wegen eines angeklagten Akts führt zum Strafklageverbrauch hinsichtlich dieses angeklagten Akts. Eine erneute Anklage wegen desselben angeklagten Akts steht dem Grundsatz *„ne bis in idem"* entgegen und stellt damit ein Prozesshindernis dar.

In § 39 (4) TStPO besteht noch ein Streitpunkt, mit dem sich thailändische Juristen beschäftigen und der hier geklärt werden muss, nämlich das Problem des Begriffs des „absolut beendeten Urteils". Bedeutet es das Gleiche wie das unangefochtene Urteil? Insofern gehen die Auffassungen des TObG auseinan-

---

120 TObGE 1012/1984; 9029/1999; 4329/2002; 122/2004; 7622-7623/2006 394/2010.

121 S. auch die Meinung von *NaNakorn*, die Strafsachen, die vor Gericht zu erheben seien, sollten unberührt sein, *NaNakorn*, StPR, S. 186.

122 TObGE 4517/1999; 487/2008; 7890/2008; 8186/2008; 2758/2010.

123 *NaNakorn*, StPR , S. 48.

der. Die überwiegende Auffassung geht davon aus, dass der Gesetzgeber absichtlich den Begriff „unanfechtbar“ nicht verwendet. Dies bedeute folglich, dass „absolut beendet“ nicht das Gleiche bedeutet wie „unanfechtbar“. Deshalb brauche das Urteil, das der erneuten Strafverfolgung wegen derselben Sache entgegenstehe, nicht unanfechtbar zu sein. Vielmehr müsse das erste Urteil lediglich ein Sachurteil sein, also das Gericht müsse über das Verhalten des Angeklagten entscheiden. Dies sei unabhängig davon, ob es sich um Verurteilung oder Freispruch handelt. [124]

Noch ein Argument dafür wird von dieser Auffassung vorgebracht: Das TObG begründet es in TObGE 765/1989 damit, dass es für den Angeklagten ungerecht wäre, wenn die Strafklagen, die der neuen Strafverfolgung entgegenstünden, unangefochten sein müssten. Denn der Angeklagte könnte wegen derselben Sache wiederholend angeklagt werden, während das Urteil noch nicht unanfechtbar ist. Die h.L. schließt sich der Auffassung des TObG an, wie sie es immer tut, aber diesmal bedauerlicherweise ohne Begründung.[125]

Die Meinung des TObG ist aus zwei Gründen sachwidrig. Es ist übereinstimmend anerkannt, dass § 39 TStPO von Prozesshindernissen spricht. Liegen Prozesshindernisse vor, erlischt nicht nur der Strafanspruch, auch der Strafprozess überhaupt ist nicht einzuleiten.[126] Das Strafverfahren in weiteren Instanzen muss dann unmöglich sein. Deswegen widerspricht die Meinung des TObG, das „absolut beendete“ Urteil müsse nicht unanfechtbar sein und das Strafverfahren in weiteren Instanzen sei noch möglich, § 39 TStPO und dem Gedanken von Prozesshindernissen.

Zweitens versteht das TObG den Grundsatz *„ne bis in idem“* nicht richtig. Wenn das TObG § 39 (4) als Grundsatz *„ne bis in idem“* anerkennt, dann muss das „absolut beendete“ Urteil hier unanfechtbar sein. Denn der Grundsatz schützt u.a. den Betroffenen *nach dem rechtskräftigen Urteil*, nicht nach irgendeinem Sachurteil, vor der erneuten Strafverfolgung wegen desselben angeklagten Akts. Falls das Urteil noch nicht rechtskräftig ist, kann vom Grundsatz nicht die Rede sein. Vielmehr dient an dieser Stelle die Rechtshängigkeit als Prozesshindernis dem Schutz des Angeklagten vor dem Parallelverfahren wegen desselben Prozessgegenstands.

---

124 TObGE 671/1940; 2019/1949; 1037/1958; 3116/1982; 765/1989; 4747/1990; 682/1994; 2927/1997; 4276/1997; 2757/2001; 6770/2003.

125 *Chaihan*, StPR I, S. 148 f.; *Sataman*, Anm. zur TObGE 299/1964; *Watjanasawad*, StPR I, S. 208 f.

126 *Chaihan,*, StPR I, S. 133 ff.; *Ketsawapitak,* StPR I., S. 513 ff.; *Luechai,* StPR I, S. 142 ff.; *NaNakorn,* StPR, S. 176 ff.

Die andere Auffassung der Rspr. vertritt die Meinung, dass das Verbot der Doppelbestrafung das unanfechtbare Urteil voraussetzt. Das Urteil, das der erneuten Strafverfolgung entgegensteht, müsse ein unanfechtbares Sachurteil sein.[127]

Die MM. der Lit. befürwortet die letztgenannte Meinung des TObG und begründet ihre Meinung mit dogmatischen Argumenten.[128] *NaNakorn* findet, das unanfechtbare Urteil habe die formelle Rechtskraft, und das „absolut beendete" Urteil die materielle Rechtskraft.[129] Seine Meinung bedarf noch weiterer Konkretisierung. Spricht der Gesetzgeber von der Unanfechtbarkeit des Urteils, meint er damit die formelle Rechtskraft des Urteils. Spricht er, wie in § 39 (4) TStPO, von der absoluten Beendigung des Urteils, meint er damit die materielle Rechtskraft, die die formelle Rechtskraft voraussetzt. D.h. das absolut beendete Urteil muss immer unanfechtbar sein. Der Gesetzgeber möchte durch den Wortlaut von § 39 (4) TStPO sogar betonen, dass es die materielle Rechtskraft ist, nicht aber die formelle, die den Strafklageverbrauch mit sich zieht, und deswegen der Strafanspruch erlischt. Im Ergebnis stimmt diese Meinung mit der Meinung *Charoenchams*[130] und *Luechais*[131] überein. *Charoenchams* meint, das Wort „absolut beendet" sei veraltet und heiße nichts anderes als „endgültig" oder „unanfechtbar".[132]

Auch wenn die Arbeit bereits zum Ergebnis dieses Abschnitts gekommen ist, ist es lohnenswert, auf einen weiteren Streit einzugehen. *NaNakorn* sieht – anders als die hier vertretene Meinung – § 158 (5) TStPO als Zentralvorschrift an, die vom Prozessgegenstand bzw. seinem objektiven Element spricht. Er geht davon aus, dass das objektive Element des Prozessgegenstands als *factum* betrachtet werden muss, nicht als *crimen.*[133] Zur Begründung greift *NaNakorn* auf den Zweck der Vorwurfsmitteilung zurück. Gemäß § 134 TStPO a.F. seien die polizeilichen Ermittlungspersonen verpflichtet, dem Beschuldigten den Vorwurf mitzuteilen, damit er wisse, was ihm vorgeworfen wird und er sich gegen den Vorwurf verteidigen könne: das sog. *Verteidigungsrecht*, das mit dem *Recht auf das rechtliche Gehör* des deutschen Rechts vergleichbar ist. Lediglich die Tatbestände dem Beschuldigten mitzuteilen, wie man es in der thailändischen Praxis tut, würde die Verteidigung des Beschuldigten lähmen. Deswegen ist die

---

127 TObGE 299/1964; 628/1993; 3238/1993; 4956/1993; 1275/1996; 2258/1997; 290/2000.

128 *Luechai,* StPR I, S. 157; *Kowilaikul,* JZ-CU Sep.1978, S. 94; *NaNakorn,* StPR, S. 556.

129 *NaNakorn*, StPR, S. 556.

130 *Charoencham*, Anm. zur TObGE 2152/1994, ZStA, Feb. 1995, 31, 32.

131 *Luechai,* StPR I, S. 157.

132 *Charoencham*, Anm. zur TObGE 2152/1994, ZStA, Feb. 1995, 31, 32.

133 *NaNakorn*, StPR, S. 192.

Vorwurfsmitteilung nach *NaNakorn* Mitteilung des Vorgangs, welcher dem Beschuldigten vorgeworfen wird. Der Vorwurf müsse deshalb dasselbe bedeuten, wie der Inhalt der Strafklage gemäß § 158 (5) TstPO; also alle angeklagten Akte, die dem Beschuldigten vorgeworfen werden, nicht Tatbestände, wie man sie in der Praxis verstehe.[134] Hinsichtlich der Bedeutung des Vorwurfs hat *NaNakorn* viele Anhänger gefunden und galt vor der Änderung der TStPO 2004 als h.L.

Allerdings wurden durch das 22. Gesetz zur Änderung der TStPO 2004 zahlreiche Vorschriften neu geändert, auch § 134 TStPO. Die neue Fassung von § 134 TStPO stellt fest, dass bei der Vorwurfsmitteilung die polizeilichen Ermittlungspersonen dem Beschuldigten die Umstände in Bezug auf das Verhalten, das dem Beschuldigten vorgeworfen wird – genau wie in § 158 (5) TStPO – *und* den Vorwurf mitteilen müssen. Das kleine Wörtchen „und" gibt den Hinweis, dass der Gesetzgeber den Vorwurf als etwas anderes ansieht, als die Umstände in Bezug auf das Verhalten, das dem Beschuldigten vorgeworfen wird. Der Gesetzgeber greift auf die Meinung der Praxis zurück; der Vorwurf bedeutet Tatbestände, wie Diebstahl oder Körperverletzung. Aus diesem Grund widerspricht die Ansicht *NaNakorns* hinsichtlich der Bedeutung des Begriffs „Vorwurf" dem Wortlaut des § 134 TStPO und ist abzulehnen.

4. Änderungen der Anklageschrift

Ändern sich die Sachlage oder die Tatbestände im Zuge der Hauptverhandlung, muss im thailändischen Strafverfahren der Ankläger den *Antrag zur Korrektur oder zur Ergänzung der Anklageschrift* stellen. §§ 163 f. TStPO bestimmen, unter welchen Voraussetzungen der Ankläger seine Anklageschrift ändern darf: Erstens muss der Antrag mit vernünftigen Gründen untermauert werden. Zweitens muss er vor der Verlesung des Urteils durch das Gericht der Erstinstanz vorgelegt werden. Schließlich darf der Antrag die Verteidigung des Angeklagten nicht benachteiligen. Man sieht deutlich, dass die Vorschriften offensichtlich großen Wert auf die Informationsfunktion der Anklage legen. In welchen Fällen die Verteidigung des Angeklagten benachteiligt würde, entscheidet zum einen das Gericht fallweise. Zum anderen schreibt § 164 TStPO vor, welche Korrektur oder Ergänzung der Anklageschrift die Verteidigung des Angeklagten nicht benachteiligt, also das Gericht den Antrag zulassen muss: *Korrektur der Tatbestände oder ihre Einzelheiten, die in der Anklage hätten genannt werden sollten; Ergänzung der Tatbestände oder ihre Einzelheiten, die in der Anklage nicht genannt wurden.* Auch wenn die Meinungen bezüglich des Wortlauts des § 164

---

134 *NaNakorn*, StPR, S. 194 f.

TStPO auseinandergehen, was unter "Tatbeständen" oder "Einzelheiten" zu verstehen ist, sind mindestens die Folgenden zusammenzufassen:

a) Änderungen in tatsächlicher Hinsicht

Nach der eindeutigen h.M. kann die Anklageschrift lediglich geändert werden, wenn Änderungen der Vervollständigung der Anklage dienen oder wenn es sich lediglich um „Einzelheiten“ des angeklagten Verhaltens des Angeklagten handelt.[135] Fehlen der Anklageschrift überhaupt die Tatsachen, die unter die gesetzlichen Merkmalen der Straftat subsumiert werden, ist es unzulässig, die Anklageschrift zu korrigieren oder zu ergänzen[136], da die Verteidigung des Angeklagten dadurch benachteiligt sein könnte. Unter der Bezeichnung „Einzelheiten“ versteht die h.M. – anders als die hier vertretene Auffassung[137] – das angeklagte Verhalten des Täters, die Tatzeit, den Tatort sowie die auf das Verhalten bezogenen Personen und Gegenstände in der Anklageschrift, die gemäß § 158 (5) TStPO in der Anklage bezeichnet werden müssen.[138]

b) Änderungen in rechtlicher Hinsicht

Im Gegensatz zu Änderungen in tatsächlicher Hinsicht sind Änderungen in rechtlicher Hinsicht nach der TStPO grds. unmöglich. Die TStPO verbietet Änderungen der angeklagten Tatbestände. Denn gemäß § 120 TStPO darf die StA eine Strafklage nur erheben, wenn wegen solcher „Tatbestände“ bereits die Ermittlung eingeleitet und der Angeklagte gemäß § 134 I TStPO belehrt wurde. Im Umkehrschluss bedeutet es erstaunlicherweise, dass die Tatbestände – nicht das Verhalten des Täters – die noch nicht einmal ermittelt werden, nicht vor Gericht erhoben werden dürfen. Ist der Angeklagte wegen einfacher Körperverletzung (§ 295 TStGB) angeklagt, und es stellt sich nachträglich heraus, dass das Opfer an Unwohlsein leidet und mehr als 20 Tage berufsunfähig ist, was unter den Qualifikationstatbestand (§ 297 TStGB) fällt, ist die Anklageänderung unmöglich, weil § 297 TStGB noch nicht ermittelt wurde.[139]

Hätte man jedoch § 120 TStGB so verstanden, wie *NaNakorn* es tut, würde diese von der Formalität ausgelöste Schwierigkeit nicht entstehen. Er meint, §

---

135 TObGE 102/1939; 801/1968; 2714/1983; 203/1997; 1010/2002; 2902/2004; *Luechai*, StPR II, S. 70 ff.; *NaNakorn*, StPR, S. 509 f.; a.A. *Ketsawapitak*, StPR II, S. 173 ff.

136 TObGE 1062/1961; 2006/2008; *Chaihan,* StPR II, S. 62; *Ketsawapitak*, StPR II, S. 168 f.

137 S. Kapitel F., IV., 3.

138 TObGE 1010/2002; 9860/2009; sehr ausdrücklich *Ketsawapitak*, StPR II, S. 173.

139 TObGE 801/1968; vgl. auch TObGE 750/1951, wo es um die Anklage wegen Diebstahls geht, aber das Gericht den Antrag auf Korrektur und Ergänzung der Anklageschrift zugunsten von Raub ablehnt, weil der Raub noch nicht ermittelt wurde.

120 TStGB diene der Informationsfunktion der Anklage. Die Ermittlung sei erforderlich, weil der Beschuldigte in der Ermittlung darüber informiert sei, was ihm vorgeworfen werde. Deswegen sollten dem Beschuldigten die Umstände mitgeteilt werden, die ihm vorgeworfen werden, nicht die Tatbestände. Aus diesem Grund sollte nach *NaNakorn* die Korrektur oder Ergänzung der Tatbestände grds. zulässig sein.[140] Darüber hinaus geht er zurecht davon aus, dass die Korrektur oder Ergänzung der Anklageschrift hinsichtlich formeller Sachen (§ 158 (1)-(4), (7) TStPO) immer erlaubt sein soll. Demgegenüber ist hinsichtlich des Kerninhalts (§ 158 (5)-(6) TStPO) die Effektivität der Verteidigung des Angeklagten zu berücksichtgen.[141]

Als begrüßenswert zu beurteilen, vertritt die jüngste Rspr. die vorzugswürdigere Auffassung. In TObGE 6651/2007 meint das TObG, dass die StA berechtigt ist, den Vorwurf wegen unerlaubten Besitzes und unerlaubter Nutzung von verbotenem Holz gemäß Waldgesetz 1941 vor Gericht zu erheben, auch wenn die polizeilichen Ermittlungspersonen dem Beschuldigten nur den Vorwurf wegen Waldeinbruchs gemäß Waldschutzgesetz von 1964 mitgeteilt hat. Denn beide „Tatbestände" bilden Idealkonkurrenz. Dies ist bemerkenswert und wird von der hier vertretenen Meinung für richtig gehalten.

5. Existenz der Erschöpfung des angeklagten Akts?

Die Antwort auf die Frage, ob das thailändische Strafgericht berechtigt und verpflichtet ist zur umfassenden Aburteilung des Prozessgegenstands, lässt sich ohne weiteres geben, jedoch ist die Antwort unbefriedigend. Auch wenn §§ 163 f. TStPO dem Ankläger erlauben, die ursprünglich angeklagte Strafklage in bestimmtem Umfang zu ändern, verbietet § 192 TStPO dem Gericht, den Angeklagten erstens wegen der Tatsachen zu verurteilen, die nicht in der Anklageschrift bezeichnet sind bzw. die erst im Laufe der Hauptverhandlung eintreten, und zweitens wegen Tatbeständen zu verurteilen, die den Antrag auf Bestrafung überschreiten. Ist der Angeklagte beispielsweise wegen einfachen Diebstahls angeklagt, wobei sich später in der Hauptverhandlung herausstellt, dass er tatsächlich Nachtdiebstahl begangen hat, kann das Gericht ihn wegen Nachtdiebstahls nicht verurteilen und muss ihn dann freisprechen, weil der Nachtdiebstahl nicht in der Anklage steht.[142] Oder wenn das Opfer nach der Anklageerhebung stirbt, kann das Gericht den Tod des Opfers gemäß § 192 I TStPO nicht mitwürdigen und den Angeklagten wegen Totschlags nicht verurteilen, weil der Tod

---

140 *NaNakorn*, StPR, S. 193 ff..

141 *NaNakorn,* StPR, S. 508 f.

142 Vgl. TObGE 3695/2002; 1610/2003; 2429/2005; 2527/2007.

des Opfers und der Tatbestand des Totschlags nicht von der Anklage umfasst waren und auch nicht durch den Antrag auf Korrektur oder Ergänzung der Anklageschrift ergänzt werden können. Das Gericht muss sich verhalten, als ob ihm solche Umstände nicht bekannt wären. Ist das Gericht nach dem Ergebnis der Hauptverhandlung vom Hausfriedensbruch in der Nacht (§ 365 TStGB) überzeugt, es steht aber im Antrag auf Bestrafung nur einfacher Hausfriedensbruch (§ 362 TStGB), so darf es dann nur gemäß § 362 TStGB verurteilen, nicht aber nach § 365 TStGB.[143] Wurden die Umstände der Gesundheitsschädigung nicht in der Anklage beschrieben, kann es den Angeklagten wegen Raubs gemäß § 339 III TStGB nicht verurteilen, sondern nur wegen Raubs gemäß § 339 I TStGB, obwohl dem Gericht die Umstände der Gesundheitsschädigung bekannt sind.[144]

Dies steht zweifellos im Widerspruch zum Gerechtigkeitsgefühl. Die materielle Gerechtigkeit, die als ein Prozessziel angesehen wird, wird dadurch verkürzt, da der Angeklagte nicht schuldgemäß bestraft wird. Deswegen lockert der Gesetzgeber Absatz 1 auf, indem er in Absatz 2, 3 und 6 des § 192 TStPO feststellt, dass das Gericht in einigen Fällen den Angeklagten wegen der erst während der Hauptverhandlung auftauchenden Umstände verurteilen kann. Nach Absatz 2 und 3 darf das Gericht den Angeklagten wegen Tatsachen gemäß dem Ergebnis der Hauptverhandlung verurteilen, falls sich solche Tatsachen von den in der Anklage bezeichneten Umständen nicht wesentlich unterscheiden und die Verteidigung der Angeklagten nicht dadurch benachteiligt wird. Welcher Unterschied wesentlich ist, entscheidet zum einen das Gericht fallweise. Zum anderen legt der Gesetzgeber die unwesentlichen Unterschiede in Absatz 3 fest, wobei man sich Gedanken machen könnte, wieso sie unwesentlich sind. Laut § 192 III TStPO sind solche unwesentlichen Unterschiede die folgenden: Unterschiede bezüglich des Tatorts oder der Tatzeit, Unterschiede zwischen Verwirklichung von Diebstahl, Erpressung, Erpressung mittels Geheimnisverrats, Betrug, Gläubigerbetrug, Unterschlagung, Hehlerei und Sachbeschädigung und Unterschiede zwischen vorsätzlichen und fahrlässigen Tatbeständen. Liegen solche unwesentliche Unterschiede vor, darf das Gericht den Angeklagten wegen der Tatsachen gemäß dem Ergebnis der Hauptverhandlung bestrafen, ohne zu berücksichtigen, ob dies die Anklage überschreitet oder dies außerhalb des Verfolgungswillens des Anklägers liegt. Allerdings darf es bei der Strafzumessung die zu verhängende Strafe nicht höher festsetzen als die Strafe, die der Ankläger im Antrag auf Bestrafung bezeichnet. Ist der Angeklagte beispielsweise wegen Diebstahls

143 TObGE 2624/1998.
144 TObGE 2407/2005.

gemäß § 335 I TStGB angeklagt, das Gericht ist aber von der Strafbarkeit wegen Unterschlagung überzeugt, darf das Gericht – wenn die Verteidigung des Angeklagten dadurch nicht benachteiligt ist – wegen Unterschlagung verurteilen. Denn der Unterschied von Diebstahl und Unterschlagung ist laut § 192 III TStGB unwesentlich. Er überschreitet deshalb die Anklage nicht und liegt nicht außerhalb des Verfolgungswillens des Anklägers.[145]

Absatz 6 erlaubt dem Gericht, den Angeklagten wegen der nicht im Antrag auf Bestrafung bezeichneten Tatbestände zu verurteilen, wenn die in der Anklage bezeichneten Tatsachen mehrere Tätigkeitsakte verbinden, die auch unter die ungezeichneten Tatbeständen subsumiert werden können. Raub setzt mindestens zwei Handlungen voraus, nämlich Wegnahme und Gewaltanwendung oder Drohung. Ist das Gericht vom Tatbestandsmerkmal der Gewaltanwendung nicht überzeugt, darf das Gericht den Angeklagten wegen Körperverletzung (§ 295 TStGB) gemäß § 192 VI TStPO verurteilen, auch wenn § 295 TStGB nicht im Antrag auf Bestrafung bezeichnet ist.[146]

Man könnte zwar denken, dass diese Auflockerung des Verbots etwa auf die Erschöpfung des angeklagten Akts hinweist, da das Gericht berechtigt und verpflichtet ist, die Tatsachen außerhalb der Anklage zu erforschen und den Angeklagten wegen der nicht in der Anklage bezeichneten Tatbestände zu verurteilen. Von der Erschöpfung des Prozessgegenstands i.S.v. §§ 155 II, 264 II der deutschen StPO kann man in Thailand jedoch nicht sprechen. Das thailändische Strafgericht ist berechtigt und verpflichtet, Prozessstoffe lediglich unter der Vorgabe der § 192 I, II, III und VI TStPO aufzuklären, nicht aber alles innerhalb des Prozessgegenstandes. Von der Vorgabe in Absatz 2, 3 und 6 TStPO kann man leider nicht sagen, dass das thailändische Strafgericht alle Tatsachen innerhalb des Prozessgegenstands rechtlich und tatsächlich würdigen muss.

Zu bemerken ist hier, dass die Fälle in Absatz 3 und Absatz 6 sowohl kumulativ als auch alternativ möglich sind. Zwischen Erpressung und Erpressung mittels Geheimnisverrats sind nur kumulative Fälle denkbar. Zwischen Diebstahl und Hehlerei kann kumulativ oder alternativ vorgegangen werden. Zwischen Diebstahl einerseits und Unterschlagung, Erpressung oder Betrug andererseits ist lediglich Alternativität möglich. Gleichgültig, ob es kumulativ oder alternativ ist, kann das Gericht innerhalb dieser genannten Delikte stets verurteilen.

Auch wenn die Erschöpfung des angeklagten Akts nicht begründet werden kann, wird die Unteilbarkeit des angeklagten Akts angenommen. In § 160 I TStPO steht, dass bei Realkonkurrenz eine einzige Anklage erhoben werden kann,

---

145 TObGE 2174/2008.
146 TObGE 5893/2997.

aber jeder Tatbestand hintereinander stehen muss. Dabei hat das Gericht gemäß § 160 II TStPO die Befugnis irgendeinen Tatbestand von der ursprünglichen Anklage zu trennen und diesen in einem anderen Verfahren durchzuführen. Im Umkehrschluss bedeutet es, dass bei Idealkonkurrenz nur eine Anklage erhoben werden darf. *Chaihan* bestätigt dies ausdrücklich.[147] Dass bei Idealkonkurrenz eine Anklage erhoben worden darf, ist eine notwendige Folgerung aus dem materiellen Recht. Denn § 90 TStGB fordert bei Idealkonkurrenz eine Strafe, und diese kann nur in einem Verfahren erfolgen. Letztlich sieht § 90 TStGB vor, dass bei Tateinheit die Strafe nach dem Gesetz bestimmt wird, das die schwerste Strafe androht. Man kann nur bestimmen, welche Strafe den Angeklagten am schwersten bedroht, wenn alle Tatbestände in einem Verfahren und deshalb in einem Urteil aufgeklärt werden.

Zusammenfassend lässt sich unter diesem Punkt darstellen, dass – obwohl der Anklagegrundsatz im thailändischen Strafverfahren als reines Anklageverfahren angesehen ist – Auflockerungen bestehen, nach denen das Gericht den Angeklagten wegen der erst später auftauchenden Tatsachen und wegen der nicht im Antrag auf Bestrafung bezeichneten Tatbestände bestrafen darf, aber nur gemäß § 192 II, III und VI TStPO.

6. Bezeichnung der Anklageschrift

Die Strafklage muss gemäß § 158 TStPO schriftlich vor Gericht vorgebracht werden und alle Angaben des § 158 (1) - (8) TStPO beinhalten, die in drei Teile gegliedert werden können; Einführung (§ 158 (1) - (4)), Inhalt (§ 158 (5)), und Endteil (§ 158 (6) - (7)).[148] Die Einführung und der Endteil dienen der Informationsfunktion des Anklagegrundsatzes, während der Inhalt der Umgrenzungsfunktion der Anklage dient.

Laut § 158 (5) TStPO muss die Anklageschrift den Akt beinhalten, der dem Angeklagten vorgeworfen wird. Nach der ständigen Rspr.[149] bedeutet der Akt jene Umstände, die unter die angeklagten Straftatbestände subsumiert werden. Außerdem müssen in der Anklageschrift Tatzeit, Tatort, Personen und Gegenstände in Bezug auf den angeklagten Akt bezeichnet werden, damit der Angeklagte den Vorwurf nachvollziehen kann.

Der angeklagte Akt gilt als Kern der Anklage.[150] Fehlt er, ist die Anklage unheilbar. Das Gericht darf dem Ankläger die Nachbesserung der Anklage-

---

147 *Chaihan*, StPR II, S. 38 ff.

148 *Chaihan*, StPR II, S. 22 ff.; *Ketsawapitak*, StPR II, S. 6.

149 TObGE 288/1972; 4136/1998; 2898/2006.

150 *Ketsawapitak*, StPR II, S. 10.

schrift (§ 161 TStPO) nicht befehlen oder der Ankläger selbst darf den Antrag zur Korrektur oder Ergänzung der Anklageschrift (§§ 163, 164 TStPO) nicht stellen.[151] Wird der Fehler des angeklagten Akts erst später in der Hauptverhandlung festgestellt, muss das Gericht den Angeklagten freisprechen. Dies wird nach ganz h.M. als absolut beendetes Sachurteil über den angeklagten Tatbestand gemäß § 39 (4) TStPO angesehen, deswegen treten Strafklageverbrauch und die Sperrwirkung ein.[152]

7. Bedeutender Einfluss des Verfolgungswillen des Anklägers

Da § 192 I TStPO vorsieht, dass das Gericht darauf nicht eingehen darf, was der Ankläger nicht begehrt, muss es deshalb nach dem unverzichtbaren Willen des Anklägers suchen, um zu bestimmen, was er will oder nicht will. Um den Willen des Anklägers aufzuspüren, berücksichtigt es grds. den Inhalt der Anklageschrift und den Antrag auf Bestrafung.[153] Man geht davon aus, dass wegen Umständen, die nicht im Inhalt der Anklage und im Antrag auf Bestrafung stehen, der Ankläger sich nicht wünscht, dass der Angeklagte bestraft wird.

Beispielsweise hat der Ankläger in TObGE 3268/2009 die Anklage wegen Waffenbesitzes, Führens der Waffen und Versuchs des Totschlags erhoben, ohne die Umstände in Bezug auf den Schuss an bewohnten Orten gemäß § 376 TStGB zu beschreiben. Deswegen kann das Gericht gemäß § 376 TStGB nicht bestrafen, weil dies nicht dem entspricht, was der Ankläger begehrt. In TObGE 1985/1996 wurde in der Anklage nicht beschrieben, dass der Angeklagte mit der Schusswaffe auf den Verletzten so abgezielt hat, dass er abgeschreckt ist, was gemäß § 392 TStGB strafbar ist. § 392 TStGB steht auch nicht im Antrag auf Bestrafung. Deswegen kann das Gericht den Angeklagten gemäß dieser Vorschrift nicht verurteilen, da es nicht dem entspricht, was der Ankläger begehrt.

Man könnte jedoch auch denken, dass es in Fällen, in denen einige Umstände im Inhalt der Anklageschrift und im Antrag auf Bestrafung fehlen, eigentlich nicht immer heißt, dass der Ankläger die Verurteilung deswegen nicht begehrt. Unwissen des Anklägers von Umständen oder Fehler bei der Verfassung der Anklageschrift sind aber auch denkbar. Allerdings geht das TObG immer davon aus, dass der Ankläger die Verurteilung wegen solcher Umstände absichtlich nicht wünscht – es geht davon aus, dass der Ankläger alle Umstände weiß und er niemals Fehler bei der Fassung der Anklageschrift macht. Dies ist jedoch übertrieben. Der Ankläger ist kein Weltgeist.

---

151 TObGE 1062/1961; 2006/1998.

152 TObGE 1864-1865/1957; 2757/2001.

153 *Ketsawapitak*, StPR II, S. 523 f.

Jedenfalls lässt sich allgemein sagen, dass die Verurteilung des Gerichts in Thailand überwiegend vom Verfolgungswillen des Klägers abhängt, weil der Gesetzgeber großen Wert auf die Umgrenzungs- und Informationsfunktion der Anklage legt, diese also größer ist als der Ermittlungsgrundsatz. Mit Umständen, die in der Anklage nicht genannt werden, kann das Gericht nur in der Weise umgehen, dass sie eine bestimmte Beziehung mit den in der Anklage genannten Umständen aufweisen. Nur dadurch kann der Angeklagte nach der Grundstruktur des liberal-rechtsstaatlichen Strafverfahrens vor Überraschungen und Gewährleistung der effizienten Verteidigung durch sachbezogene Informationen geschützt werden.

Die obigen Vorstellungen des Prozessgegenstands in Deutschland und in Thailand haben den Zweck, später in der vorliegenden Arbeit seine Grenze zu bestimmen. Allerdings müssen vorher alle zusammenhängenden, aber auch gegenläufigen Rechtsgrundlagen des Strafprozesses erläutert werden, um sie abzuwägen, und danach das Ergebnis formulieren zu können, welche Rechtsgrundlagen Vorrang genießen. Die Abgrenzung der subjektiven Seite des Prozessgegenstands soll deshalb dem Ergebnis folgen.

Kapitel C. Die Tat bzw. der angeklagte Akt und zusammenhängende Rechtsinstitute

In diesem Kapitel wird der Zusammenhang zwischen dem Prozessgegenstand einerseits und den zusammenhängenden Rechtsinstituten andererseits diskutiert. Dies dient dazu, die Bestimmung des Umfangs des Tatbegriffs bzw. des angeklagten Akts in der vorliegenden Arbeit klarzustellen. Die zu erklärenden Rechtsinstitute laufen häufig gegeneinander. Einige von ihnen stützen einen ausgedehnten Begriff der Tat bzw. des angeklagten Akts, während andere den eng gefassten Begriff befürworten. Nach den Erläuterungen werden alle Rechtsinstitute abgewogen, um das Ergebnis zu gewinnen, welche Rechtsinstitute Vorrang haben. Darauf sollte der Tatbegriff bzw. der Begriff des angeklagten Akts als objektives Element des Prozessgegenstands folgen.

Leider finden diese Rechtsinstitute in der thailändischen Rechtswissenschaft nicht viel Beachtung. Im Schrifttum diskutiert man sie sehr selten. Die Rspr. hat wenig Gelegenheit sie zu erwähnen, und wenn doch, dann nutzt sie diese kaum. Deswegen sind folgende Erläuterungen und Ergebnisse überwiegend von der deutschen Rechtswissenschaft geprägt. Man vermutet jedoch, dass in einem demokratischen Rechtsstaat wie Thailand diese Rechtsinstitute unbemerkt Beachtung finden.

I. Die Tat bzw. der angeklagte Akt und der Grundsatz *„ne bis in idem"*

Der in der deutschen Rechtsordnung in Art. 103 III GG niedergelegte Grundsatz *„ne bis in idem"* rückt in der vorliegenden Arbeit in den Vordergrund, da er dem Staat verbietet, dieselbe Person wegen derselben Tat nochmals zu bestrafen. Die Tat ist als Bezugspunkt des Grundsatzes angesehen. Er wird auch als Sperrwirkung oder als Verbrauch der Strafklage bezeichnet.

Der Grundsatz *„ne bis in idem"* existiert im europäischen Raum seit der Antike.[154] Die deutsche moderne Rechtsentwicklung des Grundsatzes begann aber später mit der Epoche der Weimarer Republik. Leider regelte weder die Reichsstrafprozessordnung (RStPO) noch die Weimarer Verfassung den Grundsatz ausdrücklich. Allerdings lag der RStPO von 1877 der Grundsatz als selbstverständlich zugrunde, wie die Diskussion um die Wiederaufnahme als außeror-

154 BK/*Rüping*, Art. 103 III, Rn. 2 ff.; *Mansdörfer*, B., I., S. 54 ff.; *Thomas*, 2. Kapitel, I., 2., a., S. 31 ff.

dentliche Durchbrechung der Rechtskraft zeigt.[155] Dem RG lag er schon in frühen Entscheidungen seiner Rspr. zugrunde.[156] Der Grundsatz *„ne bis in idem"* enthalte nicht allein eine Norm des Verfahrens. Er bilde einen grundlegenden Satz des Strafrechts und deshalb dürfe für dieselbe Straftat nur einmal eine Strafe verhängt werden.[157]

Während des Nationalsozialismus fanden die liberalen Vorstellungen keinen Raum und der Grundsatz wurde verkürzt. Der Volksgerichtshof vertrat sogar die geradezu rechtsstaatswidrige Auffassung[158]: *„Der Schutz des Volkes und des Staates geht der Anwendung von Verfahrensgrundsätzen vor, wenn diese in ihrer letzten Konsequenz zum Widersinn führen."*[159]Aus diesem Grund hielt der Verfassungskonvent von Herrenchiemsee nach dem 2. Weltkrieg den Grundsatz für unentbehrlich. Er stellte neben dem *nulla poena* Satz und dem Recht des Angeklagten auf einen Strafverteidiger den Grundsatz unter verfassungsrechtlichen Schutz (Art. 136 Abs. 2 Herrenchiemsee-Entwurf). Er wurde in das Grundgesetz übernommen und damit in den Rang eines Verfassungsrechtssatzes erhoben,[160] mit der Folge, dass er den Gesetzgeber bindet und bei Verletzung das Bundesverfassungsgericht (BVerfG) angerufen werden kann.[161]

Jedoch hatte sich der Wortlaut des Art. 103 III GG bei den bisherigen Betrachtungen zum Umfang des Vertrauensschutzes als zu eng erwiesen. Danach lässt sich auf den ersten Blick vermuten, dass der Verfassungsgesetzgeber lediglich eine wiederholte Bestrafung untersagen wollte, eine Verurteilung nach einem Freispruch dagegen für zulässig hielt. Eine solche Interpretation würde jedoch dem Gedanken der Rechtskraft mit Endgültigkeitswirkung der gerichtlichen Entscheidung nicht gerecht und stünde der Entwicklungsgeschichte des Grundsatzes *„ne bis in idem"* entgegen. Die Entstehungsgeschichte des Art. 103 III GG biete keine Anhaltspunkte dafür, dass der Rechtssatz *„ne bis in idem"* durch die Aufnahme in das Grundgesetz inhaltlich geändert und die durch die Rspr. gezogenen Grenzen anders als bisher bestimmt werden sollten.[162] Deswe-

---

155 *Hahn*, S. 205 ff., 271.

156 RGSt 2, 347, 348; 7, 355 ff.; 13, 146 ff.; 8, 135, 137; 25, 27 ff.; 32, 57 ff.; 46, 363 ff.; 52, 241; 56, 161 ff.; 70, 26 ff.; 72, 99 ff.

157 RGSt 35, 367, 369; 41, 152, 153.

158 *Thomas,* 2. Kapitel., I., 2., S. 33.

159 Die Entscheidung des Volksgerichtshof DJ 1938, 1193.

160 BK/*Rüping*, Art. 103 III, Rn. 6 f.; MD/*Schmidt-Aßmann*, Art. 103 III, Rn. 257, 262; *Grünwald*, in: Teheran-Beiheft der ZStW 1974 (Hrsg. Jescheck), S. 94, 96; *Thomas*, 2. Kapitel., I., 2., S. 33.

161 Art. 20 III, 93 I Nr. 4a, 100 I GG.

162 BVerfGE 3, 248, 252; 23, 62, 66.

gen vertritt die h.M., dass *„ne bis in idem"* nicht nur eine mehrfache Verurteilung, sondern auch die Verurteilung nach einem Freispruch verhindere;[163] und auch nicht nur die spätere Entscheidung wegen derselben Tat, sondern bereits die darauf zielende Einleitung des Verfahrens.[164] Deswegen wird er als Verfahrenshindernis bezeichnet.[165]

Dem Grundsatz *„ne bis in idem"* oder dem Doppelbestrafungsverbot liegt das Rechtsstaatsprinzip zugrunde; als Ausdruck einer rechtsstaatlichen Strafrechtspflege. Das Rechtsstaatsprinzip fordert zwei Gebote, nämlich das der Rechtssicherheit und das der materiellen Gerechtigkeit, die immer in ein Spannungsfeld geraten.[166] Die materielle Gerechtigkeit fordert eine schuldgemäße Bestrafung für begangene Straftaten. Hat der Staat von seinem Strafanspruch Gebrauch gemacht und auf Grund eines Strafverfahrens über die Tat entschieden, dann ist der Strafanspruch verbraucht und die Sache endgültig erledigt. Diese Endgültigkeit des Urteils fördert die Rechtssicherheit. Der bereits einmal angeklagte Betroffene wird wegen derselben Tat zukünftig von einem weiteren Strafverfahren verschont.[167]

Art. 103 III GG trägt eine Doppelnatur in sich.[168] Als *Grundrecht* gehört er zunächst zu den sog. *Prozessgrundrechten*, die als subjektives Recht des Einzelnen angesehen werden, da er den Betroffenen davor bewahrt, sich ein zweites Mal für dieselbe Tat verantworten zu müssen. Er steht in unmittelbarem Zusammenhang mit dem Schutz der Person, besonders der Menschenwürde und seiner persönlichen Freiheit.[169] Die Vorschrift ist zudem ein elementares verfahrensrechtliches Grundrecht,[170] das sog. *Justizgrundrecht*, welches zwar nicht zu den Grundrechten der Art. 1 bis 19 GG gehört, aber diesen weitgehend gleichge-

---

163 BVerfGE 3, 248, 251; 12, 62, 66; BGHSt (GS) 5, 323, 330; 15, 259; BGH NStZ 1991, 539 f.; LR/*Kühne*, Einl. K., Rn. 77; BK/*Rüping*, Art. 103 III, Rn. 126; *Henkel*, Strafverfahrensrecht, § 100, S. 386, Fn. 8;*Eb. Schmidt*, LehrK I, Rn. 278; *Peters*, Strafprozess, § 54, II., 1., S. 504; *Roxin/Schünemann*, § 52, Rn. 6 f.

164 RGSt 2, 347, 348; BGHSt 5, 323, 329; 20, 292, 293; KK/*Pfeiffer/Hannich*, Einl., Rn. 170; LR/*Kühne*, Einl. K., Rn. 77; MD/*Schmidt-Aßman*, Art. 103 III, Rn. 301.

165 LR/*Kühne*, Einl. K., Rn. 75; KK/*Pfeiffer/Hannich*, Einl., Rn. 131; *Beulke*, StPO, § 13, Rn. 280; *Kindhäuser*, StPR, § 14, Rn. 13; *Roxin/Schünemann*, § 21, Rn. 8; *Volk*, § 14, Rn. 20.

166 S. unten III.

167 MD/*Schmidt- Aßmann*, Art. 103 III, Rn. 260.

168 MD/*Schmidt-Aßmann*, Art. 103 III, Rn.271; *Meyer-Goßner*, Einl., Rn. 171; KK/*Pfeifer/Hannich*, Einl., Rn. 170; BK/*Rüping*, Art. 103 III, Rn. 126.

169 BVerfGE 3, 248, 251; *Thomas*, 2. Kapitel, I., 2., c., (2.), S. 36; MD/*Schmidt-Aßmann*, Art. 103 III, Rn. 260, 271.

170 BVerfGE 9, 89, 96; 23, 191, 202 f.

stellt ist. Weil Art. 103 III GG Bezug zur Würde und zum Wert der Person aufweist, gehört er zur Unverbrüchlichkeitsgarantie des Art. 79 III GG.[171]

Da Art. 103 III GG den Ablauf und die Struktur des Strafverfahrens und der Strafrechtspflege beeinflusst, gilt er auch als *objektive Verfahrensnorm*. Zugleich stellt er ein Prozesshindernis dar und birgt eine institutionelle Garantie der Rechtskraftsperrwirkung in sich, die auch durch die Prozessgesetzgebung nicht ausgehöhlt werden darf.[172]

Außerdem versteht man unter Art. 103 III GG die Auflösung der Abwägung des Verfassungsgebers zwischen den beiden dem Rechtsstaatsprinzip zugrundeliegenden Prozesszielen: Rechtssicherheit und materielle Gerechtigkeit.[173] Danach hat die Rechtssicherheit Vorrang gegenüber der materiellen Gerechtigkeit. Die in §§ 359 ff. StPO geregelte Wiederaufnahme, die eine erneute Strafverfolgung nach dem Eintritt der Rechtskraft ausnahmsweise erlaubt, ist kein Widerspruch dazu, sondern die Bestätigung. Denn das Wiederaufnahmeverfahren ist nur zulässig, wenn das Festhalten an der Rechtskraft des Urteils zu schlechthin unerträglichen Ergebnissen führen würde.[174] Die Gründe für eine Wiederaufnahme müssen deshalb exakt umrissen sein.[175]

In Thailand findet der Grundsatz seinen Ursprung seit dem Königreich Ayutthaya im 14. – 18. Jahrhundert. Danach, im Königreich Rattanakosin, wurde das *Gesetz der drei Siegel* festgesetzt, das den Grundsatz ebenfalls beinhaltete. 1897 trat die vorübergehende TStPO in Kraft, die nach dem Vorbild des englischen Gewohnheitsrechts geregelt wurde,[176] in deren § 37 der Grundsatz miteinbezogen wurde. In der englischen Version des Entwurfs der heutigen TStPO lautet der Text:[177]

> The right to prosecute any person for an offense or to enforce a judgement sentencing such person to a punishment shall be extinguished:
>
> (4) by the „re judicata“ that is to say: when following upon a penal action, a judgment either of condemnation or acquittal, has become final, no fresh penal action can ever be sued against the same person on account of the same fact; even in

---

171 MD/*Schmidt-Aßmann*, Art. 103 III, Rn.274; *Stern*, JuS 1985, 329, 336, 338.

172 BGHSt 20, 292, 293; *Meyer-Goßner*, Einl., Rn.171; BK/*Rüping*, Art. 103 III, Rn.15; LR/*Kühne*, Einl. K., Rn. 78; MD/*Schmidt-Aßmann*, Art. 103 III, Rn. 272.

173 S. auch unten III.

174 *Grünwald*, Teheran-Beiheft der ZStW 1974 (Hrsg. Jescheck), S. 94, 103; *Neumann*, ZStW 1989, 52, 56.

175 BK/*Rüpig*, Art. 103 III, Rn.22; MD/*Schmidt-Aßman*, Art. 103 III, Rn. 301.

176 Kraivichien, S. 20.

177 S. Draft Code of Criminal Procedure, AC 14/27.

case new complainants would supervene or new circumstances liable to aggravate the fact already deal with would come to light;

Seit 1935 ist die heutige TStPO in Kraft, in deren § 39 (4) der Grundsatz formuliert ist.[178] *Kowilaikul* vertritt die Meinung, dass § 39 (4) TStPO die Grundlage bildet, die als Wurzel des Strafverfahrens angesehen ist.[179]

Wenn man den Grundsatz *„ne bis in idem"* als Schutz des Bürgers vor dem Strafverfolgungsmonopol versteht, dann sollte der Begriff der Tat bzw. des angeklagten Akts weit und faktisch gefasst werden.

II. Die Tat bzw. der angeklagte Akt und die Bedeutung des Strafprozessrechts im Rechtssystem

Dieser Abschnitt möchte das Verhältnis des materiellen Strafrechts zum Strafprozessrecht aufzeigen: ob sie miteinander verwoben sind, wie man früher annahm, oder getrennt, wie unsere heutige Gesetzestechnik und die Form von Lehrbüchern vermittelt. Ob es nicht sachgerecht ist, wenn die prozessuale Tat an die Handlung im materiell-rechtlichen Sinne anknüpft, weil das Strafprozessrecht mit dem materiellen Strafrecht nichts zu tun hat, wird mithilfe der Erläuterungen dieses Abschnitts analysiert.

Nach gewöhnlicher Betrachtung sind das materielle Strafrecht und das Strafprozessrecht voneinander zu trennen. Der grundsätzliche Unterschied besteht erstens im Gegenstand: Während das materielle Recht sagt, was im Raum der sozialen Lebenswirklichkeit bzw. der sozialen Lebensinteressen, „rechtens" sein soll, regelt das Prozessrecht den Gang eines auf Gewinnung eines richterlichen Urteils hinstrebenden Verfahrens und bestimmt, welche Handlungen zwecks Erreichung dieses Ziels für die Prozessbeteiligten „zugelassen" sein sollen. Sie beziehen sich, wie *Eb. Schmidt* meint, auf verschiedene soziale Wirklichkeitsräume.[180] Aus diesem, ihrem Gegenstand ergibt sich die strukturelle Eigenart der prozessrechtlichen Normen und damit des Prozessrechts überhaupt. Das Prozessrecht hebt sich hinsichtlich seines Sinns und seiner funktionalen Bedeutung vom materiellen Recht scharf ab.[181] stellt zu Recht dar: „Prozessrecht

---

178 *Chaihan*, StPR I, S. 143; *Charuchinda*, ZTB, 318, 320; *Ketsawapitak*, StPR I, S. 581; *Kowilaikul*, JZ-CU, 92, 102; *NaNakorn*, StPR, S. 560; *Siriroj*, S. 60 ff.; *Watjanasawad*, StPR I, S. 197.

179 *Kowilaikul*, JZ-CU, 92, 102.

180 *Eb. Schmidt,* LehrK I, Rn. 27.

181 *Eb. Schmidt,* LehrK I, Rn. 24 ff.; *ders.*, StPR, § 2, Rn. 31; *Peters,* Strafprozess, § 3, I., S. 14.

ist das den Einzelfall gestaltende Recht; materielles Recht ist das im Prozess zu gestaltende oder das gestaltete Recht“[182]

Außerdem sind die materiell-rechtliche und prozessuale Denkweise grds. verschiedener Art. Das prozessuale Denken ist ein *konkretes*, d.h. es wendet das Recht auf einen konkreten Fall an, der zum Verfahren und zur Entscheidung steht. Das materiell-rechtliche Denken ist hingegen *abstrakt*, d.h. losgelöst von der Anwendung und Verwirklichung im Einzelfall. Das materielle Recht enthält eine ganze Reihe der Fälle, die überhaupt nicht verwirklicht werden könnten. Das Prozessrecht regelt die Anwendung des materiellen Rechts auf den vorliegenden Fall, der bereits realisiert wird. Der Richter muss in jedem Fall hauptsächlich die gesamte Prozessordnung anwenden, während er im ganzen Prozess oft nur einen einzigen Paragraphen des materiellen Rechts anwendet.[183]

Das Strafprozessrecht unterscheidet sich nicht nur vom materiellen Strafrecht, sondern auch vom Zivilprozessrecht. Die Grundlagen des Strafprozessrechts können vom Zivilprozessrecht deshalb nicht abgeleitet werden. Der Strafprozess hat die Aufgabe, die Schuld oder Unschuld des Verdächtigen zu klären. Im Falle der Schuld sind die Strafandrohungen und Besserungs- und Sicherungsanordnungen des materiellen Strafrechts zu verwirklichen. Es geht im Strafprozess nicht in erster Linie darum, die Wahrung der Interessen eines Einzelnen, sondern die der Allgemeinheit zu wahren. Daraus ergeben sich wichtige Folgerungen wie der Legalitätsgrundsatz, Ermittlungsgrundsatz und Grundsatz der Wahrheitsermittlung. Im Zivilprozess dagegen handelt es sich in erster Linie um die Durchsetzung individueller Ansprüche, also um Einzelinteressen.[184]

Zudem ist der Zivilprozess ein Parteiprozess. Während sich der die Strafverfolgung betreibende Staat und der Beschuldigte im Verhältnis der Über- und Unterordnung gegenüber stehen, steht der Zivilprozess unter der Herrschaft der Parteien, die sich gleichberechtigt gegenübertreten. Der Grundsatz der Waffengleichheit der sich streitenden Gegner ist hier ein Erfordernis, um die Gerechtigkeit im Zivilprozess zu realisieren. Den Strafprozess kann man hingegen nicht als Parteiprozess verstehen, denn der Staatsanwalt als Ankläger sollte unter dem Gesetz der Intention auf Wahrheit und Gerechtigkeit stehen und folglich aufgrund der Justizgewährungspflicht rechtlich verpflichtet sein, auch zugunsten des Angeklagten tätig zu werden oder einen Freispruch zu beantragen.[185]

---

182 *Sauer,* § 4, II., 1.

183 *Sauer,* § 4, II., 1.

184 *Peters,* Strafprozess, § 3, III., 1., S. 15.

185 *Peters,* Strafprozess, § 3, III., 2. S. 15; *Eb. Schmidt,* StPR, Rn. 61 f.

Grundsätze, die im Strafprozess herrschen, sind darüber hinaus gegenteilig zu denen im Zivilprozess. Während die Dispositionsmaxime im Zivilprozess gilt, die besagt, die Parteien können den Tatsachenstoff herbeischaffen und über ihn verfügen, gilt im Strafprozess der Ermittlungsgrundsatz, der fordert, dass die Strafverfolgungsorgane beim Ermittlungsverfahren das tatsächliche Geschehen von Amts wegen erforschen. Die Dispositionsmaxime fordert die Findung einer vom Parteivorbringen abhängigen formellen Wahrheit, während der Ermittlungsgrundsatz die materielle Wahrheit verlangt.[186]

Allerdings ist das Strafverfahrensrecht ein Teil des Strafrechts. Das materielle Recht und das prozessuale Recht bilden eine Einheit.[187] Das materielle Strafrecht hat zunächst aus materiell-rechtlicher Betrachtung die imperativische Funktion, indem es besagt: „Du sollst nicht töten!" oder: „Du sollst nicht stehlen!" Das Strafprozessrecht dient demgegenüber dazu, diese Funktion wahrzunehmen. Seine Aufgabe ist die Verwirklichung des materiellen Strafrechts. Außerdem ist das materielle Strafrecht aus prozessualer Betrachtungsweise auch Maßstab für die Urteilstätigkeit des Richters und in dieser Richtung unmittelbar auf den Prozess ausgerichtet. Und nur im Rahmen dieses Prozesses ist die Verhängung einer strafrechtlichen Sanktion möglich. Hier zeigt sich ein wesentlicher Gegensatz zum Zivilrecht, da sich das Zivilrecht meist ohne Prozess realisiert.[188]

Der Zusammenhang zwischen dem materiellen und prozessualen Recht kennzeichnet die enge Beziehung zwischen den beiden Zweigen des Strafrechts. Änderungen des materiellen Rechts machen häufig Änderungen des Prozessrechts erforderlich. Die Einführung der Maßregeln der Besserung und Sicherung in Deutschland im Jahre 1933 führte nicht nur zu formalen Änderungen der StPO (§§ 260 II, IV, 267 IV StPO) und des GVG (§§ 24 II, 74 I GVG), sondern gestaltete auch den Umfang der Ermittlungen (§ 160 III StPO) und das Recht der notwendigen Verteidigung um.[189]

In Thailand versteht man unter dem Strafrechtssystem drei Rechte: das materielle Strafrecht, das Strafprozessrecht und das Strafvollzugsrecht.[190] Das materielle Strafrecht beinhaltet nach *NaNakorn* alle Normen, die Tatbestände, Strafen, Maßregeln und weitere Maßnahmen der Besserung und Sicherung bestimmen, die grds. im TStGB, aber auch in anderen Gesetzbüchern geregelt sind.[191]

---

186 Vgl. *Peters,* Strafprozess, § 3, III., 3., S. 16 f.

187 *Peters,* Strafprozess, § 2, S. 7; *Stock,* GS-Schröder, 429.

188 *Peters,* Strafprozess, § 2, I., S. 7.; *Eb. Schmidt,* LehrK I, Rn. 56 f.

189 S. *Peters*, Strafprozess, § 2, IV., S. 9.

190 *NaNakorn,* AT, S. 37.

191 *NaNakorn,* AT, S. 30 f., 37.

Beim thailändischen Strafprozessrecht lässt sich nicht genau sagen, ob man es als das formelle Strafrecht ansieht, das dem materiellen gegenübertritt, oder als einen selbstständigen Rechtsteil, der seinen eigenen Regelungsgegenstand und deshalb einen ihm allein eigenen Sinn hat. *NaNakorn* meint, Normen im Strafprozessrecht seien die Regelungen zur Verwirklichung des materiellen Strafrechts.[192] *Chaihan* vertritt, dass Normen im Strafprozessrecht die Regelungen und Mittel seien, um die Wahrheit hinsichtlich der Strafbarkeit des Täters zu erforschen, und um den Täter durch das Strafverfahren zu bestrafen.[193]

Die Gegenüberstellung von Strafprozessrecht und Zivilprozess interpretiert leider nur die Lit., also weder die Rspr. noch der Gesetzgeber, nach hier vertretener Auffassung richtig bzw. vorzugswürdig. Die h.L. vertritt die Ansicht, dass der Strafprozess andere Aufgaben habe als der Zivilprozess. Im Strafprozess herrsche die Offizialmaxime. Der Staatsanwalt stehe nicht auf gleicher Ebene mit dem Beschuldigten, wie Kläger und Beklagter im zivilrechtlichen Rechtsstreit. Er habe vom Beginn des Verfahrens an starke Machtmittel zur Hand. Er genieße in allem die Autorität des Staats. Das Gericht habe nach der h.L. selbsttätig und unabhängig vom Vorbringen und von den Anträgen der Prozessbeteiligten die materielle Wahrheit durch Erörterung der Sache zu erforschen. Außerdem sind dem Beschuldigten die typischen Parteirechte nicht eingeräumt. Ihm ist es nicht möglich, das Verfahren dadurch zu beenden, indem er erklärt, die vom Staatsanwalt geforderte Strafe annehmen zu wollen. Er ist vor allem nicht in der Lage, gleich einer Prozesspartei über sie zu verfügen, soweit dadurch das Verfahrensziel beeinträchtigt werden könnte.[194]

§ 15 TStPO ist ein klares Zeichen dafür, dass zivilprozessrechtliche Bedenken bedauerlicherweise immer noch in den Strafprozess hineinspielen. Diese Vorschrift erlaubt die Einbeziehung der zivilprozessrechtlichen Normen in das Strafverfahren, um Gesetzeslücken zu füllen. Der Zweck dieser Vorschrift ist grds., die unnötige Wiederholung von Vorschriften zu vermeiden.[195] Aber sie verursacht Fremdkörper in der thailändischen Justizgewährungspflicht. Beispielsweise hat das Gericht in TObGE 154/1947 die Vorschriften über Zeugenvernehmung gemäß § 187 TZPO angewendet, auch wenn solche Vorschriften bereits in der TStPO bestehen. In TObGE 2032/1982 hat das Strafgericht die

192 *NaNakorn,* AT, S. 37 f.

193 *Chaihan,* StPR I, S. 15.

194 *Chaihan,* StPR I, S. 30 ff., *Likasitwatanakul,* ZTGG, 3, 9 ff.; *NaNakorn,* in: Kritik (Hrsg. Winyuchon Verlag), S. 9, 24 ff.; *ders,* in: Kritik (Hrsg. Winyuchon Verlag), S. 35, 40; *Watjanasawad,* StPR I, S. 1 ff.

195 *NaNakorn*, StPR , S. 48.

Vorschriften über die Beweisaufnahme gemäß § 95 TZPO angewendet, obwohl in TStPO §§ 226 f. die Vorschriften über die Beweisaufnahme gegeben sind.

III. Die Tat bzw. der angeklagte Akt und das Spannungsverhältnis der Prozessziele

Die Ziele des Strafverfahrens könnten den Umfang des Tatbegriffs bzw. des Begriffs des angeklagten Akts mehr oder weniger beeinflussen. Unglücklicherweise tun sie dies nicht in derselben Richtung. Einige Ziele verlangen den engen und normativen Umfang, während andere den weiten und faktischen fordern. Hier soll geklärt werden, von welchem Umfang des Tatbegriffs die jeweiligen Prozessziele ausgehen. Danach werden alle Ziele abgewogen und diesem Ergebnis kann der Umfang des angeklagten Akts folgen.

1. Materielle Gerechtigkeit

Wenn man bedenkt, was das Ziel des Strafverfahrens sein könnte, käme auf den ersten Blick die Verwirklichung und Bewährung des materiellen Strafrechts in Betracht. Das materielle Strafrecht bewährt sich in der Verhängung der Strafen, die die Tatbestände für bestimmtes menschliches Verhalten androhen, indem der Schuldige entsprechend der Schwere seiner Schuld bestraft wird. Für die Strafgerichte folgt im Einzelfall das Gebot schuldangemessenen Strafens.[196] Die Strafe muss nach dem sog. *Schuldprinzip* in einem gerechten Verhältnis zur Schwere der Tat und zum Verschulden des Täters stehen.[197] Dies erfolgt nur durch den Erlass einer*gerechten, inhaltlich richtigen Entscheidung*, was als Aufgabe eines Rechtsstaats anzusehen ist[198]. Insofern ist Gerechtigkeit das Ziel des Strafverfahrens.

Alle Rechtsbegriffe sind auf dieses Ziel ausgelegt. Fragen der Gerechtigkeit gehören zu den ältesten Themen der Philosophie und ihre Bedeutung wandelt sich von der Antike bis zur Gegenwart. Nach *Platon* muss der Staat das Gerechtigkeitsprinzip beachten und danach streben, „*dass niemand im Besitz von fremdem Eigentum ist, des seinigen aber nicht verlustig geht.*“[199] Allerdings können Gerechtigkeitsfragen nicht bei unterschiedlichen Rechtsproblemen genau ein und dieselbe Bedeutung erfüllen. Im Strafprozessrecht bedeutet die Gerechtig-

---

196 BVerfG 2 BvR 1895/05 Beschluss vom 27. Dezember 2006.
197 BVerfGE 50, 5, 12; 73, 206, 253 f.; 86, 288, 313; 96, 245, 249.
198 *Niemöller/Schuppert*, AöR 1982, 387, 443.
199 *Platon*, Der Staat, 433 e.

keit die materielle Richtigkeit des Urteils[200] und steht in enger Verbindung mit der Wahrheit. Man behauptet, dass Gerechtigkeit Wahrheit voraussetzt[201] oder dass beide Werte sogar als Doppelziel des Strafverfahrens angesehen werden.[202]

Von Zielen des Strafverfahrens spricht man in Thailand weitgehend nicht. Nicht in allen Lehrbüchern existiert der Abschnitt „Ziele des Strafverfahrens".[203] Jedoch sprechen *NaNakorn* und *Chaihan* von Wahrheit als Ziel des Strafverfahrens. Ihrer Ansicht nach ist das Ziel des Strafverfahrens die Aufklärung der angeklagten Umstände, wobei die Wahrheit notwendig ist. Außerdem wird von der prozeduralen Gerechtigkeit gesprochen, d.h. dass die Justizgewährungspflicht die Wahrheit nicht in der Art erstreben kann, dass die Rechte des Angeklagten verletzt würden. Alle Justizbehörden müssen darauf achten, dass prozessuale Rechte des Betroffenen vom Staat gewährleistet werden.[204]

Watjanasawad sagt in seinem Lehrbuch, dass das effektive Strafprozessrecht zwei strafprozessuale Werte im Gleichgewicht halten muss, nämlich die staatliche Pflicht, den Täter zu bestrafen, und die Gewährung des Rechts des Einzelnen. Wäre die staatliche Pflicht übertrieben, würden die Rechte des Bürgers verletzt, da die staatlichen Strafverfolgungsorgane zu viel Macht besitzen, alle Eingriffsmaßnahmen uneingeschränkt durchzuführen. Würden die Rechte des Bürgers so übermäßig gewährleistet, dass der Staat überhaupt keine Machtmittel mehr hätte, würde der Täter nicht bestraft und somit die Gesellschaft beeinträchtigt.[205]

Zusammenfassend lässt sich hinsichtlich des thailändischen Strafprozessrechts sagen, dass trotz aller Unklarheit und Ungenauigkeit, Wahrheit und Gerechtigkeit als Ziele des Strafverfahrens angesehen werden.

Die materielle Gerechtigkeit befürwortet einen eng gefassten Umfang des Prozessgegenstands.[206] Bei der Urteilsfindung kann so ein enger Umfang des Prozessgegenstands die Zahl der unerwünschten Gerechtigkeitsverluste reduzie-

---

200 *Kindhäuser,* StPO, § 1, Rn. 10; *Schmidthäuser,* Schmidt-FS, 511, 512.

201 *Krauß,* Schaffstein-FS, 411; *Neumann,* ZStW 1989, 101, 52; *Schmidhäuser,* Eb. Schmidt-FS, 511, 512.

202 *Eb. Schmidt*, LehrK I, Rn. 21.

203 Mit dem Abschnitt s. *Nanakorn,* StPR, S. 46 ff.; Ohne den Abschnitt s. *Chaihan,* StPR I; *Watjanasawad,* StPR I, *Luechai,* StPR I.; *Ketsawapitak,* StPR I.

204 *Chaihan*, StPR I, S. 16; *NaNakorn*, StPR, S. 46 f., *ders.*, in: Kritik (Hrsg. Winyuchon Verlag), S. 35, 37.

205 *Watjanasawad,* StPR I, S. 1 f.

206 *Behrendt*, ZStW 1982, 888, 910; *Bertel*, II., A., 1., S. 80; *Büchner,* Einleitung, 2., S. 6; *Detmer*, Erster Teil, F., III., 2., S. 133 f.; *Herzberg*, JuS 1972, 113 ff.; *Oehler*, Schröder-GS, 439 ff.

ren. Die Aufklärungseffizienz der Strafverfolgung steigert sich. Das Gericht übersieht kein weiteres, in der Anklage nicht bezeichnetes Delikt. Außerdem können verschiedene Prozessgegenstände in verschiedenen, aufeinanderfolgenden Strafverfahren aufgeklärt werden. Bei der Rechtskraft bezieht sich der Strafklageverbrauch nur auf einen Teil des Täterverhaltens und nicht auf einen anderen, der nicht angeklagt wird. Deswegen kann der andere Teil noch verfolgt werden.[207]

2. Rechtssicherheit

Die Rechtssicherheit ist in Deutschland ein wesentliches Element des Rechtsstaatsprinzips.[208] Auch das BVerfG vertritt in ständiger Rspr. die Auffassung, dass das Verlangen nach einem endgültigen Verfahrensabschluss wesentlicher Bestandteil des Rechtsstaatsprinzips ist und um der zentralen Bedeutung der Rechtssicherheit für die Rechtsstaatlichkeit willen die Möglichkeit einer im Einzelfall vielleicht unrichtigen Entscheidung hingenommen werden muss.[209] Von diesem Prinzip geht die Forderung aus, den Richterspruch von einem bestimmten Zeitpunkt an allen Anzweiflungen zu entziehen und die mit Abschluss des Verfahrens geschaffene Rechtsgewissheit wieder preiszugeben. Das gerichtliche Urteil muss um seiner selbst willen vor weiteren Anfechtungen geschützt werden.[210]

In Thailand wird weitgehend nicht von Rechtssicherheit gesprochen. Unter dem Rechtsstaatsprinzip versteht man das Prinzip, bei dem die staatliche Machtausübung begrenzt wird, um Rechte des Bürgers zu gewährleisten.[211] Das Rechtsstaatsprinzip besteht aus dem Prinzip der Allgemeinheit, dem Bestimmtheitsgebot, dem Rückwirkungsverbot und dem Verhältnismäßigkeitsprinzip.[212] Außerdem schreibt *NaNakorn* kurz, dass es ein Ziel des Strafverfahrens ist, den Rechtsfrieden wahrzunehmen.[213]

---

207 *Detmer,* Erster Teil, F., III., 2., S. 134.

208 MD/*Rüpig,* Art. 103 III, Rn. 13; *Pickert,* C., I., 2., S. 41; *Schünemann*, ZStW 1972, 870 ff.

209 BVerfGE 2, 380, 403; 7, 89, 92f.; 13, 261, 271; 15, 313, 319; 19, 150, 156; 25, 269, 290.

210 *Deml,* Teil II., Kapitel B., III., 1., S. 43; *Henkel,* Strafverfahrensrecht, § 100, S. 383; *Beling,* § 56, S. 268 f., 430.

211 *Wisarutpit,* S. 85 f.; *Singkanati,* S. 19 f.

212 *Wisarutpit,* S. 89 ff.; *Singkanati,* S. 27 ff.

213 *NaNakorn,* in: Kritik (Hrsg. Winyuchon Verlag), S. 35, 36 f.

liches beiläufige Verhalten des Täters mit einem Urteil erledigt wird. Dies bedeutet, dass die Rechtssicherheit für einen engen Umfang spricht, auf den die Kriterien der Handlungseinheit der materiell-rechtlichen Konkurrenzlehre auch hinweisen.[226]

b) Kollektive und individuelle Aspekte der Rechtssicherheit

Der Begriff Rechtssicherheit kann zudem in kollektiver und individueller Hinsicht unterschieden werden.

aa) Rechtsfrieden

Mit der kollektiven Ansicht sind vordergründig Rechtsfrieden bzw. Rechtsruhe gemeint. Eine Aufgabe des modernen Strafverfahrens ist es, erschütterten Rechtsfrieden wiederherzustellen. Diese Aufgabe kann nur durch das Institut der Rechtskraft realisiert werden, genauer gesagt durch die Einmaligkeit der Strafverfolgung und den Strafklageverbrauch. Ein Strafverfahren muss ab einem bestimmten Zeitpunkt mit Wirkung für die Zukunft beendet sein, auch wenn das Urteil fehlgehend oder der Prozessgegenstand nicht erschöpfend erwiesen ist. Denn es liegt im Allgemeininteresse, auf die Durchsetzung einer dem materiellen Strafrecht verpflichteten und materiell gerechten Entscheidung um des Rechtsfriedens willen zu verzichten. Ohne Endgültigkeit des Verfahrens wäre ein vernünftiges, friedliches Zusammenleben in einer Rechtsgemeinschaft nicht denkbar. Könnte ein gerichtliches Urteil immer und immer wieder überprüft werden, würde dies zu einer unerträglichen Ungewissheit führen. Durch die Maßgeblichkeit der gerichtlichen Aussage entstehen Rechtsruhe und Rechtsfrieden, da die Rechtslage endgültig festgestellt ist und Unsicherheit über das Recht nicht mehr besteht.[227]

Anders als die Orientierungssicherheit und Realisierungssicherheit verlangt der Rechtsfrieden ohne Weiteres einen weit gezogenen Umfang des Prozessgegenstands, um ein friedliches zwischenmenschliches Zusammenleben möglichst groß und weit wiederherzustellen. Je weiter man den Begriff ausdehnt, desto mehr dient man den Bedürfnissen der Rechtssicherheit.[228] Jedoch darf er nicht so weit gefasst werden, dass der so zwingend hingenommene Verlust an materi-

---

226 *Detmer,* Erster Teil, F., IV., 3., S. 143.

227 S. *Eb. Schmidt*, LehrK I, Rn. 283; *Beling,* § 56, S. 269; *Bertel*, II., E., 1., S. 117; *Deml,* Teil II., Kapitel B., II., 2., S. 41 f.; *Detmer,* Erster Teil, F., IV., S. 136 f.; *Geerds,* S. 399; *Henkel*, Rechtsphilosophie, S. 443; *ders.*, Strafverfahrensrecht, § 100, S. 383 f.; *Neuhaus,* Dritter Teil, Kapitel X., B., 1., b), S. 156 f.; *Radtke,* Erstes Kapitel, B., II., 4., b), S. 46 f.; *Rieß,* FS-Schäfer, 155, 192; *Wolter,* GA 1985, 49, 53; *ders.,* GA 1986, 143, 150 f.

228 *Detmer,* Erster Teil, F., IV., 1., S. 138; Bertel, II., E., 1., S. 118.

eller Gerechtigkeit wiederum zu „Rechtsunfrieden" führt oder dass Delikte nach Beendigung eines Strafverfahrens unbehandelt bleiben, weil zuvor keine Anhaltspunkte für ihre Existenz vorlagen.[229]

bb) Vertrauensschutz

Bezüglich der individuellen Ansicht der Rechtssicherheit spricht man vom Vertrauensschutz bzw. Beschuldigtenschutz. Der bereits einmal angeklagte Betroffene wird wegen derselben Tat bzw. desselben angeklagten Akts zukünftig von einem weiteren Strafverfahren verschont, mit dem eine Vielzahl von Unannehmlichkeiten verbunden ist und seine soziale Stellung erschüttert. Der Vertrauensschutz ist vom Grundsatz *„ne bis in idem"*abgeleitet, hinsichtlich der deutschen Rechtsordnung von Art. 103 III GG und den engeren Wiederaufnahmevoraussetzungen zuungunsten des Angeklagten im Vergleich mit denen zu seinen Gunsten und hinsichtlich der thailändischen Rechtsordnung von § 39 (1) TStPO sowie der Möglichkeit der Wiederaufnahme des Strafverfahrens lediglich zugunsten des Angeklagten. Der von einem Strafverfahren betroffene Bürger soll vor diesem zweiten Verfahren wegen derselben Tat bzw. desselben angeklagten Akts bewahrt werden.[230]

Der Vertrauensschutz bedarf einer möglichst weiten Reichweite des Prozessgegenstands.[231] Dies gewährt dem Beschuldigten ein gewisses, großes Maß an Sicherheit vor einer weiteren strafgerichtlichen Verfolgung.

Darüber hinaus soll hinsichtlich der beiden Interpretationen von Rechtssicherheit die Grenze des Begriffs des Prozessgegenstands mit einem natürlichen Begriff bestimmet werden.[232] Ein Beispiel kann den Gedanken erklären: A hat während einer Party B beleidigt, die C sexuell genötigt, D verletzt und die Handtasche von F gestohlen. Es wäre nicht mit dem Streben nach Rechtsfrieden zu vereinbaren, wenn A wegen Körperverletzung und sexueller Nötigung verfolgt werden kann, nachdem er wegen Beleidigung bereits verurteilt wurde, da A sich nach den normativen Kriterien tatmehrheitlich verhalten hat. Der Begriff der Tat bzw. des angeklagten Akts nach Ansicht der Rechtssicherheit soll deswegen an ein natürliches Geschehen anknüpfen.

Es ist zu betonen, dass der Verurteilte die Möglichkeit haben muss, über die Reichweite des Prozessgegenstands sowohl bei der Rechtshängigkeit als auch bei der Rechtskraft informiert zu sein. Das kann nur durch die *Einheitlichkeit*

---

229 *Detmer,* Erster Teil, F., IV., 1., S. 138.

230 *Bertel,* II., E., 1., S. 116; *Detmer,* Erster Teil, E., III., 3., S. 98; *Radtke,* Erstes Kapitel, II., 4., d), S. 51, 54; *Roxin/Schünemann,* § 52, Rn. 8.

231 *Bertel,* II., E., 1., S. 120; *Neuhaus,* Dritter Teil, Kapitel X., B., 1., b), S. 156 f.

232 *Detmer,* Erster Teil, E., III., 4., S. 101.

des Prozessgegenstands geschehen.[233] Die Ereignisse, die zum Prozessgegenstand gehören, müssen von der Rechtskraft erfasst werden, auch wenn sie tatsächlich nicht vom Gericht berücksichtigt werden. Es wäre unmöglich für den Verurteilten, in Ruhe zu bleiben, wenn die Ereignisse, die eigentlich vom Begriff des Prozessgegenstands erfassen wurden, aber in der Urteilsfindung nicht gewürdigt werden, gegen ihn noch verfolgt werden können. Die Inkongruenz zwischen derjenigen „Vertrauensquantität", so *Detmer*[234], die bei Rechtshängigkeit umfasst ist, und derjenigen, die die materielle Rechtskraft dem Verurteilten zubilligt, darf nicht bestehen.

Jedenfalls ist veranschaulicht worden, dass der Konflikt nicht nur in der Gegenüberstellung von materieller Gerechtigkeit und Rechtssicherheit vorliegt, sondern bereits innerhalb der Rechtssicherheit.[235]

3. Auflösung des Spannungsverhältnisses

Die Grenze der Tat bzw. des angeklagten Akts dehnt sich aus oder verringert sich, je nachdem, ob der Idee der Rechtssicherheit – wie im liberal-rechtsstaatlichen Prozess – oder der materiellen Gerechtigkeit – wie im Inquisitionsprozess – der größere Nachdruck beigelegt wird, wie *Oehler* erklärt.[236] Um den Umfang des Begriffs der Tat bzw. des angeklagten Akts zu ermitteln, muss deshalb eine Entscheidung herbeigeführt werden, welcher Rechtsgrundsatz Vorrang hat. Zu diesem Zweck sind die beiden Regelungstendenzen in Beziehung zueinander zu setzen und gegeneinander abzuwägen.

Die materielle Gerechtigkeit und die Rechtssicherheit sind in mancher Hinsicht divergent, stehen daher in einem instabilen Verhältnis zueinander und müssen regelmäßig austariert werden. Würde die Gerechtigkeit überbewertet, sodass alle unrichtigen Entscheidungen jederzeit und beliebig korrigiert würden, wäre die Rechtsautorität der richterlichen Entscheidungen verloren. Die Gefahr der Justizverweigerung könnte entstehen, da jede Entscheidung auf die genügend tatsächliche Grundlage wieder aufgenommen werden könnte. Ein vernünftiges, friedliches Zusammenleben in einer Rechtsgemeinschaft wäre nicht denkbar. Darüber hinaus würden der Schutz des Einzelnen vor Doppelbestrafung und das Interesse des Angeklagten, in Ruhe gelassen zu werden, verletzt. Das Vertrauen in die Wirksamkeit des Strafrechts nähme deshalb ab. Vor allem kann

---

233 *Bertel,* S. 121; Detmer, Erster Teil, E., III., 4., S. 98 ff.

234 *Detmer*, Erster Teil, E., III., 4., S. 99.

235 *Bertel,* II., E.,1., S. 119; *Detmer,* Erster Teil, F., IV., 3., S. 142; *Neuhaus,* Dritter Teil, Kapitel X., B., 1., b), S. 156 f.; *Peters,* Fehlerquellen, S. 33 f.

236 *Oehler,* Rosenfeld-FS, 139.

eine erneute Verhandlung die bessere Entscheidung ohnehin nicht garantieren. Würde die Rechtssicherheit hingegen überwiegen, wäre die materielle Gerechtigkeit beeinträchtigt, da die offenbar unrichtigen Entscheidungen nie korrigiert werden könnten. Folglich wäre der Täter nicht schuldgemäß bestraft.

Der Ausgleich zwischen den beiden Zielen in den deutschen und thailändischen Rechtsordnungen ist in der jeweiligen StPO offensichtlich gekennzeichnet. Würde die Gerechtigkeit als alleiniges Ziel des Strafprozesses von beiden Rechtsordnungen in den Mittelpunkt gerückt, wäre das Rechtsmittel nicht in allzu beschränktem Umfang zulässig und nicht an Ausschlussfristen geknüpft, bei deren Verstreichen die Entscheidung nicht mehr sachlich nachgeprüft werden dürfte. Das Wiederaufnahmeverfahren wäre nicht nötig, da das Urteil in unendlich ordentlichen Rechtsbehelfen immer korrigiert werden könnte. Würden die deutsche und die thailändische StPO hingegen die Rechtssicherheit als alleiniges Ziel anerkennen, würde das abgeurteilte oder freisprechende Urteil von der Erstinstanz sofort in Bestandskraft erwachsen führen und könnte nie korrigiert werden, auch wenn die Unrichtigkeit des Urteils offensichtlich wäre. Deswegen sind die Auffassungen, die entweder Gerechtigkeit oder Rechtssicherheit für ein einziges Ziel des Strafprozesses anerkennen, abzulehnen.

Aufgrund der beschränkten menschlichen Fähigkeit, die absolute Wahrheit zu ermitteln und die Gerechtigkeit durchzusetzen, muss der Schuldspruch zu einem bestimmten Zeitpunkt endgültigen Bestand haben. Deshalb ist die Rechtskraft hier notwendig und berechtigt, da sie verhindert, dass Strafprozesse nie enden. Sie gewährleistet, dass als Konsequenz der Rechtssicherheit eine gerichtliche Entscheidung definitiv festgelegt wird. Der Betroffene kann darauf vertrauen, dass sein bereits abgeurteiltes oder freigesprochenes Verhalten nicht ein weiteres Mal überprüft wird und er folglich in Ruhe gelassen wird. Durch die Verbindlichkeit des rechtskräftigen, aber mit dem materiellen Recht unvereinbaren Fehlurteils ist der Vorrang der Rechtssicherheit gekennzeichnet.[237] Wie *Beling* schön und knapp formuliert, – *„eine ständige Prozessneuerung ohne Ende, wie sie ohne die materielle Rechtskraft zulässig wäre, verträgt das Rechtsleben nicht. Die irdische Rechtsordnung nimmt die endgültige Sperrwirkung der*

---

237 S. BVerfGE 3, 248, 253 f.; BVerfG NJW 84, 604, 605; BGHSt 6, 122, 124; 20, 77, 80; 3, 13, 15; 5, 323, 329 f.; LR/*Rieß*, 25. Aufl., Einl. Abschn. B, Rn. 4; *Eb. Schmidt*, LehrK I, Rn. 312; *ders.*, LehrK II, vor § 359 Rn. 4; LR/*Stuckenberg*, § 264, Rn. 13; *Hellebrand,* GS-Schlüchter, 473, 493; *Neuhaus,* Dritter Teil, Kapitel X., B., 1., c), S. 160 f.; *Neumann,* ZStW 1989, 52, 56; *Oehler,* Rosenfeld-FS, 139, 146; *Peters*, Strafprozess, § 13, I., 6., S. 83 f.; *Werle,* NJW 1980, 2671, 2673; *ders.,* JR 1979, 93, 98; *Schlüchter,* Rn. 225; *Spinellis,* Drittes Kapitel, IV, § 28, S. 98.

res judicata als das kleinere Übel in Kauf“[238] – muss man nun als Ergebnis der Abwägung zwischen den beiden strafprozessualen Zielen in deutscher und auch thailändischer Rechtsordnung festlegen, dass die Rechtssicherheit gegenüber die Gerechtigkeit überwiegt. *Eb. Schmidt* erklärt ausdrücklich, die materielle Rechtskraft diene einem höchstwichtigen sozialen Wert: der Rechtssicherheit.[239]

Nachdem die Gerechtigkeit und die Rechtssicherheit abgewogen wurden, bleiben noch vier verschiedene Aspekte innerhalb der Rechtssicherheit zu berücksichtigen. Während die Aspekte der Orientierungs-, der Realisierungssicherheit und des Rechtsfriedens sich auf das Allgemeininteresse beziehen, betrifft der Vertrauensschutz „lediglich“ das Individualinteresse. Zwar erscheint das Allgemeininteresse den Juristen immer wichtiger und überwiegender. Man kann jedoch nicht leugnen, dass der beständige Rechtsfrieden die größere Bedeutung hat als die anderen Aspekte, da er unmittelbar von dem Rechtsstaatsprinzip abgeleitet und als eine der wichtigsten Aufgaben des Rechtsstaats angesehen ist, und der Umfang des Prozessgegenstands deshalb weitgefasst werden soll. Leider ist der Rechtsfrieden nicht zu erreichen, wenn die Definition des Prozessgegenstands nicht einen hohen Bestimmtheitsgrad aufweist. Die Präzision des Begriffs der Tat bzw. des angeklagten Akts ist in allen Prozessstadien unverzichtbar und stellt die obligatorische Basis für die Realisierung anderer Prozessziele dar.[240] Entsprechendes gilt auch als Einwand gegen den weiten Begriff des Vertrauensschutzes.

Zusammenfassend soll der Begriff eng, präzise und normativ bezogen sein. Dies entspricht auch dem Ergebnis von der im nächsten Abschnitt stehenden Abwägung zwischen Anklagegrundsatz und Ermittlungsgrundsatz. Ein derartiger Begriff besteht bis jetzt leider noch nicht.

IV. Die Tat bzw. der angeklagte Akt und Prozessgrundsätze

1. Anklagegrundsatz

Der Prozessgegenstand ist in Deutschland die in der Anklage bezeichnete Tat und die durch die Anklage beschuldigte Person, wie §§ 155 I, 264 I StPO zeigen. Die Vorschriftensind das Zeichen dafür, dass der Anklagegrundsatz im deutschen Strafprozess herrscht. Ferner besagt der Grundsatz weiter: Die Ankla-

---

238 *Beling*, § 56, S. 269.
239 *Eb. Schmidt*, LehrK I, Rn. 283.
240 *Detmer*, Erster Teil, F. IV., 4., S. 143 f.

ge muss von jemandem eingeleitet werden, die Eröffnung einer gerichtlichen Untersuchung setzt die Erhebung einer Klage voraus und das Gericht darf nur über die Taten befinden, die von der StA angeklagt werden. Er stellt für die gerichtliche Untersuchung und Entscheidung eine *Umgrenzungsregel* auf, wie *Eb. Schmidt*[241] es nennt.

Der Anklagegrundsatz hat zwei verschiedene Funktionen. Die *Umgrenzungsfunktion* oder *Bestimmungsfunktion* dient dazu, den Prozessgegenstand zu bestimmen, auf den sich die Untersuchungs- und Verurteilungspflicht des Gerichts erstrecken. Innerhalb dieses Umfangs ist das Gericht an die Begrenzungen durch die Anklageschrift gebunden. Eine darüber hinausgehende Bindung des Gerichts an andere Angaben der Anklageschrift tritt, wenn es sich an den Prozessgegenstand hält, nicht ein.[242] Diese Funktion wird nur erfüllt, wenn die Tat hinreichend genau individualisiert bzw. konkretisiert ist und die Verwechslungsgefahren ausgeschlossen sind. Ansonsten tritt das Prozesshindernis mangels unwirksamer Anklage ein.[243]

Darüber hinaus hat der Grundsatz noch eine Funktion. Der Angeklagte muss nachvollziehen können, was in der Anklageschrift steht, sodass er sich selbst effizient verteidigen kann. Die *Informationsfunktion* dient dem Schutz vor Überraschungen und gewährleistet ein sachbezogenes Fortschreiten des Verfahrens mit der Möglichkeit einer effizienten Verteidigung. Durch die Anklage werden Angeschuldigter und Gericht über den konkreten Tatvorwurf und die von der StA vorgenommene vorläufige rechtliche Bewertung der Tat informiert.[244] Sie ist beispielsweise durch die gesetzlichen Merkmale der Straftat[245] oder die anzuwendenden Strafvorschriften erfüllt.[246]

Der *reine Anklageprozess* herrscht, wie soeben erwähnt, im thailändischen Strafverfahren. §§ 34, 36 und 39 TStPO sprechen vom Anspruch auf Strafklage, nicht von der Pflicht des Rechtsstaats. Der Anklagegrundsatz ist dadurch gekennzeichnet, dass die Prozessinitiative dem Gericht nicht zur Verfügung steht. Die erste Verfügung darüber, ob es zum gerichtlichen Verfahren kommen soll, hängt von den Strafklageberechtigten ab. Dem Gericht ist gemäß § 192 I TStPO ausschließlich die Aufgabe zugewiesen, über Punkte, die zwischen den Parteien

---

241 *Eb. Schmidt,* LehrK I, Rn. 349 ff.

242 LR/*Stuckenberg,* § 200, Rn. 5; *Beulke*, StPO, § 2, Rn. 18 ff.; *Detmer*, Erster Teil, F., I., 1., S. 108; *Kindhäuser,* StPO, § 4, Rn. 16 f.

243 BGHSt 40, 44, 45; NStZ 1984, 133; 1986, 276; 1992, 553; 1995, 245; 1996, 294; JR 2001, 421, 422; KK/*Schneider,* § 200, Rn. 30;LR/*Stuckenberg,* § 200, Rn. 5.

244 LR/*Stuckenberg,* § 200, Rn. 6 f.; *Beulke,* StPO, § 13, Rn. 285.

245 BGHR StPO § 200 Abs. 1 S. 1 Anklagesatz 5.

246 KK/*Schneider,* § 200, Rn. 34.

streitig sind, Entscheidungen zu treffen und ggf. auf übereinstimmenden Wunsch der Parteien einen ihm von diesen vorgeschriebenen Entscheidungsinhalt dem Richterwort hinzuzufügen. Außerdem sind die Sachanträge der Parteien für das Gericht derart begrenzt, dass es dem Ankläger nicht mehr zusprechen kann, als er im Sachantrag begehrt und den Beschuldigten nicht weitergehend lossprechen kann als der Ankläger selber begehrt.

Zwei verschiedene Funktionen der Anklage kann man in der TStPO einfach finden. Aus § 158 TStPO, der alle Angaben der Strafanklage regelt, lässt sich sagen, dass § 158 (5) TStPO der Umgrenzungsfunktion dient und § 158 (1) - (4) und (6) - (7) der Informationsfunktion.

Jedoch besteht unter thailändischen Strafrechtlern ein immer größerer Zweifel, ob der Strafprozess ein reiner Anklageprozess ist, ob es Sache der Partei ist, alle Beweismittel vor Gericht vorzubringen und sich das Gericht nur mit Tatsachenstoff der Partei beschäftigen darf, oder ob die Strafverfolgungsorgane überhaupt keine Pflicht haben die materielle Wahrheit zu untersuchen und ob der Täter aufgrund prozessualer Taktiken oder Formalitäten auf freien Fuß gesetzt werden soll. Dies zeichnet sich in den letzten Jahren in zahlreichen akademischen Werken[247] und Magisterarbeiten[248] zu diesem Thema ab.

Zusammenfassend lässt sich sagen, dass es sich beim Anklagegrundsatz in Thailand grds. um den Schutz des Beschuldigten gegen willkürliche Ausdehnung des Prozessstoffs handelt. Der Grundsatz vermeidet die Situation, in der der Richter aus eigener Initiative irgendeinen willkürlichen Prozessstoff, der in der Anklage gar nicht erscheint, zum Gegenstand einer Entscheidung macht, wobei dies die Unbefangenheit und die Unparteilichkeit des Richters beeinträchtigen kann.

2. Ermittlungsgrundsatz

Zwar darf das Gericht nach dem Anklagegrundsatz nur den Prozessgegenstand berücksichtigen, der durch die Anklage bestimmt wird. §§ 155 II, 264 II StPO lassen das Gericht aber auch aus eigener Auffassung für Entscheidungsmaterien sorgen. Nach dem Ermittlungsgrundsatz sind das Gericht und auch andere Strafverfolgungsorgane berechtigt und verpflichtet, die Wahrheit zu erforschen. Man spricht auch vom *Prinzip der materiellen Wahrheitserforschung.*[249] Wegen der auf den Ermittlungsgrundsatz zurückzuführenden Pflicht des Gerichts nimmt der

---

247 *NaNakorn,* StPR, 62 f.; *Soponnawat,* JKrGH, Mai 2007, 31, 34 f.

248 S. z.B. die Arbeiten von *Pinveera, Trenate* oder *Moungpon.*

249 LR/*Kühne*, Einl. I., Rn. 30; *Beulke,* StPO, § 2, Rn. 21; *Detmer,* Erster Teil, F., I., 2., S. 110; *Kindhäuser,* StPR, § 4, Rn. 21 ff.,

deutsche Strafprozess das *Klageformprinzip* an.[250] Nur *ob* die richterliche Untersuchung und Entscheidung eintreten kann, hängt von der Anklage ab. *Wie* sie durchgeführt werden, ist Sache des Gerichts.

Noch eine interessante Frage ist zu erwähnen und zu beantworten, damit man die beiden gegenläufigen Grundsätze in einem einzigen Strafprozess nachvollziehen kann: Warum lässt sich der Gesetzgeber überhaupt auf den Ermittlungsgrundsatz ein, obwohl er dazu führen kann, die Unbefangenheit des Richters zu beeinträchtigen? Er tut das, weil ihm dieser Grundsatz einen Vorteil gewährt, den er für wichtiger hält als die Befangenheitsgefahr. Die Prozessordnung soll mit Sicherheit angewandt werden, d.h. dass im Verfahren wirklich alles erörtert wird, was für die Entscheidung wichtig sein kann. Und dies ist nur dadurch garantiert, dass der Richter selbst für die Vollständigkeit des Entscheidungsmaterials zu sorgen hat. Der Richter soll aufgrund prozessualer Taktiken nicht gezwungen werden, wichtige Tatsachen oder Beweismittel unberücksichtigt zu lassen, nur weil sie von den Parteien in ihrer Bedeutung verkannt und deshalb nicht vorgebracht wurden.[251]

Ob der Ermittlungsgrundsatz auch im thailändischen Strafprozessrecht mit enthalten ist, ist nicht eindeutig geklärt. Wie soeben erwähnt herrschen im Strafverfahren trotz einiger Ausnahmen die Offizialmaxime und das Legalitätsprinzip.[252] Demgemäß sind alle Strafverfolgungsorgane verpflichtet, die materielle Wahrheit gemeinsam zu ermitteln. Die polizeilichen Ermittlungspersonen müssen nach § 131 TStPO alle Sachverhalte erforschen, unabhängig davon, ob sie der Belastung oder Entlastung des Beschuldigten dienen. Die StA kann gemäß § 143 II (a) TStPO nach dem Abschluss des Ermittlungsverfahrens die zusätzliche Ermittlung durch polizeiliche Ermittlungspersonen anordnen. Das Gericht hat gemäß § 175 TStPO die Befugnis, das Ermittlungsergebnis von der StA in die Hauptverhandlung miteinzubeziehen, damit es das Ermittlungsergebnis als Hilfsmittel bei der Urteilsfindung verwendet. Schließlich berechtigt § 229 TStPO das Gericht, Zeugen oder Sachverständige selbst vernehmen zu dürfen. Deswegen vertritt die h.L. die Auffassung, dass der Ermittlungsgrundsatz sich aus den genannten Vorschriften ergibt.[253] Allerdings widerspricht das Verhalten des Gerichts diesen Normen, da es in der Praxis eine passive Rolle spielt. Das Gericht macht die Wahrheitsfindung vor allem davon abhängig, was ihm gegen-

---

250 *Eb. Schmidt*, LehrK I, Rn. 351; *Beling,* § 22, S. 86.

251 *Eb. Schmidt*, LehrK I, Rn. 363 f; *Henkel,* Strafverfahrensrecht, § 23, S. 102.

252 S. Kapitel B., II., 1., a), bb).

253 *Chaihan,* StPR I, S. 36; *NaNakorn,* StPR, S. 62 ff.; vgl. auch *Soponnawat,* JKrGH, 31, 34, der trotz Unterschied in der Verwendung der Begriffe auch mit dieser Auffassung übereinstimmt ist.

über die Parteien vorbringen, so wie im Zivilprozess. Denn man glaubt in Thailand bedauerlicherweise, dass die aktive Rolle des Richters der Unbefangenheit schaden könnte, vor allem wenn der unschuldige Angeklagte einen ungeschickten Verteidiger hat.[254]

3. Auflösung der gegenläufigen Prozessgrundsätze

Obwohl die TStPO den Anklagegrundsatz und Ermittlungsgrundsatz in Thailand beinhaltet, sind die beiden Grundsätze aus der Sicht des thailändischen Strafprozessrechts nicht gleichwertig. Der Anklagegrundsatz ist deutlich gekennzeichnet, aber der Ermittlungsgrundsatz lässt sich unglücklicherweise nur von den bestimmten Vorschriften ableiten. Außerdem wird der Ermittlungsgrundsatz in der Praxis auch nicht wahrgenommen.

Jedoch steht im deutschen Strafprozessrecht der Anklagegrundsatz dem Ermittlungsgrundsatz zur Seite, wie *Bertel* ausführt.[255] Gemäß der StPO ist der Richter zwar verpflichtet, von sich aus alle Umstände zu erheben, die für seine Entscheidung bedeutend sein könnten. Der Richter ist bei der Beschaffung aller Beweismittel, auf die sich seine Entscheidung stützen wird, an Anträge der Parteien nicht gebunden. Aber das lässt nicht darauf schließen, dass der Gesetzgeber dem Anklagegrundsatz keine allzu große Bedeutung beimisst. Demgegenüber bemüht er sich darum, die Gefahren zu beschränken, die aus der Initiative des Richters bei der Sammlung des Beweismaterials entstehen können. Die scharfe Trennung von Vorverfahren und Hauptverhandlung ist ein eindeutiges Zeichen der Bemühung. Der Untersuchungsrichter, der zur Sammlung des Beweismaterials ganz wesentlich beigetragen hat, ist von der Mitwirkung und Entscheidung in der Hauptverhandlung ausgeschlossen. Außerdem ist der Staatsanwalt auch in der Voruntersuchung oder Hauptverhandlung dazu verpflichtet, durch Beweisanträge an der Sammlung des Beweismaterials mitzuwirken, sodass von den Erhebungen, die im Laufe eines Verfahrens notwendig werden, nicht alle auf eine Initiative des Richters zurückgehen müssen.[256]

Nach langer Abwägung lässt sich festhalten, dass der Anklagegrundsatz für einen engen Begriff der Tat bzw. für eine enge Definition des angeklagten Akts spricht. Mit der eng abgegrenzten Definition ist die Abweichung der Rechtsauffassung des Richters von der des Anklägers seltener. Der Richter kommt auch seltener in die Lage aus eigener Initiative Umstände erheben zu müssen. Dadurch entsteht eine wirksame Verteidigung des Beschuldigten. Der enge Be-

---

254 *Soponnawat,* JKrGH, 31, 35 f.
255 *Bertel,* II., A., 2., S. 83.
256 *Bertel,* II., A., 2., S. 83 f.

griff des Prozessgegenstands vermeidet die Lage, welche der Beschuldigte bei der Vorbereitung seines Verteidigungsplans nicht vorausgesehen hat, wenn die Untersuchung des Richters plötzlich eine andere Richtung nimmt. Durch den engen Begriff muss der Beschuldigte nicht so sehr darauf achten, dass er durch eine ungeschickte oder taktlose Bemerkung den Richter gegen sich aufbringen könnte. Nur ein solcher Begriff kann das Schweigerecht des Beschuldigten garantieren. Denn damit wird er weniger stark gezwungen, sich zur Korrektur des weiten Tatvorwurfs zur Sache einzulassen oder sogar weitere Straftaten zu gestehen. Mit zunehmender Ausdehnung des Begriffs verlieren die Vorteile, die der Anklagegrundsatz dem Beschuldigten insoweit gewährt, mehr und mehr an Bedeutung. Durch den dem Anklagegrundsatz unerwünschten, weiten Begriff des Prozessgegenstands kann der Richter mehr und mehr Ereignisse in seine Untersuchung einbeziehen, ohne dass sich der Beschuldigte durch die Verweigerung seiner Zustimmung dagegen wehren könnte.[257]

Damit ist festzuhalten, dass mit dem ausgedehnten Tatbegriff bzw. dem ausgedehnten Begriff des angeklagten Akts sowohl die Zahl als auch die Intensität der Konfliktlagen zunehmen, die der Gesetzgeber durch die Einführung des Anklagegrundsatzes beseitigen will.

V. Die Tat bzw. der angeklagte Akt, Prozessökonomie und Strafzumessung

Es wird fast einstimmig behauptet, dass die Gedanken der Prozessökonomie einen weiten Prozessgegenstand unterstützen. Denn das gesamte Ereignis des Angeklagten kann in einem Strafverfahren erledigt werden, sodass überflüssige Prozesse vermieden werden könnten. Dadurch verringern sich sowohl die Zahl der Prozesse als auch der Aufwand.[258]

Auch für die Strafzumessung ist es wichtig, die Grenzen des einheitlichen Lebensvorganges möglichst weit zu ziehen. Ansonsten würde man den Überblick des gesamten Verhaltens des Beschuldigten nicht in seiner Gesamtheit verstehen, sondern nur stückweise. Dies würde gerechte Strafzumessung kaum ermöglichen. Der Richter, dem nur ein unvollständiges Stück eines Ereignisses

---

257 *Bertel,* II., A., 1., S. 80 ff.; *Detmer,* Erster Teil, F., I., 1., S. 109; *Wolter,* GA 1986, 143, 151 f.

258 *Beling,* § 28, S. 115; *Bertel,* S. 112; *Bindokat,* GA 1967, 362, 365; *Büchner,* Drittes Kapitel, I., 2., S. 138; *Herzberg,* JuS 1972, 113, 119; *Wolter,* GA 1986, 142, 152.

vorgebracht wird, legt nur schwer das Strafmaß entsprechend dem Unrechts- und Schuldgehalt des Verhaltens des Angeklagten fest.[259]

Trotz aller Argumente sind diese Erwägungen nicht überzeugend. Es ist bedenklich, ob das Argument der Prozessökonomie für den weiten Begriff spricht und dass eine Ausweitung des Begriffs wirklich nicht zum Verlust an Prozesswirtschaftlichkeit führen kann. Der weite Prozessgegenstand ist in der Tat für eine langwierige Ermittlung, eine verlängerte Prozessdauer und die Zunahme von Großverfahren verantwortlich. Deshalb könnte die Prozessökonomie die diametral gegenläufige Theorie unterstützen, also eine enge Definition des Prozessgegenstands, da sie die Verfahrensvereinfachung und -beschleunigung ermöglicht.[260]

Man kommt zu dem Ergebnis, dass die Gedanken der Prozessökonomie eigentlich nicht für irgendeinen bestimmten Begriff der Tat bzw. des angeklagten Akts sprechen, weder für einen weiten noch für einen engen.

VI. Die Tat bzw. der angeklagte Akt und die Sanktionswirkung der Rechtskraft

Wie soeben erwähnt[261] bestimmt der Prozessgegenstand den Umfang der Rechtskraft und die sog. Sperrwirkung. Mit der Rechtskraft ist die Anklage wegen des in der Anklage bezeichneten Prozessgegenstands verbraucht und deshalb darf er nicht in einem neuem Strafverfahren wieder verfolgt werden.

Neben der Sperrwirkung kommt zur materiellen Rechtskraft auch die *Sanktionswirkung* hinzu. Nach dem Gedanken der Sanktionswirkung hat der Staat das Recht und die Pflicht, durch die Verwirklichung des materiellen Strafrechts die materielle Gerechtigkeit durchzusetzen und die erschütterte Rechtssicherheit wieder herzustellen. Um die Pflicht zu erfüllen, verleiht ihm das Gesetz eine Reihe von Machtmitteln. Erfüllt der Statt diese Pflicht nur ungerecht oder unvollständig, so muss er die Konsequenz hinnehmen, dass er eine erneute Strafverfolgung wegen derselben Tat nicht mehr erheben kann.[262]

---

259 *Baumann*, S. 116; *Beling*, § 28, S. 115; *Bertel*, II., D., 1., S. 112; *Wolter*, GA 1986, 142, 152.

260 *Behrendt*, ZStW 1982, 888, 911; *Bertel*, II., D., 1., S. 113; *Detmer*, Erster Teil, F., II., S. 121 f.; *Herzberg*, JuS 1972, 113, 119; *Oehler*, Schrüder-GS, 439, 445, *Wolter*, GA 1986, 142, 152.

261 S. Kapitel B., I., 5., d) und Kapitel B., II., 3., d).

262 *Aachenbach*, ZStW 1975, 74, 87 f.; *Roxin/Schünemann*, § 52, Rn. 8; *Detmer*, Erster Teil, E., III., 1., S. 95; *Neuhaus*, Dritter Teil, Kapitel X., B., 2., S. 165 f.; vgl. *Eb. Schmidt*, LehrK I, Rn. 283; *Schöneborn*, MDR 74, 529, 530.

Die Ansicht von *Neuhaus*,[263] die Sanktionswirkung bevorzuge eine weite Definition des weiten Prozessgegenstands, ist schnell zurückzuweisen. Denn wenn der Begriff der Tat bzw. des angeklagten Akts weit gefasst würde, ließe sich der infolgedessen zu verzeichnende Strafklageverbrauch nicht mehr auf eine konkrete Pflichtverletzung zurückführen. Außerdem soll ein solcher Begriff der Tat nicht abschreckend auf die Strafverfolgungsorgane wirken, da diese von vornherein merken, dass sie die Tat nicht vollends aufklären könnten. Zu guter Letzt wächst die Gefahr der unvollständigen oder unrichtigen Ausschöpfung des staatlichen Strafanspruchs mit jeder Ausweitung des Begriffs.[264] Der Umfang des Prozessgegenstands weitet sich durch die Sanktionswirkung nur auf Kosten des Anklagegrundsatzes und der materiellen Gerechtigkeit aus.

Da die Sanktionswirkung als Sanktion wegen Pflichtverletzung des Gerichts und der StA angesehen ist, muss der Begriff so eng gefasst werden, dass es aus der Vorstellung des Gerichts und der StA möglich scheint, die Wahrheit vollends aufklären bzw. die Pflicht erfüllen zu können. Wenn dieser zu weit gefasst ist, verliert die Sanktionswirkung an Plausibilität.[265]

Nach allen Erläuterungen ist es nicht eindeutig, nach welchen Grundsätzen der Begriff der Tat bzw. des angeklagten Akts festgelegt werden soll. Alle Grundsätze laufen gegeneinander. Allerdings scheint für den Tat- bzw. Aktbegriff der Grundsatz „*ne bis in idem*" i.S.d. Vertrauensschutzes ein wenig mehr Bedeutung zu haben.[266]

---

263 *Neuhaus*, Dritter Teil, Kapitel X., B., 2., S. 167.

264 S. auch *Detmer,* Erster Teil, E., III., 2., S. 97.

265 *Detmer,* Erster Teil, E., III., 2., S. 96 f.

266 S. Kapitel G., I., 5., m.w.N.

Zweiter Teil: Meinungen zum Begriff der Tat nach deutschem Recht

Kapitel D. Natürlicher Tatbegriff der Rechtsprechung

In diesem Kapitel wird der Tatbegriff aus Sicht der deutschen Rspr. hinsichtlich des historischen Ablaufs und der Rechtsinstitute in der materiell-strafrechtlichen Konkurrenz behandelt. Am Ende wird die Kritik dieses Begriffs vorgestellt.

I. Allgemeine Auffassungslinie der Rspr.

1. Normativer Tatbegriff der Rspr.

Seit Entstehung der RStPO vom 01.02.1877 hat sich in Deutschland in bewusster Abgrenzung zur Rspr. des französischen Kassationshofs und aus liberaler Überzeugung die Auffassung durchgesetzt, dass unter dem Begriff der strafprozessualen Tat nur ein faktischer Vorgang (*factum*) und nicht eine Straftat (*crimen*) verstanden werden könne.[267] Das RG bezeichnete die Tat als „einen bestimmten äußeren Vorgang“[268] oder „eine konkrete Tätigkeit des Angeklagten“[269]. Nun war die Formel geboren, dass Tatidentität Identität des historischen Vorkommnisses verlangt. Aber es ließ sich noch nicht sagen, wie weit der faktische Vorgang reichte, der in einem Strafverfahren verfolgt werden musste. Es sagte auch nicht aus, ob irgendeine Umgestaltung eines Vorgangs noch zu demselben Vorgang gehörte, damit sie in demselben Verfahren verfolgt wurde. Es musste erst noch ein Maßstab hinzukommen, der das Abschneiden eines fakti-

267 Urteile des Preußischen Obertribunals vom 10. Juni 1853, GA 1853, 357 f.; vom 6. Januar 1858, GA 1858, 114 f.; vom 15. Juli 1874, GA 1874, 670; *Berner*, GA 3, 472, 492 ff.; *Heffter*, S. 17, 25; *Büchner*, Erstes Kapitel, I., 1., S. 16; S. auch *Detmer*, Zweiter Teil, A., I., 1., S. 151; *Neuhaus*, Zweiter Teil, Kapitel V., A., S. 32. Auch die Motive zur StPO gehen davon als selbstverständlich aus; *Schwinge*, ZStW 1932, 203, 212; vgl. *Hahn*, S. 206 f., S. 207; „... ein und derselbe Tat, ein und derselbe Vorgang ...“.
268 RGSt 2, 347, 350; 9, 321, 322; 15, 133, 136.
269 RGSt 3, 132, 133; 9, 321, 322.

schen Vorgangs einer bestimmten Person in einzelne prozessuale Taten ermöglichte.[270]

Um ein *factum* einzugrenzen, hat das RG bei Anwendung seiner faktischen Formel ohne weiteres, aber auch ohne Begründung, die prozessuale Tateinheit von der materiell-rechtlichen Handlungseinheit abhängig gemacht, also von den normativen Kriterien.[271] Die Kategorien *Handlung* bzw. *Handlungseinheit* wurden als entscheidendes Tatumfangskriterium eindeutig verwendet. In RGSt 4, 76 ff. hat das RG die *Handlungsmehrheit* i.S.d. materiellen Strafrechts und damit zwei verschiedene Taten angenommen, da die im Beschluss über die Eröffnung des Hauptverfahrens stehenden und die in der Verurteilung bezeichneten Handlungen zeitlich weit auseinander liegen und selbstständige verbrecherische Entschlüsse erfordern würden. In RGSt 5, 101 ff. hieß es, dass der Grundsatz *„ne bis in idem"* nur dahin führt, dass der Angeklagte wegen derselben *Handlung*, wegen derer er freigesprochen wurde, nicht noch einmal vor Gericht gestellt werden darf. Später in RGSt 7, 32 ff. hat es die Auffassung vertreten, dass unbefugter gewerbsmäßiger Jagdbetrieb ein Kollektivvergehen ist, wobei der Eröffnungsbeschluss von selbst sämtliche Handlungen umfasst. Das Gericht sei berechtigt und verpflichtet, auch solche den Charakter der Gewohnheits- oder Gewerbsmäßigkeit an sich tragenden Handlungen zum Gegenstand der Verhandlung und Urteilsfindung zu machen, obwohl sie nicht in der Anklageschrift und im Eröffnungsbeschluss erwähnt werden. In RGSt 15, 23 ff. führte es ausdrücklich aus, dass die Annahme der Identität der Tat dann ausgeschlossen ist, wenn die neuerdings unter Anklage gestellte Tat zu der den Gegenstand der rechtskräftigen Aburteilung bildenden Tat im Verhältnis von *Realkonkurrenz* steht. In RGSt 23, 7 ff. führte das RG aus, der Grundsatz *„ne bis in idem"* bei Vorliegen von Idealkonkurrenz dehne sich auf alle Seiten einer strafgerichtlich abgeurteilten Handlung dergestalt aus, dass die auf nur einen strafrechtlichen Gesichtspunkt beschränkte Strafklage die Handlung nach allen Seiten unbedingt umfasse und jede erneute Verfolgung ausschließe.[272] Auch in der Entscheidung RGSt 57, 51 ff. drückte es aus, dass durch das rechtskräftige Urteil wegen Diebstahls alle mit ihm in *Tateinheit, Fortsetzungszusammenhang* oder *Gesetzeseinheit* begangenen Straftaten erledigt seien.[273]

---

270 Vgl. *Büchner*, Erstes Kapitel, I., 1., S. 16

271 RGSt 2, 347, 349; 5, 105, 108; 7, 32, 33; 7, 229, 232; 9, 420; 15, 23, 27; 23, 7, 8; s. auch *Detmer*, Erster Teil, B., S. 40 und Zweiter Teil, A., I., 1., S. 152; *Mittermaier,* in: Archiv des Criminalrechts (Hrsg. Abegg) 1850, S. 497, 509; *Oehler,* Rosenfeld-FS, 139, 145.

272 RGSt 23, 7, 8.

273 S. auch RGSt 5, 105 ff.; 7, 229 ff.; 23, 7 ff.

Da das RG zwei Problemgruppen der Einheit der prozessualen Tat nicht differenziert hat und das Kriterium Handlung bzw. Handlungseinheit nur zum Problem der Tatausweitung[274] passt, musste ein anderes Kriterium für das Problem der Tatersetzung gefunden werden.[275] In der Entscheidung RGSt 2, 347 ff. meinte das RG, dass es für die Identitätsfeststellung auf den der Anklage und dem Urteil zugrunde liegenden *„äußeren Vorgang"* ankomme.[276] An anderer Stelle erläuterte es, dass die angeklagte fahrlässige Erregung des Brandes und die verurteilte Veranlassung desselben Brandes derselbe *„äußere Vorgang im Kausalitätsverhältnis"* zum Tun des Angeklagten ist.[277]

Allerdings lässt sich bei Fällen der Anschlussdelikte, nämlich Hehlerei und Begünstigung, der *„äußere Vorgang im Kausalitätsverhältnis"* logischerweise nicht feststellen. Damit war das RG gezwungen, nach einem anderen Kriterium zu suchen, um beide Vorgänge in dasselbe Verfahren einzubeziehen. Das RG meinte, Diebstahl und Hehlerei bewegen sich noch innerhalb des Gebietes des zur Beurteilung gebrachten *„konkreten geschichtlichen Vorgangs"*.[278] Vom konkreten Täterverhalten her verlagerte sich der Schwerpunkt bei der Feststellung der Einheit der prozessualen Tat immer mehr zum *„konkret eingetretenen Erfolg"*, den das RG sowohl als *„äußeren Vorgang"* als auch als *„Objekte der Rechtsverletzung"* bezeichnet hat[279]. Diese neuen Kriterien des RG überschritten schon die Kriterien der Handlungseinheit.

Diese die Handlungseinheit übersteigenden Kriterien, die eigentlich als Kriterium für das Problem der Tatersetzung entworfen wurden, sind beim Problem der Tatausweitung angewendet worden und waren nach wie vor normativ orientiert. Sie ermöglichten es, von der Täterschaft auf eine Teilnahmeform und umgekehrt überzugehen,[280] – wobei man eigentlich Handlungseinheit überhaupt nicht benötigt, um eine Tat anzunehmen[281] – und auch vom Vorwurf der unter-

---

274 S. zur Problemdifferenzierung Kapitel A., II., 2. und Kapitel G., I., 1.

275 *Büchner,* Erstes Kapitel, I., 1., S. 19, bes. Fn. 2); *Detmer,* Zweiter Teil, A., I., 1., S. 152; *Schwinge,* ZStW 1932, 203, 215.

276 RGSt 2, 347, 349, 350.

277 RGSt 2, 347, 350.

278 RGSt 8, 135, 141.

279 RGSt 5, 249; 251; 12, 187, 188; 15, 9, 11; 15, 133, 134; 25, 334, 336; 28, 321, 323; 44, 116, 118; 55, 76, 78; 56, 333, 334; *Büchner*, Erstes Kapitel, I., 1., S. 20 f.; *Detmer*, Zweiter Teil, A., I., 1., S. 152; *Schwinge*, ZStW 1932, 203, 215.

280 RGSt 3, 95 ff.; RGRspr. 9. 722 ff.; RGSt 13, 146 ff.

281 S. Kapitel G., II., 2., a), dd).

lassenen Verbrechensanzeige auf das anzeigepflichtige Verbrechen selbst überzugehen[282].

Zusammenfassend lässt sich sagen, dass man unter der ursprünglichen Auffassung des RG zum Begriff der strafprozessualen Tat eine relativ saubere Kombination zweier grundverschiedener Theorien versteht: Rechtsgutsverletzungstheorien und Handlungstheorien[283]. Die Frage der Tatausweitung i.S.d. Problemdifferenzierung der vorliegenden Arbeit wurde nach Maßgabe der materiell-rechtlichen Handlungseinheit beantwortet, während in den Fällen der Tatersetzung die Kriterien Erfolg, Unrecht oder auch die konkrete Rechtsgutsverletzung als Identitätskriterium herangezogen wurden.[284]

2. Verselbstständigung des prozessualen Tatbegriffs und Entstehung des vorrangig natürlichen Tatbegriffs

Da die zweite Problemgruppe, nämlich die der Tatersetzung, nicht mehr mit dem Kriterium der Handlungseinheit gelöst werden konnte, musste die Rspr. ein anderes Kriterium finden. Zum Teil begnügte sich das RG damit, die bereits früher von ihm entwickelten Formeln heranzuziehen, ohne zu beachten, dass diese Formeln nur der Beantwortung der Frage nach der Tatausweitung dienten. Zum Teil wurde aber ein neues, anderes Kriterium erfunden. Das neue, natürlich gewordene Kriterium kam gleichzeitig mit der Abkopplung des prozessualen Tatbegriffs vom materiell-rechtlichen Kriterium. In RGSt 61, 314 ff. meinte das RG, die Tat umfasse „den vom Eröffnungsbeschluss betroffenen Vorgang einschließlich aller damit zusammenhängenden oder darauf bezüglichen Vorkommnisse und tatsächlichen Umstände, die geeignet sind, das in diesen Bereich fallende Tun des Angeklagten unter irgendeinem rechtlichen Gesichtspunkt als strafbar erscheinen zu lassen“.[285] Daneben hat es betont, „dieser verfahrensrechtliche Begriff der Tat hat mit dem sachlich-rechtlichen der Handlung im Sinne der §§ 73, 74 StGB nichts gemein“.[286]

Wiederum aufgrund der mangelnden Problemdifferenzierung des Tatbegriffs übernahm das RG dieses neue Kriterium irrtümlicherweise in die Problemgruppe der Tatausweitung, ohne zu bemerken, dass das neue Kriterium untauglich dafür war. Und das bis dahin entscheidende normative Kriterium für das Problem der Tatausweitung, nämlich das Kriterium der Handlungseinheit,

---

282 RGSt 21, 78 ff.; vgl. auch RGSt 14, 78 ff.; 28, 321 ff.

283 S. Kapitel E., II., III.

284 *Detmer,* Zweiter Teil, A., I., 1., S. 153; vgl. auch *Büchner*, Erstes Kapitel, I., 1., S. 22.

285 RGSt 61, 314, 317.

286 RGSt 61, 314, 317; bis zur jüngsten Entscheidung des BGH, BGH NStZ-RR 2003, 82.

wurde aufgegeben. Die Problemgruppe der Tatausweitung wurde deswegen von der Frage nach der zulässigen Umgestaltung der Tat durchdrungen. Die notwendige, sachlogische Problemdifferenzierung des Tatbegriffs wurde verwischt.[287]

Sodann war die weitgehende Loslösung des Tatbegriffs von normativen Kriterien zumindest theoretisch, aber auf argumentativ fragwürdigem Wege vollzogen. Mittlerweile ist die natürliche Auffassung des Lebens allein für das Abschneiden eines historischen Geschehnisses entscheidend geworden.[288]

3. Der Tatbegriff in der Rspr. des BGH

Der BGH hat die vom RG entwickelte, natürliche Betrachtungsweise des Tatbegriffs übernommen. Nach der ständigen Rspr. sei eine Tat im strafprozessualen Sinne *„des vom Eröffnungsbeschluss betroffenen geschichtlichen Vorgangs, soweit es mit dem durch die Anklage bezeichneten geschichtlichen Vorkommnis nach der Auffassung des Lebens einen einheitlichen Vorgang bildet, einschließlich aller damit zusammenhängenden und darauf bezüglichen Vorkommnisse und tatsächlichen Umstände, die geeignet sind, das in diesen Bereich fallende Tun des Angeklagten unter irgendeinem rechtlichen Gesichtspunkt als strafbar erscheinen zu lassen"*.[289] Eine innere Verknüpfung zwischen einzelnen Verhaltensweisen des Täters müsse dergestalt bestehen, wobei bedeutsam in der Praxis ist,[290] dass ihre getrennte Aburteilung in verschiedenen erstinstanzlichen Verfahren als unnatürliche Aufspaltung eines einheitlichen Lebensvorgangs empfunden werde.[291]

Nach h.M. soll zudem der prozessuale Tatbegriff für alle Verfahrensteile in gleicher Weise gelten,[292] (die sog. Einheitlichkeit des Tatbegriffs)[293], so dass die Strafklage danach in dem Umfang verbraucht wird, wie sie erhoben, zugelassen und abgeurteilt worden ist.

---

287 Vgl. auch *Detmer,* Zweiter Teil, A., I., 1., S. 153.

288 RGSt 62, 130, 131; 65, 106, 109 f.; 70, 212, 213; 72, 99, 105; 72 339, 340. Vgl. auch *Detmer,* Zweiter Teil, A., I., 1., S. 153.

289 BGHSt 2, 371; 374; 6; 92; 8, 92, 94; 9, 10; 10, 396, 397; 13, 320, 321; 23, 141, 145; 22, 307, 38; 25, 288, 292; 29, 341, 342; 32, 215, 216; 35, 60, 61; 35, 80, 81; 41, 292, 297; 43, 252, 255; 45, 211, 212 f.; NJW 1957, 1886, 1887; 1992, 2838; StV 1981, 127, 128; 167, 168, 1983, 322, 1985, 181; NStZ 1995, 46, 47; 1996, 243; sowie zuletzt BGH NStZ-RR 2012, 355, 356; s. auch BVerfGE 23, 191, 202; 45, 434, 435; 56, 22, 28.

290 *Detmer*, Erster Teil, A., I., 1., S. 4.

291 BGHSt 13, 21, 26; 13, 320, 322; 23, 141, 147; 29, 288, 292 f.; 41, 385, 388; 43, 252, 255; NStZ 1984, 212; 2005; 514; JR 1988, 26.

292 BVerfGE 45, 434, 435; 56, 22, 29; BGHSt 32, 145, 150; BayObLG JZ 1991, 1095, 1096.

293 S. oben Kapitel B., I., 7.

Dass dieser Tatbegriff unbrauchbar und uferlos ist,[294] zeigt sich in allen Lehrbüchern, Kommentaren und Aufsätzen, sogar in den Entscheidungen des BGH selbst.[295] Trotzdem bedarf es der Konkretisierung. Die entscheidenden Kriterien für die Bestimmung dessen, was „ein einheitlicher geschichtlicher Vorgang" ist, sind vor allem: Der Tatort,[296] die Tatzeit,[297] das Tatopfer,[298] das Tatobjekt,[299] und das Täterverhalten, insbesondere die dem Täterverhalten zugrundeliegende Angriffsrichtung.[300] Aus diesen Kriterien lässt sich ein sog. Tatbild oder die Nämlichkeit der Tat erstellen.[301] Soweit die Abweichungen des festgestellten Tatbilds nur unerheblich sind, kann die prozessuale Tateinheit bejaht werden. Sind umgekehrt die Abweichungen des Tatbilds erheblich, liegt eine neue prozessuale Tat vor.[302]

Maßgeblich für den mit der Anklage erfassten Lebensvorgang ist auch die innere Verknüpfung zwischen den Ereignissen, die in ihnen selbst liegen muss und durch keines der folgenden Momente allein begründet wird.[303] Sie ist besonders bedeutsam, um eine prozessuale Tat in Fällen von Realkonkurrenz anzunehmen. Fraglich ist demnach, ob die einzelnen Lebenssachverhalte derart innerlich miteinander verknüpft sind, dass ihre Behandlung in getrennten Verfahren einem objektiven Dritten als eine unnatürliche Aufspaltung eines zusammengehörenden Geschehens erscheinen würde.[304] Die Rspr. konkretisiert ihr Kriterium durch Subkriterien; die zeitliche oder örtliche Nähe,[305] die Gleichar-

---

294 S. unten III. m.w.N.

295 BGHSt 6, 122, 124; 11, 130, 131; vgl. BGHSt 13, 21, 25; 32, 215, 219; 35, 14, 19.

296 BGHSt 32, 215, 219; BGH NJW 1970, 904; KG VRS 1957, 436 f.; OLG Hamm VRS 122, 123; OLG Koblenz MDR 1976, 1043 f.; OLG Köln NJW 1970, 961, 962; OLG Hamm NJW 1973, 1709.

297 BGHSt 46, 130, 133 f.; BGH NJW 1994,. 2966; 1999, 802; StV 1996, 361; NStZ 1999, 42.

298 BGH bei *Dallinger* MDR 1954, 17; 1956, 271 ff; BGH Beschl. von 31.8.1993 - 4 StR 437/93.

299 BGH bei *Dallinger* MDR 1954, 17; BGHSt 32, 215, 219; 35, 60, 62.

300 BGHSt 35, 80, 82.

301 BGHSt 46, 130, 133; BGH NStZ-RR 1998, 304; NStZ 2002, 659 (LS); NStZ-RR 2006, 316 f.; KG v. 23. 3. 2005 - 1 Ss 356/03; OLG München NStZ-RR 2005, 350, 351.

302 BGHSt 32, 215, 218 f.; vgl. *Beulke,* in: FG 50 Jahre BGH IV (Hrsg. Canaris u.a.), S. 781, 783.

303 Vgl. BGHSt 13, 21, 26.

304 BGHSt 13, 21, 26; 29, 288, 292 f.; 35, 318, 323; 43, 96, 99; 45, 211, 212 f.

305 BGH v. 24. 7. 1987 - 3 StR 36/87, BGHSt 35, 14, 18; BGH v. 23. 9. 1999 - 4 StR 700/98, BGHSt 45, 211, 213; OLG Frankfurt NStZ-RR 2001, 141, 142.

tigkeit der Tatsituation oder die der äußeren Begehungsweise,[306] die Identität der Beteiligten,[307] eine einheitliche Motivation,[308] ein Gesamtplan,[309] die Identität des verletzten Rechtsguts.[310] Sie können aber lediglich notwendige, nicht hinreichende Bedingungen für die innere Verknüpfung zwischen tatsächlichen Geschehnissen und damit für die Einheitlichkeit des Lebensvorgangs sein. Welche Subkriterien berücksichtigt werden können oder gar müssen, sowie welche Bedeutung sie bei der Bewertung der inneren Verknüpfung haben und ob damit ein einheitlicher Lebensvorgang vorliegt, ist in der Rspr. nicht geklärt. Anscheinend ist eine durchgängig gültige Klärung der relevanten Kriterien in der Rspr. auch gar nicht angestrebt.[311]

Als grobe Faustregel lässt sich sagen, dass der BGH bei Idealkonkurrenz immer eine Tat im prozessualen Sinne bejaht[312] und bei Realkonkurrenz mehrere selbstständige Taten.[313] Andererseits hat er die Unabhängigkeit des prozessualen Tatbegriffs vom Konkurrenzverhältnis des materiellen Strafrechts immer betont.[314] Der prozessuale Tatbegriff gehe weiter als der materielle Handlungsbegriff. Nur durch diese Formel, glaubt der BGH, kann er bei Realkonkurrenz eine Tat im prozessualen Sinne annehmen.[315] Auch von unterinstanzlichen

---

306 BGHSt 26, 284, 287; 35, 14, 19; StV 1981, 606; OLG Celle NJW 1992, 190.

307 BGH StV 1981, 606.

308 BGHSt 13, 21, 27; BGH NStZ 1983, 87; MDR (H) 1985, 92; StV 1981, 167, 168; OLG Celle NJW 1992, 190.

309 BGHSt 13, 21, 26; 23, 141, 145; 29, 288, 293; 35, 14, 18; BGH StV 1981, 167, 168; 1985, 181; 1996, 432 f.

310 BGH StV 1981, 167, 168.

311 Vgl. Radtke/Hohmann/*Radtke*, § 264 StPO, Rn. 21.

312 BVerfGE 45, 434, 435; BGHSt 8, 92, 94 f.; 13, 21, 23; 26, 284, 285, 29, 288, 290; 38, 37, 41; 41, 385, 389; 43, 96, 98; 252, 255; BGH NStZ 1984, 171, 172, 1991, 549; StV 1981, 116; 167, 168, 1983, 457, 1984, 366; S. auch BayObLG St 1957, 1965, 200; zust. *Aachenbach,* ZStW 1975, 74, 94; *Cording,* 5. Teil, B., 182 ff.; *Detmer,* Erster Teil, D., II.,S. 67; *Fezer,* in: Rechtsdogmatik (Hrsg. Schmidt), S. 125, 129; *Grünwald,* FS-Bockelmann, 737, 742; *Maatz,* MDR 1989, 881, 883; *Puppe,* JR 1986, 205; *Schlüchter,* JZ 1991, 1057, 1059.

313 BGHSt 13, 21, 25 f.; 35, 14, 19 f.; 36, 151, 154; 43, 96, 99; 44, 91, 94; BGH NStZ 2012, 461; NZV 2005, 52; S. auch OLG Stuttgart NStZ-RR 1996, 173.

314 BVerfGE 56, 22, 29 f.; BGHSt 6, 92, 96; 9, 324, 333 f.; 11, 130, 131; 13, 21, 25; 23, 141, 145; 29, 288, 292; 35, 60, 61; 35, 318, 323; 45, 211, 212 f.; BGH NJW 1953, 1522; 1981, 997; 2001, 2643, 2644; NStZ-RR 2003, 82; NStZ 2012, 461; OLG Celle NJW 61, 1080; OLG Stuttgart, MDR 75, 423.

315 S. BGHSt 16, 200, 202; 23, 141, 145 ff.; 23, 270, 272 ff., 276 f.; 24, 185, 186; 25, 72, 75 f.; 25, 388, 390; BGH NStZ 1983, 87; 1996, 243; NJW 2000, 226 ff.; wistra 2002, 154; StV 2007, 286.

Gerichten ist die Möglichkeit der Bildung einer prozessualen Tat trotz materiell-rechtlicher Realkonkurrenz genutzt worden.[316]

Mithilfe der natürlichen Betrachtungsweise hat es der BGH bislang leider noch nicht geschafft, den generalisierenden Begriff der Tat zu bestimmen, der eine einwandfreie Anwendung in jedem Einzelfall ermöglicht, sodass er selbst zugegeben hat, dass nach der Auffassung des Lebens sehr verschiedene Auffassungen vertreten werden können.[317]

Aus diesem Grund neigt der BGH zum Rückgriff auf die normativen Kriterien, deren Stellenwert nicht endgültig geklärt ist, aber im Verhältnis zur natürlichen Betrachtungsweise eher untergeordnet erscheint. Abtreibung und Kindstötung seien unterschiedlich vom bedrohten Rechtsgut und Unrechtsgehalt.[318] Die Unterschiedlichkeit in der Richtung des Täterverhaltens bei Tötung (den Angriff auf ein Menschenleben) und bei Strafvereitelung (das Bemühen sich oder einen Drittender Bestrafung zu entziehen) hat der BGH ebenfalls erwähnt und deshalb mehrere prozessuale Taten angenommen.[319] Die Angriffsrichtung des Täterverhaltens bei Diebstahl und Begünstigung ist ebenfalls ein normatives Kriterium des BGH.[320]

II. Verhältnis des Tatbegriffs zur materiell-rechtlichen Konkurrenz nach Ansicht des BGH

Wie oben bereits dargestellt macht die Rspr. des BGH trotz der immer wieder betonten Abkopplung vom prozessualen Tatbegriff und materiell-rechtlichen Handlungsbegriff die prozessuale Tateinheit von der Konkurrenz abhängig. Liegen mehrere Tatbestandsverwirklichungen vor, die miteinander im Verhältnis von Idealkonkurrenz stehen, ist grds. eine einheitliche prozessuale Tat gegeben. Bei Realkonkurrenz liegen i.d.R. mehrere prozessuale Taten vor. Jedoch bestehen zahlreiche Ausnahmen. Daher sollen alle Figuren der Konkurrenz dargestellt werden und eine Analyse erfolgen, wie der BGH mit folgenden Fällen umgeht.

---

316 KG VRS 34, 433 f.; 35, 347 f.; 39, 71 f.; OLG Celle VRS 54, 38, 39; OLG Frankfurt StV 1994, 119; OLG Hamburg VRS 49, 378; OLG Hamm NJW 1970, 1244, 1245; 1974, 68, 69; OLG München NJW 1970, 261, 262; OLG Saarbrücken NJW 1974, 375, 376; Saarl. OLG NStZ 2005, 117.

317 BGHSt 6, 122, 124; 11, 130, 131; vgl. BGHSt 13, 21, 25; 32, 215, 220; im Grunde schon seit RGSt 70, 26, 31.

318 BGHSt 13, 21, 26.

319 BGHSt 32, 215, 220.

320 BGHSt 35, 80, 82.

1. Handlungseinheit

Unter zwei Grundkonstellationen der Handlungseinheit, nämlich Handlung im natürlichen Sinne und Handlungseinheit im rechtlichen Sinne, wird nach der h.M. grds. eine prozessuale Tat bejaht, auch wenn bei einigen Konstellationen Zweifel bestehen.

a) Handlung im natürlichen Sinne

Unter einer Handlung im natürlichen Sinne versteht der BGH die einzelne Körperbewegung, z.B. die Abgabe eines Schusses oder einen Steinwurf, die von einer Willensbetätigung ausgelöst wird.[321] Hierüber besteht kein Streit. Eine prozessuale Tat ist zu bejahen.[322]

b) Handlungseinheit im rechtlichen Sinne

Von einer Handlung im natürlichen Sinne unterscheidet man eine Handlungseinheit dadurch, dass die erst genannte eine Handlung im natürlichen Sinne, die letzte aber eine einheitliche Handlung *im Rechtssinne* ist.[323]

aa) Tatbestandliche Handlungseinheit

Mehrere natürliche Handlungen können aus der Auslegung eines gesetzlichen Tatbestandes zu einer Handlungseinheit zusammengefasst werden. Hier liegt nur eine Tatbestandsverwirklichung vor, auch wenn mehrere Handlungen mehrere Erfolge herbeiführen.[324] Die tatbestandliche Handlungseinheit ist vor allem Folgenden untergeordnet: mehraktigen Delikten, zusammengesetzten Delikten, Dauerdelikten, wiederholende und sukzessive Tatbestandsverwirklichung sowie Sammelstraftaten. Unumstritten ist hier eine Tat im prozessualen Sinne anzunehmen.[325]

bb) Dauerdelikt als Fall der tatbestandlichen Handlungseinheit

Das Dauerdelikt gehört zu einer Art tatbestandlicher Handlungseinheit.[326] Es verdient hinsichtlich des Problems des Tatbegriffs aber eine besondere Stellung.

---

321 BGHSt 1, 20, 21; 18, 26, 28 f.

322 BGHSt 26, 284, 285; 41, 385, 389, BGH NStZ 1984, 135; wistra 1993, 193.

323 *Seher*, JuS 2004, 392, 393.

324 LK/ *Rissing-van Sann,* Vor §§ 52 ff., Rn. 20; Schönke/Schröder/*Stree/Sternberg-Lieben*, Vor §§ 52 ff., Rn. 13; *Jescheck/Weigend,* § 66, II., 1., S. 711; *Werle,* A., II., 3., S. 27 f.

325 BGHSt 15, 274, 275; BGH wistra 1993, 193; BGH bei *Dallinger* MDR 1969, 904; StV 1994, 426, 427.

326 LK/*Rissing-van Sann,* Vor §§ 52 ff., Rn. 22; Schönke/Schröder/*Stree/Sternberg-Lieben*, Vor §§ 52 ff., Rn. 81; *Jescheck/Weigend,* § 66, II., 3., S. 712.

Dauerdelikt nennen sich solche Delikte, bei denen der Täter einen andauernden rechtswidrigen Zustand herbeiführt oder pflichtwidrig nicht beseitigt und diesen Zustand dann willentlich aufrechterhält.[327] Typische Beispiele sind Freiheitsberaubung (§ 239 StGB), Hausfriedensbruch (§ 123 StGB), Fahren ohne Fahrerlaubnis (§ 21 StVG) oder Trunkenheit im Verkehr (§ 316 StGB) typische Dauerdelikte.

Auch wenn sich der rechtswidrige Zustand über eine sehr lange Dauer erstreckt, steht fest, dass ein solches Delikt in einem Verfahren erledigt werden muss,[328] nach der sog. *Unteilbarkeit des Dauerdelikts*. Das rechtskräftige Urteil eines Teilaktes schließt eine erneute Strafverfolgung wegen anderer Teilakte aus, die vor der letzten Tatsacheninstanz geschehen.

Da das Dauerdelikt – faktisch gesehen – selbstverständlich beendet und später neu begonnen werden kann, ist die Frage nach der Unterbrechung der Dauerstraftat auch für das materiell-rechtliche Konkurrenzverhältnis und den prozessualen Tatbegriff bedeutsam, beispielsweise ob das straßenverkehrsrechtliche Dauerdelikt des Linksfahrens durch jedes Zurückkehren auf die rechte Fahrspur unterbrochen ist. Hierüber besteht kein Streit weder in der Rspr. noch in der Lit. Ausschließlich verkehrsbedingtes vorübergehendes Anhalten unterbricht den einheitlichen Handlungszusammenhang nicht.[329] Liegt jedoch inzwischen ein *Verkehrsunfall* vor, ganz gleich, ob der Täter vorübergehend anhält oder ohne Halt weiterfährt, wird grds. materiell-rechtliche Tatmehrheit angenommen,[330] weil der Täter durch den Unfall nunmehr sowohl im äußeren Geschehen als auch in seiner geistig-seelischen Verfassung vor eine neue Lage gestellt worden ist.[331] Fragwürdig ist es, ob bei solchen Fällen eine oder mehrere prozessualen Taten vorliegen.[332]

Neben der natürlichen Unterbrechung könnte auch die sog. *juristische Unterbrechung* eintreten; d.h. die Verkündung des rechtskräftigen Urteils. Hintergrund ist die Frage, welchen Verhaltenszeitraum die Rechtskraft eines Urteils erfasst. Ist die Aufrechterhaltung der Dauerstraftat über den Zeitpunkt der letz-

---

327 Schönke/Schröder/*Stree/Sternberg-Lieben*, Vor §§ 52 ff., Rn. 81.

328 BGHSt 8, 92, 95 f.; BayObLG St 1957, 218, 219 f; 1971, 125, 126; 1980, 54; OLG Braunschweig NJW 1964, 1237; OLG Düsseldorf VRS 61, 301, 302 f.; OLG Stuttgart NStZ 1982, 514; NZV 1997, 243.

329 BayObLG NJW 60, 879, 879; OLG Stuttgart NJW 1964, 1913, 1914; OLG Karlsruhe VRS 35, 267 f.

330 BGHSt 21, 203; BGH VRS 13, 121; 48, 191; OLG Celle JR 82, 79; OLG Stuttgart NJW 1964, 1913; OLG Hamm VRS 42, 21.

331 BGH VRS 13, 22.

332 S. unten 3.

ten Tatsacheninstanz hinaus als neue Straftat anzusehen? Insoweit ist in der Rspr. – als auch in der Lit.[333] – anerkannt, dass der entscheidende Gesichtspunkt für die Unterbrechung der Einheitlichkeit des Dauerdelikts durch Urteil auch hier der Umstand ist, dass der Gegenstand eines Urteils nur Vergangenes, nicht aber Zukünftiges sein kann.[334] Aus diesem Grund erfasst die Verurteilung des Angeklagten nur die Begründung und das Aufrechterhalten des verbotenen Zustandes bis zum Urteilszeitpunkt. Eine erneute Verurteilung ist möglich, wenn der Täter weiter nach dem Urteil den rechtswidrigen Dauerzustand aufrechterhält.

cc) Fortgesetztes Delikt

Die nach dem Beschluss des Großen Senats[335] abgeschaffte Rechtsfigur des fortgesetzten Delikts ist eine besondere Form der rechtlichen Handlungseinheit. Sie verbindet mehrere Tätigkeitsakte, die für sich allein nach natürlicher Betrachtung eigentlich schon jeweils selbstständige Handlungen darstellen. Deswegen – hier trifft die Aussage *Loos*' zu[336]– ist die Annahme einer einheitlichen prozessualen Tat bei fortgesetztem Delikt bereits das Zeichen des Widerspruchs zum Ausgangspunkt des einheitlichen historischen Vorgangs. Ein beliebtes Beispiel hierzu ist: Der Täter ist von November 1950 bis Oktober 1951 als Anzeigenwerber für ein Inseratenblatt tätig gewesen. Er hat durch Vorspiegelungen in 376 Einzelhandlungen Kreditsuchende dazu bewogen, Anzeigenaufträge zu erteilen und zu bezahlen. Dadurch hat er das Vermögen der getäuschten Personen geschädigt.[337] Dies wird aus praktischen Gründen als ein gesamtes Geschehen behandelt, auch wenn jeder Einzelakt nach natürlicher Betrachtungsweise als alleinige Tatbestandsverwirklichung angesehen wird. Die von der Rspr. entwickelte Rechtsfigur ist nichts anderes als eine zur Vermeidung der in § 53 StGB aufgestellten Fiktion.[338] So heißt es in RGSt 70, 243 ff.: „Es würde als eine lästige, überflüssige und wunderlich anmutende Arbeit erscheinen, wenn in dem

---

333 KK/*Engelhardt*, § 264, Rn. 20; LR/*Golwitzer*, 25. Aufl., § 264, Rn. 38; KMR/*Stuckenberg*, § 264, Rn. 63; Schönke/Schröder/*Stree/Sternberg-Lieben*, Vor §§ 52 ff., Rn. 87; LK/*Vogler*, Vor §§ 52 ff., Rn. 22; *Gössel*, S. 292; *Oehler*, Rosenfeld-FS, 139, 155 f.

334 BGHSt 9, 324, 326; BayObLG GA 1978, 81; VRS 41, 443 (LS), 444; NJW 58, 110, 111; OLG Brunschweig NJW 64, 1237; OLG Hamm NJW 1973, 1851, 1852; OLG Bremen NJW 1954, 1695.

335 BGH 3. 5. 1994 - GSSt 2/93, GSSt 3/93, BGHSt 40, 138 ff.

336 AK-StPO/*Loos*, § 264, Rn. 49; s. auch ähnlich *Neuhaus,* Zweiter Teil, Kapitel VII., B. 2., S. 56 ff.

337 BGHSt 6, 122 ff.

338 *Neuhaus,* MDR 1988, 1012, 1014; *Schmitt,* ZStW 1963, 43, 59 f.

Urteil zunächst für jede dieser Straftaten eine besondere Strafe festgesetzt und aus diesen vielen Strafen gemäß § 74 StGB eine Gesamtstrafe gebildet werden müsste." Der BGH hat sich der Auffassung des RG angeschlossen: *„Der Fortsetzungszusammenhang fasst ein Geschehen, das sich gedanklich ebenso wohl als eine Mehrheit von Taten auffassen ließe, zu einer gedachten Einheit zusammen. Das geschieht nicht um einer Denknotwendigkeit willen. Es geschieht, (...) um gewisse Schwierigkeiten zu vermeiden, die sich aus der verfahrensrechtlichen Behandlung allzu vieler Einzeltaten ergeben würden."*[339]

Beim fortgesetzten Delikt hat die Rspr. an der Gleichsetzung des Begriffs der Handlungseinheit und der prozessualen Tat festgehalten. Alle in Fortsetzungszusammenhang stehenden, auch die nicht in der Anklage ausgeführten Einzelakte gehörten zur angeklagten Tat.[340] Alle unbekannt gebliebenen Einzelakte waren aus dem rechtskräftigen Urteil wegen eines einzigen Teilakts verbraucht.[341] Allerdings ist es der Rspr. schwer gefallen, nur eine prozessuale Tat anzunehmen, besonders wenn der Strafklageverbrauch extrem ausgedehnt war. Aus diesem Grund hat sich die obergerichtliche Rspr. um Einschränkungen des Strafklageverbrauchs bemüht.

Bei Freispruch der Anklage wegen Begehung eines fortgesetzten Delikts war nach Meinung der Rspr. die Strafklage nur hinsichtlich der wirklich untersuchten Einzelakte verbraucht. Der Freispruch zeige gerade, dass die tatsächlich untersuchten Einzelhandlungen gerade nicht zu der dem Gericht unbekannt gebliebenen Fortsetzungstat gehörten. Ein Fortsetzungszusammenhang zwischen straflosen Einzelakten einerseits und strafbaren Akten andererseits sei undenkbar. Die nicht in die Entscheidung einbezogenen, unbekannt gebliebenen Einzelakte seien hingegen erneuter Strafverfolgung zugänglich.[342]

Bei unvollständiger Aburteilung eines fortgesetzten Delikts, wobei auch alle unerkannt gebliebenen Teilakte i.d.R. miterledigt sein sollten, sei der Richter der zweiten Instanz nicht an die Feststellung des Erstgerichts gebunden. Danach hat er selbstständig darüber zu befinden, ob die nunmehr zur Entscheidung stehende Tat einen unselbstständigen Teilakt des fortgesetzten Delikts darstellt (für den die Strafklage verbraucht wäre), oder ob es sich um eine neue prozessuale Tat handelt. Aus diesem Grunde ist das Zweitgericht dann nicht an der Verfolgung erst nachträglich erkannter früherer Tatakte gehindert. Begründet wird diese

339 BGHSt 5, 136, 138.
340 BGHSt 6, 92, 95 ff.; 6, 122, 124; 27, 115, 116; BGH NStZ 1982, 128, 213 f.; 1982, 519; 1985, 325.
341 RGSt 47, 397, 400; 51, 253, 254; 54, 333, 334; BGHSt 6, 92, 95; BGH StV 1986, 141.
342 RGSt 47, 397, 399 f.; 54, 333, 334 f.; 66, 19, 26; BGHSt 27, 115, 116; 17, 185, 186; BGH NStZ 1984, 231; OLG Köln VRS 27, 216.

Auffassung damit, dass der Strafrichter an die tatsächlichen Feststellungen rechtskräftiger Urteile grds. nicht gebunden sei.[343]

Wurde vom Erstrichter umgekehrt fehlerhaft der Fortsetzungszusammenhang verneint, ist es nach dem Standpunkt der Rspr. unbestritten, dass der Richter des späteren Verfahrens hier jedoch gebunden sei und die in dem rechtskräftigen Urteil vertretene Rechtsauffassung zu respektieren habe. Die Strafklage wegen anderer Einzelakte sei deshalb nicht verbraucht.[344]

Betrachtet man in einer Zusammenschau diese drei Konstellationen, so ist durchaus eine klare und einheitliche Linie zu erkennen. Die Rspr. hat sich um die Einschränkung des Strafklageverbrauchs bei fortgesetzten Delikten bemüht, offenbar aus dem Bedürfnis heraus, die ungerecht empfundenen Ergebnisse abzuschwächen[345]. Bei der ersten Konstellation von Freispruch begrenzt sie den Strafklageverbrauch nur hinsichtlich der wirklich untersuchten Einzelakte. Andere Einzelakte können noch verfolgt werden. Bei unvollständiger Aburteilung und auch bei der Verkennung des fortgesetzten Delikts erledigt das erste Urteil andere Einzelakte des fortgesetzten Delikts nicht. Begründet wird dies mit widersprüchlichen Gründen; einmal sei der Richter des Zweitverfahrens nicht an die Feststellungen des Erstgerichts gebunden; ein andermal dürfe sich der Zweitrichter mit der Bindungswirkung des Erstrichters nicht in Widerspruch setzen. Die Auffassungen des BGH bei allen drei Konstellationen sind dem entgegenzuhalten.[346] Dies führt zudem über die Probleme der fortgesetzten Tat hinaus zu einer Aushöhlung des Grundsatzes *„ne bis in idem“*. Solange das fortgesetzte Delikt als eine prozessuale Tat anerkannt ist, gehören zu dieser Tat nicht nur die in der Anklage bezeichneten Einzelakte des fortgesetzten Delikts, aber auch die nicht in der Anklage stehenden sowie die vom Gericht nicht berücksichtigten Einzelakte, gleichgültig ob sich aus dem Verfahren ein Freispruch oder eine Verurteilung ergibt. Maßgeblich ist also allein das wirkliche Ausmaß des Prozessgegenstandes. Es kommt bei der Frage des Strafklageverbrauchs ferner nicht darauf an, ob das Erstgericht den Prozessgegenstand in seinem Umfang zutreffend erkannt hat oder hat erkennen können. Was von der Rechtskraft erfasst

---

343 BGHSt 15, 268, 270; BGH NJW 1980, 1043; NJW 1985, 1173.

344 RGSt 47, 397, 401; 54, 283, 285; 54, 333, 334 f.; 72, 257, 258; RG JW 1928, 2247, 2248; BGHSt 29, 63, 64; 35, 318, 324 f.; BGH bei *Dallinger* MDR 1953, 273; NJW 1963, 549, 550; 1985, 1174; GA 1970, 84, 85; NStZ 1984, 231. 1989, 381; 1993, 51.

345 *Herzberg*, JuS 1972, 113, 114.

346 S. auch *Detmer*, Vierter Teil, C., I., 1., S. 346 f.; *Dithmar*, Dritter Teil, Achtes Kapitel, I., S. 101; *Grünwald*, in: Teheran-Beiheft der ZStW 1974 (Hrsg. Jescheck), S. 94, 115 f.; *Herzberg*, JuS 1972, 113, 114; *Jakobs*, AT, 32/49; *Neuhaus*, JuS 1986, 964, 966; *Eb. Schmidt*, LehrK I, Rn. 308.

wird, bestimmt sich nämlich nach dem Gesetz und ist nicht von der Auffassung des Erstgerichts abhängig.[347] Beim Freispruch ist es nicht, wie der BGH behauptet, die Verneinung des Vorliegens der Voraussetzungen einer fortgesetzten Tat, sodass Teilakte, die im ersten freisprechenden Urteil nicht aufgeführt waren, in einem zweiten Verfahren angeklagt und abgeurteilt werden könnten. Vielmehr bedeutet der Freispruch fehlende Schuld des Angeklagten, fehlende Beweise, Vorliegen der Rechtfertigungs- oder Schuldausschließungsgründe. Er zeichnet sich dadurch aus, dass der Richter des Erstverfahrens im Regelfall keine Ausführungen zum Fortsetzungszusammenhang gemacht haben wird. Dann aber kann ein Freispruch dem Richter auch noch nicht zwingend die Ablehnung des Fortsetzungszusammenhangs bedeuten, an die ein zweiter Richtermöglicherweise gebunden wäre, woraus sich die Pflicht zu einer erneuten Strafverfolgung ergeben könnte.[348]

Obwohl diese Rechtsfigur vom Großen Strafsenat des Bundesgerichtshofes aufgegeben wurde, heißt das nicht, dass die soeben genannten Probleme gelöst sind. Vielmehr findet sich hier eine Wiederkehr dieses Dilemmas, nun allerdings unter umgekehrten Vorzeichen. Wenn man wiederholte Tatbestandsverwirklichungen materiell-rechtlich als selbstständige und damit realiter konkurrierende Taten ansieht, ist es nur konsequent, diese auch prozessual als selbstständige Taten anzusehen, mit der zwangsläufigen Folge, dass Einzelakte aus einer Serie von Taten, die erst nach Abschluss des Verfahrens entdeckt oder trotz Entdeckung nicht angeklagt werden, zum Gegenstand eines weiteren Verfahren gemacht werden können.[349] Außerdem ist auch zu befürchten, dass in der von der Rspr. entwickelten, aber nicht gelungenen natürlichen Handlungseinheit Abhilfe gesucht wird.[350]

dd) Natürliche Handlungseinheit

Die von der Rspr. entwickelte, aber von der überwiegenden Meinung in der Literatur abgelehnte[351] Figur der natürlichen Handlungseinheit liegt dann vor, wenn mehrere gleichartige, strafrechtlich bedeutsame Betätigungen durch einen

347 *Detmer*, Vierter Teil, C., I., 1., S. 348 ff.; *Herzberg*, JuS 1972, 113, 114 f.; *Neuhaus*, MDR 1988, 1012, 1015.

348 *Dithmar*, Dritter Teil, I., S. 101 f.; *Detmer*, Vierter Teil, C., I., 1., S. 347.

349 *Geppert*, NStZ 1996, 118, 119.

350 SK-StPO/*Schlüchter*, 64. Lfg. (Oktober 2009), § 264, Rn. 21.

351 LK/*Rissing-van Saan*, Vor §§ 52 ff., Rn. 18; Schönke/Schröder/*Stree/Sternberg-Lieben*, Vor §§ 52 ff., Rn. 22, 52; SK-StGB/*Samson*, Vor §§ 52 ff., Rn. 21; *Detmer*, Dritter Teil, A., II., 2.; S. 226 f.; *Jakobs*, AT, 32/35 f.; *Jescheck/Weigend*, AT, § 66, III., 3., S. 713; *Keller*, 1. Teil, § 4, II., 2., S. 25 ff.; *Maiwald*, NJW 1978, 300 ff.; *Ranft*, JuS 2003, 417, 420 f.; *Stratenwerth/Kuhlen*, § 17, Rn. 10; *Werle*, B., I., d), S. 104.

engen räumlichen und zeitlichen Zusammenhang so verbunden sind, dass sich das gesamte Tätigwerden auch für einen Dritten als ein einheitliches zusammengehöriges Tun bei *„natürlicher Betrachtungsweise“* erkennbar macht.[352] Die Ähnlichkeit dieser Definition mit der Definition der Tat im prozessualen Sinne des BGH fällt sofort auf. Aus diesem Grund nimmt der BGH grds. bei einer natürlichen Handlungseinheit auch eine prozessuale Tat an.[353]

Die Ähnlichkeit der Definition der natürlichen Handlungseinheit und der prozessualen Tat ist problematisch. Ihre Unbestimmtheit verhindert die erwünschte scharfe Kontur. Die Rechtsfigur der natürlichen Handlungseinheit führt zwangsläufig zu einer unkontrollierbaren Ausuferung der Handlungseinheit.[354] Denn sie umfasst zu einer Einheit zeitlich aufeinander folgende Tatbestandsverwirklichungen mehrerer unterschiedlicher Straftatbestände aufgrund des bloß zeitlichen und räumlichen Zusammenhangs und mangels teilweiser Ausführungshandlung. Dies steht im Widerspruch zum Wortlaut des § 52 I StGB, nach dem Tateinheit dadurch entsteht, dass dieselbe Handlung mehrere Tatbestände verletzt. Wieso die Rspr. das Kriterium der Identität der Ausführungshandlung verlässt und sich an die Hilfskonstruktion der natürlichen Handlungseinheit wendet, ist nicht plausibel zu begründen.[355] Die Figur der natürlichen Handlungseinheit ist lediglich für Fälle gedacht, in denen die Rspr. die Konstruktion der Tateinheit willkürlich drehen und wenden kann, um zu einem erwünschten Ergebnis zu gelangen.[356]

Auch auf der prozessualen Ebene ist diese Rechtsfigur zurückzuweisen. Denn durch ein rechtskräftiges Urteil wäre die Strafklage in umfassender Weise verbraucht, auch wenn nur ein Teil der natürlichen Handlungseinheit gewürdigt würde, unabhängig davon, ob es ein Freispruch oder eine Verurteilung ist. Der BGH selbst ist dieser unliebsamen Folgerung insbesondere bei Großverfahren ausgewichen, indem er die Anwendbarkeit der Rechtsfigur begrüßenswerterweise eingeschränkt hat.[357] Mangels des engen räumlichen und zeitlichen Zu-

---

352 BGHSt 4, 219, 220; 10, 129, 130 f.; 10, 230, 231; VRS 13, 135 f.; 36, 354 f.; 56, 141, 142; NJW 1996, 936, 937; NStZ 1997, 276; vgl. auch RGSt 58, 113, 116; 74, 375; 76, 140.

353 BGHSt 36, 105, 115 f.; 38, 37, 39 ff.; 43, 96, 98; 312, 315 f.; BGH NJW 1999, 1413, 1414; Vgl. auch OLG Hamburg NStZ-RR 1997, 103 f.; BayObLG St 1985, 131, 132.

354 *Lackner/Kühl*, StGB, Vor §§ 52 ff., Rn. 6; *Detmer*, Dritter Teil, A. II., 2., S. 226 f.; *Stratenwerth/Kuhlen,* § 17, Rn. 10.

355 *Warda,* FS-Oehler, 241, 251; im Anschluss daran *Keller,* 1. Teil., § 4, II., 2., S. 25 ff.

356 LK/*Rissing-van Saan*, Vor §§ 52 ff., Rn. 18; *Detmer*, Dritter Teil, A., IV., 2., S. 280 f.

357 BGHSt 1, 219, 221; 26, 284 ff.; BGH NJW 1969, 2056 f.; s. auch *Detmer*, Dritter Teil, A., II., 4., S. 226 f.; *Neuhaus*, Zweiter Teil, Kapitel VII., B., S. 52 ff.; *Oehler*, GS-Schröder, 439, 444 f.

sammenhangs hat er in BGHSt 26, 284 ff. eine natürliche Handlungseinheit ausgeschlossen und deshalb die prozessuale Tateinheit abgelehnt.[358]

2. Tateinheit bzw. Idealkonkurrenz

Neben der Rechtsfigur der Handlungseinheit, die eine Handlung im rechtlichen Sinne darstellt und deswegen eine Tat im prozessualen Sinne vorliegt, bestehen noch die Konstellationen von Idealkonkurrenz, bei denen die Rspr. grds. auch eine Tat annimmt.

a) Teilidentität der Ausführungshandlungen

Nach unbestrittener Rspr. ist Idealkonkurrenz nicht nur dann anzunehmen, wenn durch eine bestimmte Handlung die Tatbestände zugleich verwirklicht werden, sondern auch, wenn die den konkurrierenden Tatbeständen zugrunde liegenden Handlungen sich nur teilweise decken.[359] Nach der „Formel" des RG ist es *„erforderlich, dass die Willensbethätigungsakte, durch welche der Thatbestand der verschiedenen strafbaren Handlungen hergestellt wird, wenn nicht vollständig, so doch zu einem Teile dergestalt zusammenfassen, dass mindestens ein Teil der einheitlichen Handlung zur Herstellung des Thatbestandes beider Delikte mitwirkt."*[360] Ist dies der Fall, liegt eine einheitliche prozessuale Tat vor.

Drei schwierige Konstellationen tauchen bei der Ermittlung des materiellrechtlichen Konkurrenzverhältnisses und natürlich auch bei der strafprozessualen Tateinheit auf, genauer gesagt beim Zusammentreffen des Dauerdelikts, sowie Organisationsdelikts mit anderen weiteren Delikten und bei der Klammerwirkung.

b) Zusammentreffen des Dauerdelikts mit anderen Delikten

Nach der herkömmlichen Auffassung des BGH führt die rechtskräftige Verurteilung wegen eines Dauerdelikts zum Strafklageverbrauch auch hinsichtlich der Straftaten, deren Ausführungshandlungen sich mit dem Organisations-/Dauerdelikt mindestens teilweise decken. Das folgt unmittelbar aus dem genannten Grundsatz der Teilidentität durch Ausführungshandlungen und dem bisher dargestellten, vom BGH bevorzugten Grundsatz der Gleichsetzung der Idealkonkurrenz mit der prozessualen Tateinheit. Wenn z.B. jemand jahrelang eine Pistole unerlaubt besessen hat und wegen unerlaubten Waffenbesitzes rechtskräftig verurteilt wurde, ist auch die Strafklage wegen Tötungsdelikten

---

358 BGHSt 26, 284, 286 f.

359 RGSt 32, 137, 139; 52, 298, 300; BGHSt 22, 206, 208; 33, 163, 165; 43, 317, 319; BGH bei *Dallinger* MDR 1970, 381, 382; OLG Saarbrücken NJW 1974, 375, 376.

360 RGSt 32, 137, 139.

verbraucht, die mit dem Waffenbesitz in Idealkonkurrenz standen. Die Rspr. hat dies im Ergebnis nie anders beurteilt bis zur Entscheidung des BGH im Jahr 1980[361] – auch wenn es dort nicht um ein Dauerdelikt ging, sondern um die Beteiligung an einer terroristischen Vereinigung. Die Argumentation dieser Entscheidung wurde danach vom BVerfG gebilligt und von unteren Gerichten auch in andere Dauerdelikte übernommen.

Der Strafklageverbrauch bei einem Dauerdelikt hinsichtlich zunächst unentdeckt gebliebener Delikte ist hier besonders problematisch, da das Dauerdelikt sich im Extremfall über mehrere Jahre erstreckt. Deshalb ist es für das Gericht völlig unmöglich und auch grds. nicht erforderlich, etwa für die Dauer eines mehrjährigen Waffenbesitzes das Leben des Angeklagten lückenlos zu durchleuchten. Daher können dem Gericht ohne weiteres schwere Delikte verborgen bleiben, die mit einem Dauerdelikt zusammenfallen.

Die Rspr. übernimmt den Versuch, den Strafklageverbrauch durch zwei unterschiedliche Lösungsansätze einzuschränken, nämlich durch den materiell-rechtlichen und den prozessualen Ansatz. Reizvoll ist daher der Vergleich jener beiden Entscheidungen, deren Sachverhalte in den wesentlichen Punkten übereinstimmen. Das OLG Zweibrücken[362] vertritt den materiell-rechtlichen Ansatz, während das OLG Hamm[363] den prozessualen Ansatz bevorzugt.

aa) Materiell-rechtlicher Ansatz

Der *materiell-rechtliche Ansatz* sucht die Lösung auf dem Gebiet des materiellen Rechts durch Überprüfung der Konkurrenzlehre beim Dauerdelikt. Nach diesem Ansatz steht ein weiterer Straftatbestand nicht mehr im Verhältnis von Idealkonkurrenz zum Dauerdelikt. Deshalb wird der Weg frei für die Annahme verschiedener Taten im prozessualen Sinn, von denen eine auch nach Aburteilung der anderen noch verfolgt werden kann. Das OLG Zweibrücken[364] hat im Gegensatz zur ständigen Rspr. Realkonkurrenz zwischen dem Führen einer Waffe und dem mit dieser Waffe durchgeführten Tötungsverbrechen angenommen, und dies mit überraschender Begründung. Das Ausüben der tatsächlichen Gewalt

---

361 BGHSt 29, 288 ff.

362 OLG Zweibrücken NJW 1986, 2841 f.

363 OLG Hamm JR 1986, 203 ff.

364 OLG Zweibrücken NJW 1986, 2841 f.; der materiell-rechtliche Ansatz hat sich in der Rspr. allmählich durchgesetzt; s. BGHSt 36, 151 ff.; BGH StV 1995, 300; 1999, 643, 644; NStZ 1997, 508; NStZ-RR 1996, 203; OLG Zweibrücken NJW 1986, 2841; BayObLG JZ 1991, 1095 f.; OLG Hamburg NStZ-RR 1999, 247, 248; zu § 129 StGB auch OLG Karlsruhe NJW 1977, 2222 f., bestätigt in BVerfGE 45, 434 ff.; zust. *Erb,* GA 1994, 265, 273 f.; *Mitsch,* JR 1990, 162; *Schlüchter,* JZ 1991, 1057, 1061.

über eine Waffe i.S.d. Waffengesetzes enthalte Handlungs- und Unterlassungselemente. Der Täter unterlasse es den unerlaubten Besitz an der Waffe aufzugeben. Das Gebrauchmachen von Waffen gehe als aktives Tun darüber hinaus. Dieses Tun und Unterlassen der Besitzaufgabe könnten keine Einheit bilden.

Hier hat das OLG versucht, bei Tötungsverbrechen eine andere prozessuale Tat zu schaffen, indem es die fremde Unterlassungsnatur des waffenrechtlichen Dauerdelikts hervorgehoben hat. Dieser Versuch ist leider fehlgeschlagen.[365] Gewiss erfordert die Aufrechterhaltung des unerlaubten Waffenbesitzes keine Aktivität. Das heißt aber nicht, dass der Tatbestand des Dauerdelikts allein durch Unterlassen erfüllt werden kann. Andererseits wird man schwerlich leugnen können, dass auch ein aktives Tun, das Schießen, die Merkmale des Ausübens der tatsächlichen Gewalt über die Waffe erfüllt. Vom Sprachgebrauch her zeigt sich bereits, dass Begriffe wie „Ausübung" und „Gewalt" einen stärkeren aktiven als passiven Charakter haben.[366] Diese fremde Unterlassungsnatur, die das OLG hervorgehoben hat, um Realkonkurrenz anzunehmen, ist nicht vertretbar.

Hätte der Waffenbesitz über die Unterlassungsnatur verfügt, wie das OLG meint, hätte Realkonkurrenz nicht zwingend vorgelegen. Realkonkurrenz zwischen Begehungs- und Unterlassungsdelikt ist zwar regelmäßig gegeben. Ausnahmen sind aber denkbar, vor allem im Fall eines Unterlassungsdauerdelikts, das mit einem Begehungsdelikt zusammentrifft, welches der Aufrechterhaltung des gebotswidrigen Zustands dient. Das ist genau der Fall des OLG Zweibrücken.[367] Die Ausführungshandlung des unerlaubten Waffenbesitzes verbindet das Dauerdelikt mit dem Tatbestand des Tötungsdelikts zu Idealkonkurrenz.[368]

Jedoch selbst wenn man sich der Ansicht des OLG Zweibrücken anschließt, mithin Realkonkurrenz annimmt, folgen daraus nicht zwingend mehrere Taten im prozessualen Sinne. Nach der natürlichen Betrachtung der Rspr. kann ausnahmsweise eine prozessuale Tat trotz Realkonkurrenz angenommen werden, wenn ein Zusammenhang besteht, der so eng ist, dass er eine gemeinsame prozessuale Behandlung der Delikte gebietet.[369] Ein solcher Zusammenhang besteht auch in diesem Fall, da sich eine wechselseitige Abhängigkeit beider Delikte in

---

365 *Lippold*, S. 24 f.; *Mitsch*, NStZ 1987, 457 f.; *ders.*, MDR 1988, 1005, 1007; *Paeffgen*, GS-Heinze, 615, 616.

366 BGHSt 31, 29, 30 ff.; *Grünwald*, StV 1986, 243, 245; *Mitsch*, MDR 1988, 1005, 1007; *Puppe*, JR 1968, 205, 206.

367 S. *Mitsch,* MDR 1988, 1005, 1007.

368 BGHSt 31, 29, 30 ff.; BGH, StV 1983, 148; BayObLG St 1975, 90; *Grünwald*, StV 1986, 243, 245; *Mitsch*, NStZ 1987, 457, 458.

369 BGHSt 13, 21, 26; 23, 141, 147.

der strafrechtlichen Beurteilung ergeben könnte.[370] Die Annahme der Tateinheit im prozessualen Sinne ist nicht bedenkenlos anerkannt.

Die Rspr. hatte vier Jahre später noch einmal die Gelegenheit dazu, die Konstellation zu lösen. In BGHSt 36, 151 ff. hat der 4. Senat wieder Realkonkurrenz zwischen dem unerlaubten Waffenbesitz, dem Führen einer Waffe und dem mit dieser Waffe durchgeführten Verbrechen angenommen,[371] aber mit einer anderen Begründung als jener vom OLG. Der 4. Senat hat den anderen neuen Entschluss des Täters in den Vordergrund gestellt, nämlich den, ein anderes Verbrechen zu begehen. Beim Waffenbesitz und dem anderen mit dieser Waffe begangenen Verbrechen bestehe eine Zäsur. Hier stelle der Entschluss des Täters, seine Waffe bei einer anderen Straftat zu verwenden, jedenfalls dann einen entscheidenden Einschnitt dar.[372] Da keine Umstände vorliegen, die Gleichsetzung der materiell-rechtlichen Konkurrenz und prozessualen Tat zudurchbrechen, sei das Verbrechen eine andere prozessuale Tat. Es sei nicht Gegenstand des rechtskräftigen Urteils gewesen und dürfe noch verfolgt werden.[373]

Die Argumentation des neu gefassten Tatentschlusses passt jedoch nicht, denn der Entschluss zum Besitz der Waffe war von Anfang an auf unbestimmte Zeit gerichtet und wird vom späteren Entschluss zur Begehung des Überfalls nicht tangiert.[374] Außerdem ist es fraglich, wieso gerade die Diskontinuität des Täterwillens den Ausschlag geben soll und wie die Privilegierung eines von vornherein zur Begehung mehrerer Delikte mit Waffeneinsatz entschlossenen Täters zu legitimieren ist. Ein schlauer Angeklagter könnte ein günstigeres Ergebnis bekommen, wenn er äußert, dass er von Beginn des Waffenbesitzes an einen auch die Begehung anderer Straftaten umfassenden Willen hatte. Außerdem würde eine merkwürdige, dem Qualifikationsdelikt entgegengesetzte Situation entstehen: Der Beschuldigte müsste geradezu nach einer Anklage wegen des qualifizierten Raubdelikts streben, um diese Tat in den Wirkungsbereich des Strafklageverbrauchs zu bringen.[375] Noch einmal scheitert der Versuch der Rspr., Realkonkurrenz zwischen dem Dauerdelikt und anderen Delikten anzunehmen. Der Schlussfolgerung von Realkonkurrenz auf prozessuale Tatmehrheit ist damit der Boden entzogen.

---

370 S. *Mitsch,* MDR 1988, 1005, 1007.

371 Diesem Weg hat sich später das BayObLG JZ 1991, 1095 f. angeschlossen; zust. *Mitsch,* JR 1990, 162, 163 f.; *Schlüchter,* JZ 1991, 1057.

372 BGHSt 36, 151, 153.

373 BGHSt 36, 151, 154.

374*Mitsch,* JR 1990, 162, 163; S. auch *Erb*, JR 1995, 169, 170.

375 *Mitsch,* JR 1990, 162, 163.

Dieser materiell-rechtliche Ansatz führt zu einer Vervielfachung der Strafbarkeit. Viele Autoren im Schrifttum haben diese materiell-rechtliche Lösung zu Recht abgelehnt.[376] Zwischen Dauerdelikt und anderen schwereren Delikten sei Idealkonkurrenz aus teilidentischen Ausführungshandlungen zu bejahen. Dies folge aus § 52 StGB. Deshalb darf nur eine Strafe verhängt werden.

bb) Prozessualer Ansatz

Der *prozessuale Ansatz,* also die Annahme mehrerer Taten im prozessualen Sinne trotz materiell-rechtlicher Tateinheit, findet sich in der Rspr. erstmals bei BGHSt 29, 288 ff.[377] Dort geht es um das Organisationsdelikt gemäß §§ 129 f. StGB, das erst im nächsten Abschnitt behandelt wird. In Anlehnung an den 3. Senat des BGH, der bereits alle in der Lit. geltend gemachte Kritik aufwirft, hat das OLG Hamm JR 1986, 203 ff. bei tateinheitlichem Zusammentreffen eines waffenrechtlichen Dauerdelikts mit einem weiteren, mit dieser Waffe begangenen Delikt eine einheitliche prozessuale Tat verneint. M.a.W. hat es trotz Idealkonkurrenz mehrere prozessuale Taten angenommen. Durch diesen Ansatz kann man den Strafklageverbrauch des Dauerdelikts begrenzen und kann das andere Delikt, nämlich das Tötungsverbrechen, noch verfolgen. Begründet wurde dies mit der Unabhängigkeit der prozessualen Tat von der materiell-rechtlichen Konkurrenz, also mit der Ausnahme der Regel „Handlungseinheit = eine prozessuale Tat", die vom BGH in der Entscheidung BGHSt 29, 288 ff. entwickelt und später vom BVerfG gebilligt wurde.[378] Obwohl der BGH die Ausnahme nur auf den Bereich des Organisationsdelikts beschränken wollte, hat das OLG Hamm angenommen, dass ein solcher Ausnahmefall hier gegeben ist,[379] und mit einem einzigen Satz begründet: *„Die Verknüpfung des Tötungsverbrechens mit einem Teilakt des Dauerdelikts des unerlaubten Waffenbesitzes ist eher beiläufig, eine tatsächliche Verknüpfung, die nach natürlicher Auffassung einen einheitlichen Lebenssachverhalt darstellen könnte, ist nicht ersichtlich."*[380] Eine Frage taucht

---

376 KMS/*Stuckenberg*, § 264, Rn. 79; Radtke/Hohmann/*Radtke,* § 264, Rn. 36; *Beulke,* in: FG 50 Jahre BGH IV (Hrsg. Canaris u.a.), S. 781, 804; *Erb*, GA 1994, 265, 271 f.; *ders.*, JR 1995, 169, 170.

377 BGH, Urteil vom 11.06.1980 - 3 StR 9/80.

378 BVerfGE 56, 31 ff.; zust. KK/*Engelhardt*, § 264, Rn. 8; AK-StPO/*Loos*, Anhang zu § 264, Rn. 58; *Meyer-Goßner*, § 264 Rn. 6a; *Beulke*, StPO, Rn. 517 ff.; *ders.,* in: FG 50 Jahre BGH IV (Hrsg. Canaris u.a.), S. 781, 805; *Geerds,* S. 358 ff.; *Krauth,* Kleinknecht-FS, 215, 227 ff.; *Kröpil,* DRiZ 1986, 448, 451; *Neuhaus*, JuS 1989, 160; *ders.*, NStZ 1987, 138, 139 f.; abl. *Mitsch,* MDR 1988, 1005, 1008 f.

379 OLG Hamm JR 1986 203, 204.

380 OLG Hamm JR 1986 203, 204.

sofort auf: Was ist überhaupt unter „beiläufig“ zu verstehen und wieso charakterisiert dieser Begriff gerade den vorliegenden Fall zutreffend?[381] Eine Antwort hat das OLG Hamm nicht gegeben. Auch auf den Punkt der Verknüpfung mit dem einheitlichen Lebenssachverhalt ist das OLG Hamm nicht näher eingegangen. Was kann noch „einheitlicher“ sein als eine Körperbewegung, durch die ein Mensch gleichzeitig zwei Straftatbestände verwirklicht?[382] Die weiteren Ausführungen des OLG über den Unwertgehalt –„*Würde in solchen Fällen der Strafklageverbrauch bezüglich des Tötungsverbrechens eintreten, könnte der in ihm zutage getretene Unwertgehalt auch nicht im Entferntesten einer gerechten Wertung unterzogen werden.*“[383] – lassen sich ebenso gut dem Verbot erneuter Strafverfolgung bei Aufdeckung neuer Tatsachen oder Beweismittel nach einem Freispruch entgegenhalten.[384] Auf kriminalpolitische Belange kommt das OLG zwar kurz zu sprechen, aber überzeugt hierbei nicht: „*Dies wäre kriminalpolitisch verfehlt und widerspräche auch in unerträglichem Maße dem Gebot der Gerechtigkeit.*“[385]

Das Problem der Mehrfachbestrafung bei Annahme mehrerer prozessualer Taten trotz Idealkonkurrenz hat das OLG Hamm durch die im Gesetz nicht festgelegte Regel gelöst: Zwar konnte wegen der Annahme von Tateinheit zwischen Waffendelikt und Tötungsverbrechen eine Gesamtstrafe nicht gebildet werden. Es sei aber in der Rspr. anerkannt, dass eine aus tatsächlichen oder rechtlichen Gründen nicht mehr bestehende Möglichkeit einer Gesamtstrafenbildung bei der Strafzumessung durch eine Strafmilderung auszugleichen sei.[386]

Die Durchbrechung des Grundsatzes „Tateinheit bildet immer eine einheitliche Tat im prozessualen Sinne“ ist nicht zu akzeptieren.[387] Der entscheidende Einwand kommt von *Grünwald*.[388] Die Gleichsetzung der Tateinheit des Konkurrenzverhältnisses mit der Tateinheit im prozessualen Sinne ist traditioneller Bestandteil des Verbots der Doppelbestrafung und zudem eine notwendige Fol-

---

381 *Mitsch,* MDR 1988, 1005, 1008; S. auch *Puppe,* JR 1986, 205, 206.

382 *Mitsch,* MDR 1988, 1005, 1008.

383 OLG Hamm JR 1986, 203, 204.

384 S. *Grünwald,* StV 1986, 243, 245.

385 OLG Hamm JR 1986, 203, 204.

386 OLG Hamm JR 1986, 203, 205.

387 zust. *Aachenbach,* ZStW 1975, 74, 94; *Cording,* 5. Teil, B., V., S. 201 ff.; *Detmer,* Erster Teil, D., II., S. 67, Dritter Teil, S. 210; *Fezer,* in: Rechtsdogmatik (Hrsg. Schmidt), S. 125, 127; *Fleischer,* NJW 1979, 1340; *Gillmeister,* NStZ 1989, 1, 3; *Kühne*, Rn. 651; *Maatz*, MDR 1985, 881, 883; *Mitsch*, MDR 1988, 1005, 1008 f.; *Schlüchter,* JZ 1991, 1057, 1059; S. a.A. *Erb,* GA 1994, 265, 273; *Werle,* NJW 1980, 2671, 2673.

388 *Grünwald*, StV 1981, 326, 327; *ders.*, StV 1986, 243.

gerung aus dem materiellen Recht. Denn die Folge von Idealkonkurrenz ist nach § 52 StGB die Verurteilung zu einer Strafe, und diese kann nur in einem Verfahren erfolgen.[389]

Dass die Anrechnung der rechtskräftig verhängten auf die neu zu verhängende Strafe dem geltenden Recht widerspricht, weiß selbst das Gericht. Denn es führt aus, Art. 103 III GG verbiete nicht nur, dass ein Täter wegen ein und derselben Tat nach den allgemeinen Strafgesetzen mehrfach Strafe leide, sondern schon dass er wegen eben derselben Tat mehrfach strafgerichtlich verfolgt werde.[390] Die Anrechnung der rechtskräftig verhängten auf die neu zu verhängende Strafe vermeidet zwar eine Benachteiligung hinsichtlich der Gesamtdauer der Strafverbüßung, ändert aber nichts daran, dass zwei Strafen trotz einer Tat entgegen dem materiellen Recht ausgesprochen werden.[391] Die Beseitigung eines rechtskräftigen Urteils und seine Ersetzung durch eine dem materiellen Recht entsprechende Entscheidung ist nur beim Bekanntwerden neuer Tatsachen oder Beweismittel und nur zugunsten des Angeklagten nach § 359 Nr. 5 StPO zulässig, zu seinen Ungunsten ist dies aber ausgeschlossen. Die nachträgliche Verurteilung wegen einer Gesetzesverletzung, die mit einer bereits abgeurteilten in Idealkonkurrenz steht, widerspricht der Regelung der Wiederaufnahme zuungunsten des Verurteilten, die den Inhalt des Satzes *„ne bis in idem“* mitbestimmt.[392]

Die beiden Lösungswege der Rspr. zur Erreichung des erwünschten Ergebnisses scheitern. Sie muss entweder die im Gesetz geregelte Gleichsetzung der Handlungseinheit und der prozessualen Tateinheit durchbrechen oder materiellrechtliche Handlungseinheit bzw. Idealkonkurrenz bei Teilidentität der Ausführungshandlungen zurückweisen.

c) Zusammentreffen des Organisationsdelikts mit anderen Delikten

Organisationsdelikte sind u.a. beschrieben in §§ 84 – 87 oder §§ 129, 129a und 129b StGB. Sie bezwecken der Begehung von Straftaten bereits im Vorbereitungsstadium entgegenzuwirken. Sie bestrafen die Gründung einer kriminellen Vereinigung, die Beteiligung als Mitglied, sowie die Werbung für eine kriminelle Vereinigung und Unterstützen der Vereinigung, deren Zwecke oder deren Tätigkeit darauf ausgerichtet sind, Straftaten zu begehen.[393] Bei der zweiten Alter-

389 *Grünwald*, StV 1986, 243; *Puppe*, JR 1986, 205, 206.
390 OLG Hamm JR 1986, 203, 204; vgl. auch *Puppe*, JR 1986, 205, 206.
391 KMR/*Stuckenberg*, § 264, Rn. 84; *Grünwald*, StV 1986, 243, 244.
392 *Grünwald*, StV 1986, 243, 244.
393 LK/*Krauß*, § 129, Rn. 99 ff.; Schönke/Schröder/*Lenckner/Sternberg-Lieben*, § 129, Rn. 12 ff.; SK-StPO/*Rudolphi/Stein*, § 129, Rn. 16 ff.

native, „Beteiligung als Mitglied“ handelt es sich um ein Dauerdelikt und deshalb ergeben sichProbleme.[394] Der Gesetzgeber hat diese Tatbestände geschaffen ohne alle nachträglich entstehenden Probleme zu erkennen. Von ihnen war bei der Entstehung und allen Änderungen nicht die Rede.[395] Alle Schwierigkeiten des Konkurrenzrechts der gerade genannten Dauerdelikte treffen auch hier zu.

aa) OLG Karlsruhe NJW 1977, 2222 f.

Das OLG Karlsruhe[396] hat versucht den zu weit gefassten Strafklageverbrauch aus kriminalpolitischen Gründen zu vermeiden. Der Angeklagte war seit dem Jahr 1971 bis zu seiner Festnahme am 09.06.1972 Mitglied der kriminellen Vereinigung „Baader-Meinhof“. 1974 wurde er wegen Beteiligung als Mitglied einer kriminellen Vereinigung in Tateinheit mit unerlaubtem Besitz einer Schusswaffe und gemeinschaftlicher Urkundenfälschung verurteilt. Nach einigen Jahren geriet er in den Verdacht, im fraglichen Zeitraum seiner Mitgliedschaft mittels eines Sprengstoffanschlags mehrere Menschen getötet zu haben, sodass die StA wegen versuchten Mordes in Tateinheit mit Herbeiführung einer Sprengstoffexplosion Anklage erhob. Das OLG geht davon aus, dass es sich bei §§ 129 f. StGB um ein reines Organisationsdelikt handelt. Die tatbestandsmäßige Handlung der Beteiligung an der Vereinigung gemäß § 129 StGB müsse bei Eingliederung in die Organisation in irgendeiner Weise diese Organisation in ihrem Aufbau, ihrem Zusammenhalt, in ihrer Arbeit fördern. Dies könne geschehen durch Mitbestimmung der Ziele, Anmieten von Räumen, Mitwirkung bei der Abstimmung über neue Anführer, Beschaffung von Hilfsmitteln, Zahlung von Beiträgen, Werbung neuer Mitglieder. Die Begehung der das Ziel der Vereinigung bildenden Straftaten gehöre aber nicht zur tatbestandsmäßigen Handlung des § 129 StGB. Begehe ein Mitglied der Vereinigung solche Straftaten, überschneide sich der Ausführungsakt i.d.R. nicht mit dem Straftatbestand der Mitgliedschaft. Anders wäre es nur, wenn die Straftat gerade einen Beitrag zur organisatorischen Arbeit der Vereinigung leisten sollte, so z.B. wenn ein Mitglied unter betrügerischen Voraussetzungen eine Wohnung anmieten würde, die der Vereinigung als Unterschlupf dienen soll. Der Sprengstoffanschlag sei aber nicht organisationsbezogen im oben dargelegten Sinne. Damit bestehe zwischen der Tat nach § 129 und der Tat nach §§ 211, 311, 27 StGB keine Tateinheit und

394 BVerfGE 45, 434, 435 f.; BGHSt 15, 259, 262; Schönke/Schröder/*Lenckner/Sternberg-Lieben*, § 129 Rn. 27; SK-StGB/*Rudolphi/Stein*, § 129, Rn. 31; eine andere Ansicht vertritt Werle: Organisationsdelikte seien fortgesetzte Straftaten, s. *Werle*, C., I., 2., a), S. 168.

395 S. *Fezer*, in: Rechtsdogmatik (Hrsg. Schmidt), S. 125,134 f.

396 OLG Karlsruhe NJW 1977, 2222 f.

somit liege jedenfalls auch keine einheitliche prozessuale Tat.[397] Dieses Ergebnis hat das BVerfG in BVerfGE 45, 434 ff. bestätigt.[398]

Gegen die Auslegung des Tatbestandsmerkmals „Beteiligung“ des OLG spricht bereits die historische Auslegung. In den aufgehobenen §§ 128, 129a StGB a.F. hatte der Gesetzgeber wie in § 129 StGB den Begriff „Beteiligung“ verwendet, der in den neugefassten §§ 84 II, 85 II StGB durch „Betätigung“ ersetzt wurde. Hierdurch sollte aber nur die Tathandlung präziser beschrieben werden und man wollte klarstellen, dass beispielsweise die bloße Zahlung von Mitgliedsbeiträgen von den §§ 84 II, 85 II StGB nicht erfasst wird. Die Rspr. zum alten Gesetz, wonach der bloß formelle Beitritt nicht als mitgliedschaftliche Beteiligung anzusehen ist, wurde von dieser Rechtsänderung daher nicht betroffen und ist im Rahmen des § 129 StGB nach wie vor maßgeblich. Die mitgliedschaftliche Beteiligung setzt also voraus, dass der Täter in der Rolle eines Mitglieds in irgendeiner Weise für die Vereinigung tätig wird.[399]

Darüber hinaus kann ausschlaggebend die Frage des Konkurrenzverhältnisses nur von der Teilidentität der Ausführungshandlungen abhängen und nicht davon, ob die Straftat gerade einen Beitrag zur organisatorischen Arbeit der Vereinigung leisten soll.[400] Mangels gesetzlicher Vorgabe steht die Ansicht des OLG der allgemein gültigen Regel der Strafrechtsdogmatik der Konkurrenz entgegen. Wenn sich die Ausführungshandlungen des Dauerdelikts und des anderen Delikts zumindest teilweise decken, besteht bereits Idealkonkurrenz.[401] Demgegenüber könnte Realkonkurrenz auch vorliegen, wenn vorsätzliche Straftaten von den Mitgliedern der Vereinigung nur bei Gelegenheit ihrer Mitgliedschaft begangen werden, die weder mit dem Zweck noch mit der Tätigkeit der Vereinigung in Zusammenhang stehen, da es am Merkmal der Beteiligung als Mitglied fehlt. Die These der organisationsbezogenen Handlung vom OLG lässt sich aus dem Tatbestand der §§ 129 f. StGB nicht herleiten. Sie ist offenbar nur der falsche Weg zum gewünschten Ergebnis und überzeugt deswegen nicht.[402]

Außerdem spricht die teleologische Auslegung gegen die Meinung des OLG Karlsruhe. Die §§ 129 f. StGB dienen dazu, die Strafbarkeit auf Verhaltenswei-

---

397 OLG Karlsruhe NJW 1977, 2222, 2223.

398 zust. *Gössel,* JR 1982, 111, 112; *Meyer,* JR 1978, 35; *Fleischer*, NJW 1979, 1337, 1339.

399 *Werle,* JR 1979, 93, 95.

400 So auch BGHSt 29, 288, 291; Vgl. auch *Cording*, 2. Teil, C., IX., 7., b), S. 110 ff.; *Fleischer*, NJW 1979, 1337, 1339.; *Neuhaus,* Zweiter Teil, Kapitel VII., D. 3., a), S. 79; *Werle,* JR 1979, 93, 96.

401 S. auch SK-StGB/*Rudolphi/Stein*, § 129, Rn. 34; *Grünwald*, FS-Bockelmann, 737, 740; *Fleischer*, NJW 1979, 1337, 1339.

402 So auch *Cording*, Zweiter Teil, C., IX., 7., c), S. 110 ff.; *Werle*, JR 1979, 93, 95 f.

Entscheidung bilden, die die Gerichte zu respektieren haben.[415] Darüber hinaus basiert die Behauptung der besonderen Struktur der §§ 129 f. StGB auf dem materiellen Recht. Jedoch hat diese Tatbestandsauslegung auf das Prozessrecht eingewirkt.[416]

(ii) Wenn die gegenüber § 129 StGB schwereren Straftaten *tatsächlich* nicht Gegenstand der Anklage und der Urteilsfindung in dem früheren Verfahren waren, sollte eine erneute Aburteilung zulässig sein. Begründet wird dies damit, dass ein Bedürfnis nach Vertrauensschutz, dem die rechtliche Einrichtung des Strafklageverbrauchs neben anderen Zwecken diene, nicht bestehe.[417]

Die zweite These des BGH wird von einigen Autoren in der Lit. vertreten,[418] wurde aber von der Rspr. mit Recht vor dieser Entscheidung stets zurückgewiesen. Der BGH geht in BGHSt 29, 288 ff. über diese Mindermeinung sogar noch hinaus, indem er nicht nur auf die Möglichkeit der Aufklärung abstellen will, sondern darauf, ob der die weitere Gesetzesverletzung enthaltende Beteiligungsakt tatsächlich in Anklage und Urteil berücksichtigt worden ist. Würden Umstände später aufgedeckt, die dem Gericht nicht bekannt waren und auch nicht bekannt sein konnten, wäre ein neues Verfahren zulässig, da es dann nicht mehr um denselben Prozessgegenstand gehen würde. Selbst über dieselbe Handlung sollte gemäß dieser These ein neues Verfahren zulässig sein, wenn Umstände noch nicht tatsächlich aufgeklärt sind.

Diese Auffassung lässt sich leicht ablehnen. Sie hätte zur Folge, dass beim Auftreten neuer Umstände die staatsanwaltschaftliche und die gerichtliche Untersuchung mit der Prüfung zu beginnen hätte, ob das Gericht im rechtskräftig abgeschlossenen Verfahren die Aufklärungspflicht nicht erfüllt habe. Darüber hinaus würde die Zulässigkeit der erneuten Aburteilung von einem Kriterium abhängig gemacht, das unter keinem der bei der Rechtskraft konkurrierenden Gesichtspunkte relevant ist; ob das Gericht sorgfältig oder unsorgfältig vorgegangen ist, bewirkt weder eine Veränderung des Gewichts der materiellen Gerechtigkeit, noch berührt es das Interesse des Angeklagten, nicht ein weiteres Mal behelligt zu werden.[419]

Grünwald hat gegen die These noch einen weiteren Einwand hervorgebracht: Ihre Unvereinbarkeit mit dem Gesetz, nämlich mit den Regelungen des Wiederaufnahmeverfahrens. Die Vorschriften des Wiederaufnahmerechts nen-

---

415 *Cording*, 5. Teil, B., V., 3., d), S. 210.

416 *Werle,* NJW 1980, 2671, 2673.

417 BGHSt 29, 288, 295 f.

418 S. vor allem *Henkel*, Strafverfahrensrecht, § 100, III., 1., d), S. 389 f.; *Stock*, § 59, S. 136 f.; *Vogler*, S. 90 ff.

419 *Grünwald*, in: Teheran-Beiheft der ZStW 1974 (Hrsg. Jescheck), S. 94, 110.

nen abschließend die Voraussetzungen, unter denen die in einem rechtskräftigen Urteil enthaltene Entscheidung beseitigt und durch eine inhaltlich abweichende ersetzt werden kann. Nach dem Wiederaufnahmerecht bedeutet es, dass rechtskräftig verurteilte Vorgänge nicht davon abhängen können, was das Gericht in der Hauptverhandlung tatsächlich berücksichtigt hat.[420]

(iii) Dies führe jedoch nicht dazu, dass neben einem wegen mitgliedschaftlicher Beteiligung an einer kriminellen Vereinigung geführten – noch nicht abgeschlossenen – Strafverfahren ein zweites Strafverfahren anhängig gemacht werden kann, das eine mit einem Beteiligungsakt idealkonkurrierende strafbare Handlung betreffe. Solange eine Einbeziehung der weiteren Gesetzesverletzung in das Verfahren wegen § 129 StGB möglich ist, soll sie geboten sein.[421]

Die dritte These des BGH ist wiederum zurückzuweisen.[422] Nach dem Grundsatz *„ne bis in idem"* sollen bei zwei verschiedenen prozessualen Taten zwei nebeneinander geführte Strafverfahren zulässig sein. Nach der Auffassung des BGH sind in der Entscheidung BGHSt 28, 299 ff. zwei selbstständige Taten gegeben, jedoch hat der BGH zwei nebeneinander geführte Strafverfahren für unzulässig gehalten. Sein Motiv war durchschaubar:[423] Das erwünschte Ergebnis, nämlich den Angeklagten wegen einer nachträglich aufgedeckten schwereren Straftat zu bestrafen, würde den Schutz des Angeklagten vor der Doppelbestrafung dramatisch verletzen. Daher hat er dann versucht, die Voraussetzungen für eine erneute Verfolgung oder für die andere nebeneinander, parallele Verfolgung möglichst eng zu fassen.

Durch seine dritte These in Verbindung mit seiner vierten These hat der BGH zudem das unangefochtene Prinzip der Einheitlichkeit des Tatbegriffs durchbrochen,[424] da er erklärt, die mit dem Vergehen des § 129 StGB in Idealkonkurrenz stehende Gesetzesverletzung dürfe nicht zum Gegenstand eines nebenher laufenden Verfahrens gemacht werden, sondern müsse in die Aburteilung einbezogen werden, andererseits aber sei nach rechtskräftigem Abschluss des Verfahrens nach § 129 StGB eine erneute Strafverfolgung wegen einer solchen Gesetzesverletzung zulässig.

Zu diesem Ansatzpunkt bestehen angeblich noch zwei Argumente des BVerfG zur Rechtfertigung der These des BGH. Zum einen könne die Bestimmung der Tatidentität i.S.v. Art. 103 III GG nicht voneinem Begriff des einfa-

---

420 *Grünwald*, in: Teheran-Beiheft der ZStW 1974 (Hrsg. Jescheck), S. 94, 112 f.

421 BGHSt 29, 288, 297.

422 S. auch *Cording*, 5. Teil, B., IV., 2., j), S. 199 ff.; *Detmer*, Erster Teil, E., III., S. 102 ff.; *Erb*, GA 1994, 265, 268 f.; *Rieß*, NStZ 1981, 74, 75.

423 So auch *Neuhaus*, Zweiter Teil, Kapitel VII., D., 3., a), S. 89.

424 S. dazu Kapitel B., I., 7.

chen Rechts – hier ist §§ 155, 264 StPO gemeint – abhängen[425]. Dieses Argument ist unangebracht, denn der Grundsatz *„ne bis in idem"* ist durch das einfach-gesetzliche Verständnis von „Tat" und „bestraft" mitbeeinflusst.[426] Der Begriff „Tat" wird unvermeidbar von §§ 155, 264 StPO abgeleitet. Außerdem handelt es sich bei §§ 155, 264 StPO keineswegs um beliebig wandelbares einfaches Gesetzesrecht. Vielmehr sichern diese Normen das Akkusationsprinzip, das die Grenze festsetzt, inwieweit das Gericht untersuchen darf.[427] M.a.W. sie dienen dazu, Bürger gegen zu weitreichende und willkürliche, staatliche Eingriffe zu schützen. Zum anderen hat das BVerfG bedauerlicherweise behauptet, dass schon das RG[428] das Prinzip der Einheitlichkeit des Tatbegriffs bei fortgesetzten Delikten durchbrochen habe.[429] *Grünwald* stellt die ausschlaggebende Frage, ob eine Inkonsequenz in einem Punkte eine Legitimation dafür abgäbe, vom Prinzip noch weiter abzuweichen, wenn dies angemessen erscheine.[430] Dies alles zeigt, dass diese These mit dem Grundsatz *„ne bis in idem"* nicht vereinbar ist.

(iv) Allerdings sei eine zweite Verurteilung ohne Verstoß gegen den Verfassungsgrundsatz des Art. 103 III GG gerechtfertigt, wenn der idealkonkurrierende Gesetzesverstoß schwerer wiegt als das Vergehen nach § 129 StGB. Indes muss der Angeklagte in solchen Fällen im Ergebnis so gestellt werden, als wäre nur ein Strafverfahren gegen ihn durchgeführt worden.[431]

Die vierte These des BGH vermag auch nicht zu überzeugen.[432] Die Ansicht des BGH verstößt gegen das bisher unbestrittene Prinzip, dass der Verbrauch der Strafklage unabhängig von der Schwere der erst später aufgedeckten Gesetzesverletzung ist. Damit wird ein weiteres, ihm wesensfremdes Kriterium in den prozessualen Tatbegriff eingeführt. Maßgebend für die Beurteilung der prozessualen Tateinheit kann in der Tat nicht das Schwerekriterium sein. Es steht in keinem Zusammenhang mit irgendwelchen Funktionen des Tatbegriffs.

Darüber hinaus lässt sich diese Theorie des BGH ohne Verstoß gegen das Prinzip der Unschuldsvermutung (Art. 6 II EMRK) nicht praktizieren. Bestreitet nämlich der Beschuldigte die Zulässigkeit des Verfahrens mit dem Einwand, die

---

425 BVerfGE 56, 22, 34.

426 *Paeffgen*, NStZ 2002, 281, 286.

427 *Cording,* 5. Teil, B., IV., 2., g), S. 195 f.;

428 RGSt 24, 419 f.; 66, 19, 26.

429 BVerfGE 56, 22, 35.

430 *Grünwald*, StV 1981, 326, 328 f.

431 BGHSt 29, 288, 295, 297.

432 Vgl. auch AK-StPO/*Loos*, § 264, Rn. 55; KMR/*Stuckenberg*, § 264, Rn. 91; *Cording*, 4. Teil, B., V., 3., c), S. 208 f.; *Gillmeister*, NStZ 1989, 1, 3; *Grünwald*, StV 1981, 323, 328; *Krauth*, Kleinknecht-FS, 215, 221; *Neuhaus,* Zweiter Teil, Kapitel VII., D., 3., a), S. 87.

rechtskräftige Verurteilung aus § 129 StGB habe die Strafklage hinsichtlich der Tat verbraucht, die ihm nun vorgeworfen werde, so müsste das Gericht ihm entgegnen, der Strafklageverbrauch erfasse nicht eine Straftat, die schwerer wiegt als die Beteiligung an der kriminellen Vereinigung. Dies impliziert aber nicht weniger als die Unterstellung, dass der Beschuldigte ein derartiges gravierendes Delikt begangen hat.[433]

Schließlich ist es abzulehnen, wenn der BGH meint, der Angeklagte müsse im Ergebnis so gestellt werden, als wäre nur ein Strafverfahren gegen ihn durchgeführt worden. Die Abhilfe verstößt nach wie vor gegen den Grundsatz *„ne bis in idem"*, der nicht nur die doppelte Bestrafung verbietet, sondern auch die doppelte Strafverfolgung. Auch wenn der Angeklagte so gestellt würde, als wäre nur ein Strafverfahren gegen ihn durchgeführt worden, gibt es in der Realität zwei Strafverfahren und zwei Strafen, also genau das, was der Grundsatz *„ne bis in idem"* verbietet.[434]

d) Klammerwirkung und Entklammerung

Idealkonkurrenz soll ferner vorliegen, wenn zwei vollständig voneinander getrennte Delikte (Delikt A und Delikt B) erst durch die Klammerwirkung eines dritten Delikts (Delikt C) – meisten ein Dauerdelikt, mit dem jedes von ihnen tateinheitlich zusammentrifft, zu einer Einheit zusammengefügt werden.Da Delikt A und Delikt C in Idealkonkurrenz stehen, können sie nur in demselben Verfahren abgeurteilt werden; aus dem gleichen Grund können Delikt B und Delikt C nur in demselben Verfahren abgeurteilt werden. Somit können Delikt A und Delikt B nicht Gegenstand verschiedener Verfahren sein und deswegen sind nach der Rspr. Tateinheit und ein einheitliches Verfahren notwendig, obwohl es zu einer unverdienten Besserstellung des Täters führt und zwar infolge des Umstandes, dass er zusätzlich zu zwei selbstständigen Gesetzesverletzungen noch eine weitere Straftat begangen hat. Ein rechtskräftiges Urteil wegen lediglich eines der drei Delikte schließt die Strafverfolgung wegen des jeweils anderen aus.[435]

Beim Organisationsdelikt besteht jedoch eine Ausnahme. Hinsichtlich des minderschweren Dauerdelikts ist die Strafklage vollständig verbraucht. Nur be-

---

433 *Mitsch,* MDR 1988, 1005, 1009.

434 S. auch *Puppe,* JR 1986, 205, 206; zust. *Rieß*, NStZ 1981, 74, 75, aber ohne Begründung.

435 RGSt 56, 329, 330; 60, 241, 243; 62, 427, 429; 66, 117; 68, 216; BGHSt 3, 165; 28, 18, 20; 31, 29; 33, 6; BGH NStZ 2000, 25; BGH NStZ-RR, 2000, 360; BGH NJW 1975, 985, 986; NStZ 1989, 20; *Grünwald,* FS-Bockelmann, 737, 744 f.; *Jescheck/Weigend*, § 67 II 3; *Lackner/Kühl*, § 52, Rn. 5; Schönke/Schröder/*Stree/Sternberg-Lieben*, § 52 Rn. 14; *Stratenwerth/Kuhlen*, § 18, Rn. 31; *Schöneborn,* NJW 1974, 734; *Wessels/Beulke*, AT, Rn. 780.

züglich des weiteren, zu der bereits abgeurteilten Außentat in Realkonkurrenz stehenden Delikts sei die Strafklage aufgrund der Besonderheit des § 129 nicht verbraucht.[436]

Aus diesem Grund ist die Klammerwirkung nur in engen Grenzen und nicht ohne Rücksicht auf den Unrechtsgehalt der in Betracht kommenden Delikte anzuerkennen.[437] Die Rspr. wendet die These der Idealkonkurrenz durch Klammerwirkung nur an, wenn das verklammernde Delikt das schwerste darstellt. Denn ein minderschweres Dauerdelikt hat nicht die Kraft, mehrere schwerere Delikte, mit denen es ihrerseits tateinheitlich zusammentrifft, zur Tateinheit zusammenzufassen.[438] In diesem Fall tritt nach der Rspr. die sog. *Entklammerung* ein, mit der Folge, dass die beiden verklammerten Delikte in Realkonkurrenz zueinander stehen und jedes für sich jeweils mit dem verklammernden Delikt in Idealkonkurrenz steht.[439] Hier liegt die doppelte Berücksichtigung vor, die nur deshalb nicht zu einem Verstoß gegen das Schuldprinzip führt, weil das verklammernde Delikt bei der Strafenbildung in den anderen Delikten aufgeht. Der Strafrahmen wird nach dem Absorptionsprinzip des § 52 StGB der schwereren Straftat entnommen, sodass das leichtere Dauerdelikt zwar zweimal im Urteilstenor erscheint, sich tatsächlich aber auf die Gesamtstrafenbildung nur unerheblich auswirkt.[440]

Die wichtigste Frage beim Problem der Entklammerung ist die Frage nach dem Strafklageverbrauch. Die Rspr. hat die prozessualen Konsequenzen der Entklammerung unterschiedlich beurteilt.

Ohne überhaupt das Problem der Entklammerung erkannt zu haben, hat der BGH in einer früheren Entscheidung[441], die zwar eine Fortsetzungstat betraf, aber auch auf Dauerdelikte Bezug nahm, die Entklammerung auf das Prozessrecht übertragen. Er hat also mehrere Taten im prozessualen Sinne angenommen. Die Aburteilung eines der äußeren Delikte (Delikt A) und der verbindenden Tat (Delikt C) verbrauche die Strafklage für den zweiten äußeren Tatbe-

---

436 BGHSt 29, 288, 293 f.

437 Von Teilen des Schrifttums wird sie völlig abgelehnt, und zwar ohne Rücksicht auf das Verhältnis der verwirklichten Unrechtsgehalte. S. *Jakobs,* AT, 33/11; *Puppe*, III., 6., S. 203 f.; *Schmidhäuser,* 14/36; *Schmitt*, ZStW 1963, 43, 48; *Wahle,* GA 1968, 97, 107 ff.

438 RGSt 44, 223; 56, 329; 60, 241; 68, 216; BGHSt 3, 165; 6, 92, 97; 23, 141, 149; 31, 29, 31; BGH NJW 1952, 795; BGH bei *Dallinger*, MDR 1973, 556; wistra 1997, 61, 62; NJW 1998, 619, 620; NStZ 2005, 262.

439 RGSt 44, 223; 57, 189; BGHSt 3, 165, 18, 26; 29, 288, 295 f.; BGH NJW 1952, 795; 1963, 57; 1998, 619; VRS 35, 420.

440 S. *Schöneborn,* NJW 1974, 734; *Werle*, JR 1979, 93, 97.

441 BGHSt 3, 165 ff.

stand (Delikt B) nicht. Ein erneutes Verfahren hinsichtlich des Delikts B und des damit idealkonkurrierenden Delikts C wurde daher für zulässig gehalten.[442] Als Hauptargument wird aus dieser Auffassung die Einzelfallgerechtigkeit hervorgehoben. So heißt es in BGHSt 23, 141 ff.: *„Wenn die natürliche Betrachtung und der Grundsatz gerechter Gesetzesauslegung sachlich-rechtlich die Selbständigkeit der beiden schwereren Straftaten fordern, kann dieselbe Betrachtung verfahrensrechtlich nicht zu einem anderen Ergebnis führen. Die natürliche Betrachtung sei unbeeinflusst von formalrechtlichen Gesichtspunkten.“*[443] Der BGH hat in der zweimaligen Berücksichtigung des Delikts C nie eine unzulässige Doppelbestrafung gesehen, sodass auch eine Verurteilung der schwereren Gesetzesverletzungen in getrennten Verfahren zulässig ist. Zudem meinen die Anhänger dieser Auffassung, dass es nicht rechtens sein könne, wenn nur eine rechtskräftige Verurteilung wegen des letzten Delikts den Täter nicht mehr wegen noch einer Reihe anderer idealkonkurrierender Delikte zur Verantwortung ziehe.[444]

Demgegenüber wird die andere Auffassung vertreten, dass die materiellrechtliche Entklammerung verfahrensrechtlich ohne Bedeutung ist.[445] Es könne nämlich nur eine prozessuale Tat vorliegen. Sonst würde die Verurteilung wegen des verklammernden Delikts in Rechtskraft erwachsen, auch wenn es eigentlich Gegenstand eines weiteren Verfahrens sei. Es könne zwar nicht rechtens sein, wenn nur eine rechtskräftige Verurteilung wegen des letzten Delikts dem Täter nicht mehr wegen noch einer Reihe anderer idealkonkurrierender Delikte zur Verantwortung ziehe, sei aber eine normale und notwendige Folge des Grundsatzes *„ne bis in idem“*. Denn der Grundsatz löse das Spannungsfeld zwischen materieller Gerechtigkeit und Rechtssicherheit, indem er der Rechtssicherheit prinzipiell den Vorrang gebe.[446]

Diese Auffassung ist auch nicht überzeugender. Denn sie hat Folgendes – wie in BGHSt 23, 141 ff. dargestellt – zur Folge: Ein angetrunkener Kraftfahrer beispielsweise, der in Karlsruhe einen Unfall verursacht und über die Autobahn flieht, der auf dieser Fahrt bei Stuttgart und vor München weitere Unfälle verursacht und flieht und schließlich, vielleicht in Unkenntnis der früheren Vorfälle, nur wegen des letzten Unfallgeschehens rechtskräftig abgeurteilt wird, könnte

---

442 BGHSt 3, 165, 167 f.; 23, 141, 150; 29, 288, 295 f.; zust. *Fleischer,* NJW 1979, 1339; abl. *Grünwald,* FS-Bockelmann, 737, 746 f.; *ders.*, JZ 1979, 330, 331.
443 BGHSt 23, 141, 150.
444 BGHSt 23, 141, 148 f.
445 BGHSt 6, 92, 96 f.; BGH VRS 21, 341, 344; OLG Hamm VRS 13, 215, 216; BayObLG VRS 13, 463, 464; zust. *Grünwald,* FS-Bockelmann, 737, 747.
446 *Grünwald*, JZ 1970, 330, 331; *Werle*, JR 1979, 93, 98; *ders.*, NJW 1980, 2671, 2673.

allein deswegen, weil er fahruntüchtig war, wegen des gesamten vorausgegangenen, möglicherweise mit Personenschaden verbundenen strafbaren Verhaltens nicht mehr zur Verantwortung gezogen werden. Das kann nicht Rechtens sein.[447] Schließlich spricht gegen die erstgenannte Auffassung die Unteilbarkeit des Dauerdelikts:[448] *„Was der Tatbestand verbunden hat, darf das Prozessrecht nicht trennen."*[449]

Den beiden Lösungswegen der Rspr. ist nicht zuzustimmen. Die Klammerwirkung und die Entklammerung sind dogmatisch immer fehlerhaft. Entweder erlangt der Täter den Vorteil der Anwendung des § 52 StGB bzw. er bekommt den Freibrief aus dem rechtskräftigen Urteil wegen eines einzigen, mit dem Dauerdelikt idealkonkurrierenden Delikts oder einzelne Akte des verklammernden Delikts müssen im Rahmen des § 53 StGB doppelt berücksichtigt werden.[450]

3. Gesetzeseinheit

Nach der Rspr. liegt Gesetzeseinheit vor, wenn der Unrechtsgehalt einer Handlung durch einen von mehreren dem Wortlaut nach anwendbaren Straftatbeständen erschöpfend erfasst wird.[451] Es ist zwar nach der Rspr. und der h.L.[452] anerkannt, dass drei Erscheinungsformen möglich sind; Spezialität, Subsidiarität und Konsumtion, jedoch legt die Rspr. nicht offen, welche Form der Gesetzeseinheit in *concreto* vorliegt, sondern sie spricht verallgemeinernd davon, dass das eine Gesetz das andere verdrängt oder der eine Tatbestand zurücktritt.[453] Den Unterschied zwischen Gesetzeseinheit und echter Konkurrenz, der darin liegt, dass nur das verdrängende Delikt angewendet wird und das verdrängte Delikt überhaupt nicht im Schuldspruch erscheint, hat die Rspr. nur sehr verschwommen erkannt. Sie hat dem verdrängten Delikt in verschiedener Richtung Einfluss auf die Entscheidung des Einzelfalls eingeräumt, vor allem bei der sog. *Sperrwir-*

---

447 BGHSt 23, 141, 148 f.

448 S. oben II., 1., b), dd).

449 *Gillmeister,* NStZ 1989, 1, 4; s. auch *Cording,* 6. Teil, B., IV., 2., a), S. 224.

450 *Jakobs*, AT, 32/11; *Neuhaus*, Zweiter Teil, Kapitel VII., D., 3., b), (bb), S. 101;*Puppe,* III., 6., S. 203; *Werle*, JR 1979, 93, 99.

451 BGH (GS) v. 20. 10. 1992 – GSSt 1/92; BGHSt 39, 100, 108; 44, 196; 46; 24, 25; auf die Tatsachen, dass bereits die Definition problematisch ist, ist nicht weitereinzugehen, s. MK/*v. Heintschel-Heinegg,* Vor §§ 52 ff., Rn. 20.

452 MK/*v. Heintschel-Heinegg,* §§ 52 ff., Rn. 32; LK/*Rissing-van Saan,* Vor §§ 52 ff.; Rn. 92; *Baumann/Weber/Mitsch,* § 36, Rn. 6; *Geerds,* S. 227 ff.; *Jescheck,* ZStW 1955, 529, 533 ff.

453 Vgl. MK/*v. Heintschel-Heinegg*, Vor §§ 52 ff., Rn. 22; *Vogler,* FS-Bockelmann, 715, 717.

kung des milderen Gesetzes[454]. Dies greift jedoch zu kurz. Aufgrund des Gedankens der Gesetzeseinheit sollte das durch Gesetzeseinheit verdrängte Delikt keinen Einfluss auf die Rechtfolgenbemessung nehmen.[455]

Die Rspr. arbeitet wieder mit dem natürlichen Tatbegriff, um die Frage zu beantworten, ob die prozessuale Tateinheit bei Gesetzeseinheit gegeben ist oder nicht.[456] Der rechtskräftige Freispruch des Angeklagten vom Vorwurf der eigenhändigen Ermordung seiner vormaligen Ehefrau in einem früheren Verfahren steht der Ahndung der versuchten Bestimmung eines Dritten zur Tötung des Opfers entgegen, da die Ermordung und die versuchte Bestimmung zur Tötung bei natürlicher Betrachtung nach Tatbild, Tatzeit und Tatort so abgrenzbar seien, dass beide Vorkommnisse sich nicht als einheitlicher geschichtlicher Vorgang darstellen.[457] Auch die vorsätzliche Körperverletzung und ein Unterlassen der Hilfeleistung, das sich unmittelbar an die vorangegangene Vorsatztat anschließt, bilden einen einheitlichen geschichtlichen Vorgang und damit dieselbe Tat im Sinne des § 264 StPO.[458]

Solche Fälle deuten die Schwierigkeiten an, da ein mehraktiges und nicht handlungsidentisches Geschehen vorliegt. Da lediglich einer der Tatbestände den Unrechtsgehalt der anderen Tatbestände erfasst, könnte die Doppelbewertung bedenklich sein, wenn beide Tatbestände nicht in demselben Strafverfahren verfolgt werden. Ob hier eine prozessuale Tat besteht bzw. ob eine Bestrafung aus dem an sich verdrängten Delikt statthaft ist, wo eine Bestrafung aus dem verdrängenden Delikt nicht oder nicht mehr möglich ist, darüber gehen die Meinungen der Rspr. auseinander. Zu Recht greift die überwiegende Rspr., ausgehend von den allgemeinen Regeln der Gesetzeseinheit, selbstverständlich auf die verdrängte Straftat zurück und zwar gleichgültig, ob die verdrängende Straftat aus materiell-rechtlichen Gründen oder wegen fehlender Prozessvoraussetzungen bzw. angesichts vorhandener Prozesshindernisse nicht bestraft werden kann.[459]

Maßgebend dafür, ob die Anklage einen subsidiären Straftatbestand oder eine Vor- oder Nachtat mitumfasst, ist nach der Rspr. auch noch, ob der betreffen-

---

454 RGSt 73, 148, 150; BGHSt 1, 152, 155 f.; 10, 312, 315; 19, 188, 189; 20, 235, 238.

455 S. auch MK/*v. Heintschel-Heinegg,* Vor §§ 52 ff., Rn. 30, 77 ff.; *Fahl,* Zweiter Teil, Zweites Kapitel, VI., 3., e), S. 330 f.; *Satzger,* JR 1999, 203, 204; a.A. LK/*Rissing-van Sann,* Vor §§ 52 ff., Rn. 95.

456 BGH NJW 2000, 216; OLG Celle NJW 1961, 1080.

457 BGH NJW 2000, 216.

458 OLG Celle NJW 1961, 1080.

459 BGHSt 38, 366, 369; BGH NStZ 1993, 96; 2009, 203; BGH JZ 1968, 710; 1993, 475 f.; BGH GA 1971, 83; BGH MDR 1955, 269.

de Lebenssachverhalt von der Anklage umfasst ist.[460] Ergibt die Anklage zweifelsfrei, dass auch dieser Sachverhalt der Kognitionsbefugnis des Gerichts unterstellt werden sollte, stellt sich die Abgrenzungsfrage nicht, denn dann ist unerheblich, ob man im angeklagten tatsächlichen Geschehen eine oder mehrere Taten i.S.d. § 264 StPO sieht. Gleiches gilt auch bei mehraktigen Straftaten, deren Straftatbestand oft Handlungen aus verschiedenen Lebensvorgängen umfasst. Ob dies die einzelnen Formen der Tatbestandsverwirklichung in jedem Fall zu einer Tat i.S.d. § 264 StPO zusammenschließt, hängt von den sachlichen Gegebenheiten des jeweiligen Falles ab. Beschränkt sich die Anklage auf nur einen von ihnen, wird dies zu verneinen sein. Der Angeklagte ist freizusprechen, wenn die allein angeklagte Begehungsweise als nicht strafbar ausscheidet, eine andere in Frage kommende aber erhebliche Zeit zurückliegt.[461]

Bei Gesetzeseinheit ist deutlich zu sehen, dass der natürliche Tatbegriff der Rspr. nur eine inhaltsleere Lösung darstellt. Ob die Umstände einen einheitlichen Vorgang bilden, ist eigentlich die Frage des Rechtsgefühls des Richters. Nach der hier vorgeschlagenen Lösung sind Fallkonstellationen von Gesetzeseinheit danach zu differenzieren, ob sie durch Handlungseinheit oder Handlungsmehrheit verwirklicht werden. Dann ist es auf der Ebene des Prozessrechts weniger kompliziert.[462]

4. Realkonkurrenz

Nach der Rspr. wird bei Idealkonkurrenz die prozessuale Tat regelmäßig auf das materiell-rechtliche Konkurrenzverhältnis abgestellt. Bei Realkonkurrenz ist aber noch unklar, ob auch notwendigerweise zwei selbstständige Taten angenommen werden müssen oder ob nur eine prozessuale Tat möglich ist. Die frühere Rspr. hat die erste Auffassung vertreten.[463] Davon gab es mehr und mehr Ausnahmen, wobei die Rspr. eine prozessuale Tat bei Realkonkurrenz angenommen hat. Schließlich hat sich die zweite Auffassung durchgesetzt,[464] allerdings immer wieder mit der gewöhnlichen Formulierung, mit der die Rspr. alle

---

460 BGH NStZ-RR 1999, 48.

461 BayObLG St 1957, 196, 199 f.; 1966, 109; OLG Oldenburg NdsRpfl. 1951, 227; vgl. auch OLG Celle NdsRsfl. 1986, 258.

462 S. Kapitel G., II., 2., a), dd).

463 RGSt 4, 76, 78 f.; 15, 133, 136; 44, 255; 61, 202, 204; BGHSt 13, 21, 25 f.; 35, 14, 19 f.; 36, 151, 154; 43, 96, 99; 44, 91, 94.

464 RGSt 28, 321, 324; 61, 314, 317; 62, 112; 72, 339, 340; BVerfGE 45, 434, 435 ff.; BGHSt 13, 21, 26; 23, 141, 146 f.; 24, 185, 186; 29, 288, 292 f.; 35, 14, 19 f.; 43, 96, 99; 45, 211, 213; OLG Hamburg NStZ-RR, 1997, 103 f.; OLG Stuttgart NStZ-RR 1996, 173.

Fällen behandelt: Zur Tat i.S.d. Strafprozessrechts gehört alles, was bei natürlicher Lebensauffassung einen einheitlichen geschichtlichen Vorgang bildet. Noch dazu kommt die Formulierung: Sachlich-rechtlich selbstständige Taten können prozessual eine Tat i.S.d. § 264 StPO bilden. Dabei kommt es im Einzelfall darauf an, ob die einzelnen Handlungen nicht nur äußerlich ineinander übergehen, sondern auch innerlich derart miteinander verknüpft sind, dass der Unrechts- und Schuldgehalt der einen Handlung nicht ohne die Umstände, die zu der anderen Handlung geführt haben, richtig gewürdigt werden kann und ihre getrennte Würdigung und Aburteilung in verschiedenen Verfahren einen einheitlichen Lebensvorgang unnatürlich aufspalten würden.[465] Zur Ergänzung dieser Formulierung führt die Rspr. weiter aus: Die für die prozessuale Tatidentität erforderliche *innere Verknüpfung* mehrerer materiell-rechtlicher Beschuldigungen muss sich unmittelbar aus den ihnen zugrunde liegenden Handlungen und Ereignissen unter Berücksichtigung ihrer strafrechtlichen Bedeutung ergeben.[466]

Durch diese Formulierungen nimmt die Rspr. bei den sog. *Unfallfluchtfällen* trotz Realkonkurrenz eine prozessuale Tat an. In BGHSt 23, 141 ff., in der der Täter die fahrlässige Straßenverkehrsgefährdung aus Anlass einer Trunkenheitsfahrt (§ 315c I Nr. 1a, III StGB) begeht, die zu einem Unfall und zur anschließenden Unfallflucht (§ 142 StGB) führt, stehen diese Tatbestandsverwirklichungen im Verhältnis von Tatmehrheit i.S.d. § 53 StGB zueinander. Denn die Unfallflucht beruhe auf einem selbstständigen Tatentschluss und einer neuen Tathandlung. Gleichwohl bejaht die Rspr. zwischen § 315c StGB und § 142 StGB aufgrund der inneren Verbindung die prozessuale Tateinheit.[467] Hingegen gehört eine nach der Fluchtfahrt begangene Verkehrsstraftat nicht mehr zu der bis zum unerlaubten Geschehen reichenden, einheitlichen prozessualen Tat.[468] So heißt es in der Entscheidung: *„Sie gehen nicht nur äußerlich ineinander über, sondern sind auch innerlich strafrechtlich eng miteinander verknüpft, da der Unrechts- und Schuldgehalt der Unfallflucht ... nicht ohne Berücksichtigung der Umstände, unter denen es zum Unfall gekommen ist, beurteilt werden kann.“*[469] *Beulke* ist darin zuzustimmen, dass die innere Verknüpfung bestehe, wenn die betreffenden Tatbestände nach ihrer Struktur derart voneinander abhängen würden, dass mindestens für die umfassende Beurteilung eines beteiligten Tatbestands

465 BGHSt 29, 288, 292 f.; 35, 14, 17; 36, 151; 154 f.; 41, 385, 388; 43, 252, 255; 49, 359, 362.

466 BGHSt 41, 292; 43, 96, 98; 45, 211, 213; OLG Celle NJW 1992, 190; OLG Frankfurt StV 1994, 119; OLG Köln NStZ 1988, 568.

467 BGHSt 23, 141, 147.

468 BGHSt 23, 141, 149 f.

469 BGHSt 23, 141, 147

notwendigerweise auf den anderen zurückgegriffen werden müsse.[470] Der 4. Senat hat das Ergebnis später in der Entscheidung BGHSt 23, 270 ff. und BGHSt 24, 185 bestätigt.[471]

In jüngster Zeit beschäftigte der BGH sich wieder mit einer weiteren Fallgruppe und betont diese Ausnahme.[472] Er bestätigt Realkonkurrenz zwischen der Brandstiftung in betrügerischer Absicht und dem Betrug zum Nachteil der Brandversicherung. Demgegenüber geht er davon aus, dass auch sachlichrechtlich selbstständige Straftaten prozessual eine Tat sein können.[473] Er drückt zudem aus, dass das geforderte Ineinandergreifen der Tatbestände durch eine zeitliche und räumliche Trennung der Vorgänge nicht beseitigt werde.[474]

Die Lit.[475] akzeptiert das Ergebnis zwar nur halbherzig, da es sachgerecht scheint, aber klar fassbare Kriterien fehlen. Falls Kritik geübt wird, so beschränkt sie sich zumeist auf die konkrete Anwendung.

5. Wahlfeststellung i.w.S. und Verurteilung auf mehrdeutiger Tatsachengrundlage

In diesem Abschnitt geht es um die Situation, in der das Gericht mit Sicherheit klären kann, weswegen sich der Angeklagte schuldig gemacht hat, was aber nicht in der Anklage bezeichnet wurde, die sog. *Wahlfeststellung i.w.S.*. Es geht hier auch um die sog. *Wahlfeststellung i.e.S.* oder *Verurteilung auf mehrdeutiger Tatsachengrundlage,* bei der das Gericht nicht in der Lage ist, zu beschließen, dass der Angeklagte sich entweder auf Grund des einen oder des anderen Lebensvorgangs strafbar gemacht hat. Beim letztgenannten Fall sind noch zwei unterschiedliche Fälle zu unterscheiden, *echte Wahlfeststellung* oder *mehrdeutige Verurteilung auf mehrdeutiger Tatsachengrundlage* und *unechte Wahlfeststellung* oder *eindeutige Verurteilung auf mehrdeutiger Tatsachengrundlage.*[476] Nach der h.M. sind hier auch die Fälle der *Postpendenzfeststellung* gemeint,[477]

---

470 *Beulke,* in: FG 50 Jahre BGH IV (Hrsg. Canaris u.a.), S. 781, 786.

471 S. auch BGHSt 25, 72, 75 f.; 388, 390; KGs VRS 34, 433 f.; 35, 347 f.; 39, 71 f.; BGH NStZ 1996, 243; BGH NJW 2000, 226 ff.; OLG Celle, VRS 54, 38, 39; OLG Hamburg, VRS 49, 378; OLG Hamm NJW 1970, 1244, 1245; 1974, 68, 69; OLG Frankfurt StV 1994, 119; OLG München, NJW 1970, 261, 262; OLG Saarbrücken NJW 1974, 375, 376.

472 BGHSt 45, 211 ff.

473 BGHSt 45, 211, 213.

474 BGHSt 45, 211, 213.

475 KK/*Engelhardt*, § 264, Rn. 7; *Pfeiffer*, § 264, Rn. 2; *Beulke*, StPO, Rn. 516; *Roxin/Schünemann*, § 12, Rn. 11; *Volk*, § 13, Rn. 15.

476 Hierauf eingehend *Wolter,* JuS 1983, 363, 368.

477 *Kröpil*, NJW 1988, 1188.

in denen nach der Beweislage allein ungeklärt ist, ob der erste Sachverhalt zutrifft oder nicht, während über den zweiten gar kein Zweifel besteht. Materiellrechtlich stehen solche fraglichen Delikte dabei immer in Realkonkurrenz gemäß § 53 StGB bzw. – um genauer zu sein – in einer nur *gedachten* materiellen Tatmehrheit,[478] da nur einer der beiden Geschehensabläufe tatsächlich strafrechtlich relevant ist. Deshalb sollten nach der strengen Gleichsetzung der materiell-rechtlichen und prozessualen Tateinheit stets mehrere prozessuale Taten angenommen werden. Leider ist das Ergebnis mehrerer prozessuale Taten nicht zufriedenstellend, da dann ein flexibler Übergang von einem zum anderen Vorwurf nicht möglich wäre.

Die hier thematisierten prozessualen Zulässigkeitsvoraussetzungen kreisen um die Frage, ob ein zweiter Vorgang zu derselben prozessualen Tat gehört oder ob mindestens hier – wenn eine Wahlfeststellung auch zwischen mehreren prozessualen Taten zulässig sein sollte – die von § 264 StPO geforderte Tateinheit gewahrt werden muss und wie dies ggf. zu erzielen ist. Die früher vertretene Ansicht der Rspr. hat auf das negative Spiegelbild eines Sachverhalts abgestellt: Solange zwei Vorwürfe in wechselseitiger Beziehung zueinander standen, gleichgültig ob sie auf denselben Lebenssachverhalt bezogen waren oder nicht, durfte das Gericht im Wege der wahldeutigen Feststellung den mit der Anklage nicht erhobenen Vorwurf mitbefinden und war deshalb berechtigt und verpflichtet, den Vorwurf unter dem anderen rechtlichen Gesichtspunkt abzuurteilen, da die Notwendigkeit der einheitlichen Aburteilung, also die Notwendigkeit, die einander inhaltlich widersprechenden Entscheidungen zu vermeiden, vorgelegen hat. Anders ausgedrückt: Da der Täter logischerweise nur eines der ihm vorgeworfenen Delikte begangen haben könnte, müsse es sich um eine prozessuale Tat handeln. Ansonsten bestünde die Gefahr des Doppelbestrafungsverbots.[479]

Die jüngste Rspr. des BGH stellt auf den faktisch betrachtenden, prozessualen Tatbegriff ab und ist der Meinung, Sachverhaltsalternativen, von denen nur eine wahr sein kann, seien nur dann eine prozessuale Tat, wenn sie nach Tatbild, Tatort, Tatzeit und Tatobjekt einen einheitlichen Lebensvorgang bilden.[480] Die bloße Alternativität von Handlungsvorgängen führe, wenn nur einer der Vorgänge Gegenstand der zugelassenen Anklage gewesen sei, nicht stets zum Ver-

---

478 Vgl. *Beulke,* in: FG 50 Jahre BGH IV (Hrsg. Canaris u.a.), S. 781, 789.
479 RGSt 15, 133, 137; BGH bei *Dallinger* MDR 1954, 17; BayObLG NJW 1965, 2211, 2212; OLG Celle NJW 1968, 2390, 2392; OLG Düsseldorf, JR 1980, 470; OLG Hamm NJW 1981, 237 ff.; OLG Zweibrücken, NJW 1980, 470; zust. *Schöneborn*, MDR 1974, 529, 533.
480 RGSt 21, 78, 82; 62, 112 f.; BGHSt 32, 146, 149; 35, 60, 62 f.; 36, 80, 82; BayObLG St 1984, 78 f.; OLG Celle NJW 1988, 1225 f.; OLG Düsseldorf NStZ-RR 1999, 304; OLG Frankfurt NStZ 1988, 92 f.

brauch der Strafklage für den anderen Vorgang.[481] Der Lebensvorgang, der in BGHSt 35, 60 ff. der Verurteilung wegen Hehlerei zugrunde liegt, und der Lebensvorgang, welcher der jetzigen Anklage wegen Raub zugrunde liegt bzw. der Lebensvorgang, der in BGHSt 35, 80 ff. der Anklage wegen Diebstahl zugrunde liegt, und der Lebensvorgang, der wegen Begünstigung abgeurteilt wurde, seien nach Ort, Zeit und Tatumständen derart gegeneinander abgegrenzt, dass sie bei natürlicher Betrachtungsweise nicht einen einheitlichen geschichtlichen Geschehensablauf darstellen.[482] Im Gegensatz dazu hat der BGH in beiden Entscheidungen die verletzten Rechtsgüter, also die normativen Kriterien, erwähnt, da er den Tatbegriff nach natürlicher Betrachtungsweise selbst wohl nicht als ganz ausreichend empfindet.[483] Allerdings sind die verletzten Rechtsgüter nach Ansicht beider Senate skeptisch zu betrachten.[484] Der 4. Strafsenat verweist auf die Verschiedenheit der bei Raub als zweiaktigem Delikt einerseits und bei Hehlerei andererseits verletzten Rechtsgüter,[485] während der 2. Strafsenat darauf abstellt, dass sich der Dieb eigennützig an fremdem Eigentum vergreift, der Begünstige aber fremdnützig einem anderen die Vorteile der von diesem begangenen Tat sichern will.[486]

Noch einen sehr kritischen Kommentar verdient der Hinweis des 4. Senats in BGHSt 35, 60 ff. Wenn der BGH hier andeutet, dass der Übergang vom Diebstahlsvorwurf zur Hehlereiverurteilung ohne Nachtragsanklage zulässig sei, *„weil der in der Anklage nach Objekt, Ort und Zeit der Tathandlung konkretisierte Diebstahl Grundlage der Verurteilung wegen Hehlerei“* bleibe, heißt, wenn der wegen Hehlerei Angeklagte sich als Dieb der bei ihm gefundenen Sachen herausstellt, aber auch, dass umgekehrt zwei verschiedenen Taten gegeben seien.[487] Hier fällt es nicht nur *Roxin*[488] schwer, in der vorgenommenen Unterscheidung einen tieferen Sinn zu erkennen. Zu Recht spricht *Lesch*[489] bezüglich der Alternativfälle von einer chaotischen Entwicklung der Rspr. Die Umgrenzung der Kognitionspflicht des Gerichts könne nicht davon abhängen, welcher Geschehensablauf zuerst vor Gericht erhoben wird.[490]

---

481 BGHSt 35, 60, 63.
482 BGHSt 35, 60, 64; BGHSt 35, 80, 82.
483 Vgl. Roxin, JZ 1988, 260, 261.
484 S. auch *Roxin*, JZ 1988, 260, 261.
485 BGHSt 35, 60, 64.
486 BGHSt 35, 80, 82.
487 BGHSt 35, 60, 65.
488 *Roxin*, JZ 1988, 260, 262.
489 *Lesch*, 2. Kap., Rn. 22.
490 Vgl. *Beulke,* in: FG 50 Jahre BGH IV (Hrsg. Canaris u.a.), S. 781, 792.

Zuletzt hat der 1. Senat in zwei Entscheidungen[491] jedoch betont, dass er die frühere ständige Rspr. aufrechterhalten wolle, dass Diebstahl und Hehlerei bzw. Raub und Hehlerei eine Tat im prozessualen Sinne bilden können, wenn der in der Anklage nach Objekt, Ort und Zeit der Handlung konkretisierte Diebstahl oder Raub Grundlage der Verurteilung wegen Hehlerei bleibe.

Auch wenn die erste Meinung zum spiegelbildlichen Verhältnis von der Lit. überwiegend abgelehnt wird[492] – am meisten mit der Begründung, dass sie den nicht der in der Anklageschrift umschriebenen gerichtlichen Vorgang einbezieht und deshalb den Anklagegrundsatz aushöhlt –, ist ihr nach hier vertretener Auffassung zu folgen. Es ist doch unbestritten, dass die prozessuale Tat nicht nur der in der Anklage umschriebene und dem Angeklagten dort zur Last gelegte Geschehensablauf ist. Das bedeutet, dass im Rahmen eines Vorganges Einzelgeschehnisse insoweit ebenfalls Bestandteil der angeklagten Tat sind, obwohl sie keine Erwähnung in der Anklage finden. Der konkrete Anklageinhalt kann hierbei schon deshalb nicht als entscheidendes Kriterium herangezogen werden.[493] Außerdem ist der Entscheidungsgrund der Verschiedenheit zwischen den Rechtsgütern widersprüchlich, auch wenn er auf den ersten Blick als tragend scheint. Die verletzten Rechtsgüter des Diebstahls, der Hehlerei und der Begünstigung sind – anders als der BGH meint – doch die Gleichen: Eigentum und Vermögen desselben Opfers.[494] Der richtige Grund für die Annahme der prozessualen Tateinheit – wie *Bauer*[495] und *Beulke*[496] zeigen – ist die innere juristische Verpflichtung wegen tatsächlich empfundener oder juristisch-wertend ermittelter Untrennbarkeit. Eine solche innere juristische Verknüpfung ist die besondere Beziehung einer Nachtat zur jeweiligen Haupttat. Für die Hehlerei bedeutet dies, dass die Sperrwirkung nicht nur die Tatsache erfasst, dass der Täter unter tatbestandlichen Voraussetzungen die Verfügungsgewalt über das Hehlgut erlangt hat, sondern auch die Tatsache, dass der Hehler die Vortat nicht began-

---

491 BGHSt 35, 172, 174 und BGH NStZ 1999, 523.

492 KK/*Engelhardt*, § 264, Rn. 22; LR/*Gollwitzer*, 25. Aufl., § 264, Rn. 42; Radtke/Hohmann/*Radtke*, § 264, Rn. 55; KMR/*Stuckenberg*, § 264, Rn.117; SK-StPO/*Schlüchter*, 64. Lfg. (Oktober 2009), § 264, Rn. 38; *Beulke/Fahl*, Jura 1998, 262, 26; *Beulke*, in: FG 50 Jahre BGH IV (Hrsg. Canaris u.a.), S. 781, 791; *Fuchs*, NJW 1966, 1111; *Jung*, JZ 1984, 535 f.; *Kröpil*, NJW 1988, 1188, 1190; *Neuhaus*, MDR 1989, 213, 214; *Roxin*, JZ 1988, 260, 261; *Schröder*, NJW 1985, 780, 782; *Volk*, § 13, Rn. 18.

493 S. BGHSt 16, 200, 202; BGH NStZ 1984, 328 f.; StV 1981, 116 f.; NJW 1961, 1080; ganz eindeutig *Bauer*, wistra 1990, 218, 219.

494 *Roxin*, JZ 1988, 260, 261.

495 *Bauer*, wistra 1990, 218, 220.

496 *Beulke*, in: FG 50 Jahre BGH IV (Hrsg. Canaris u.a.), S. 781, 794.

gen hat. Denn die Täterschaft der Hehlerei setzt voraus, dass die gegen fremdes Vermögen gerichtete Vortat von einem anderen verübt wurde. Als derartige Nachtaten bzw. Anschlusstaten kommen neben der Hehlerei die §§ 257, 258 StGB und wohl auch noch § 323c StGB in Betracht.[497]

Übertrieben ist die Befürchtung der zweiten Meinung, die erste Meinung höhle den Anklagegrundsatz aus. Auch bei der Wahlfeststellung müssen die einzelnen Sachverhalte jeweils nach Ort, Zeit und Umständen so gründlich festgestellt werden wie in eindeutigen Fällen – andere Möglichkeiten müssen ausgeschlossen sein.[498] Außerdem ist bei der Wahlfeststellung das Vorliegen einer der beiden Straftaten sicher, da durch das Erfordernis der exklusiven Alternativität ein dritter, strafloser Hergang ausgeschlossen wird.[499] Außerdem sollte nach Meinung der Rspr.der Übergang von der Bezugstat zur Begünstigung oder von der einen zur anderen Beteiligungsform zulässig sein.[500] Falls die Wahlfeststellung nur bei einer prozessualen Tat möglich wäre, könnte sie bei den tatmehrheitlichen Alternativfällen kaum Anwendung finden. Eine große Zahl ungerechtfertigte Freisprüche wäre die Folge, und als Reaktion darauf wäre eine Aus- bzw. Überdehnung des prozessualen Tatbegriffs möglich und zu befürchten.[501]

III. Kritische Würdigung

1. Unbestimmtheit des Begriffs der Rspr.

Nach der Rspr. ist der prozessuale Tatbegriff ein einheitlicher geschichtlicher Lebensvorgang nach natürlicher Betrachtungsweise. Diese Formel erweist sich aber nur beim Kernbereich der materiell-rechtlichen Handlungseinheit als unproblematisch, nämlich bei Handlung im natürlichen Sinne und tatbestandlicher Handlungseinheit, da dort meistens nur eine Straftat vorhanden ist, z.B. Diebstahl, Raub oder Totschlag.[502] Außer dem Kernbereich ist es mit dieser Formel schwierig zu entscheiden, ob ein Lebensvorgang oder mehrere Lebensvorgänge bestehen. Nicht selten führt sie auch zu unbefriedigenden Ergebnissen.

Diese Problemlage ist vorprogrammiert, denn man kann die folgenden anscheinend einfachen Fragen selbst nicht beantworten: Was ist überhaupt „ein“

---

497 *Bauer,* wistra 1990, 218, 220.

498 S. BGH NJW 1954, 932; *Dreyer,* Teil 3, I., 2., b), bb), S. 61; *Tröndle,* JR 1974, 133, 135.

499 *Dreyer,* Teil 3, I., 2., c), bb), S. 65; *Tröndle,* JR 1974, 133, 135.

500 S. auch *Bauer,* wistra 1990, 218, 220; *Roxin,* JZ 1988, 260, 261.

501 *Dreyer,* Teil 3, I., 3., S. 68.

502 Vgl. *Büchner*, Erstes Kapitel, I., 4., a), S. 46.

einheitlicher geschichtlicher Lebensvorgang und wie ist er nach „natürlicher" Betrachtungsweise zu bestimmen?[503] Ob man das Kontinuum von Sachverhaltselementen zu einem Lebensvorgang oder historischen Ereignis zusammenfassen oder ob man in ihnen eine Mehrheit von Lebensvorgängen oder Ereignissen sehen will, hängt nicht nur von den Beschreibungen ab, wie *Davidson*[504] meint, sondern auch vom Motiv des Betrachters, wie *Bertel* meint. *Bertel* hat dies deutlich dargestellt: *„Man kann den Zweiten Weltkrieg in seiner Gesamtheit als ein historisches Ereignis betrachten, ebenso gut auch eine einzelne Schlacht, so dass sich dann der Weltkrieg aus einer Mehrheit historischer Ereignisse zusammensetzen würde. Es ist aber auch möglich, jede einzelne Tötungshandlung, die in dieser Zeit gesetzt wurde, als historisches Ereignis aufzufassen."*[505] Auch bei fortgesetzten Delikten können 376 Teilakte sowohl als 376-facher Betrug als auch als ein einziger Betrug angesehen werden. Bei Diebstahl und Hehlerei, wo die Wegnahme einer Sache und ihr erst einige Tage später erfolgter hehlerischer Erwerb bei natürlicher Betrachtungsweise als zwei historische Ereignisse erscheinen, hat die Rspr. die Verurteilung wegen Hehlerei ohne Nachtragsanklage zugelassen.[506] Dies hängt völlig von der Intention und der Lebenserfahrung des Betrachters, oft auch von dem vom Gericht erwünschten Ergebnis ab.

Wenn die Rspr. den prozessualen Tatbegriff abhängig von der materiellrechtlichen Handlungseinheit macht, ist ihr Tatbegriff dann auch nicht „natürlich". Denn die materiell-rechtliche Handlungseinheit besteht nicht nur aus Handlungen im natürlichen Sinne, sondern auch aus tatbestandlicher Handlungseinheit. Die letztgenannte ist keinesfalls natürlich, sondern eine fiktive, juristische Rechtsfigur.

Besonders ist der Tatbegriff ein Begriff aus dem Strafprozessrecht, das die Aufgabe hat, die Regeln aufzustellen, unter welchen Umständen und in welchen Formen die zur Rechtspflege berufenen Organe das materielle Strafrecht handhaben dürfen. Daher können Juristen bei der Auswahl der strafrechtlich bedeutsamen Tatsachen aus der Gesamtheit der tatsächlichen Geschehnisse auf die ma-

---

503 so auch *Davidson,* in: Handlung und Ereignis, S. 233, 260 und *Searle,* S. 172 f.

504 Nach *Davidson* hängt alles davon ab, ob es eine angemessene Beschreibung der Handlung gibt oder nicht. S. *Davidson,* in: Handlung und Ereignis, S. 73, 84. Und weiter an anderer Stelle: *„(...) wir [wissen] vom Stattfinden eines Ereignisses (...), wenn dieses in einer Weise beschrieben wird, ohne von seinem Stattfinden zu wissen, wenn es anders beschrieben wird."*, *ders.,* in: Handlung und Ereignis, S. 73, 97.

505 *Bertel*, I., C., 2., S. 35; S. auch *Detmer*, Erster Teil, A., I., 1., S. 5.

506 RGSt 15, 133, 137; BGH bei *Dallinger* MDR 1954, 17; BayObLG NJW 1965, 2211, 2212; OLG Celle NJW 1968, 2390, 2392; OLG Düsseldorf JR 1980, 470; OLG Hamm NJW 1981, 237 ff; OLG Zweibrücken NJW 1980, 470.

teriell-rechtliche Wertung keineswegs verzichten, gerade weil Juristen solche Tatsachen für juristische Zwecke aufnehmen und verarbeiten.[507]

2. Inkonsequenzen der Rspr. bei der Anwendung ihres Tatbegriffs

a) Beim Verhältnis zwischen der materiell-rechtlichen Tateinheit und der prozessualen Tateinheit

Die erste Inkonsequenz der Rspr. ist so offensichtlich, dass man sie überhaupt nicht betonen muss. Während die Rspr. die Abkopplung des Tatbegriffs vom materiell-rechtlichen Konkurrenzverhältnis stets bestätigt, bejaht sie auch grds. die Formel „Tateinheit = eine prozessuale Tat". Aber wenn diese Formel zu unbefriedigenden Ergebnissen führt, verabschiedet sie sich von ihr. Das kann man in den *Unfallfluchtfällen*[508] klar sehen, wobei die Rspr. zwischen der ersten Straßenverkehrsgefährdung und der Unfallflucht stets eine prozessuale Tat bejaht hat, trotz Realkonkurrenz und abgesehen davon, dass dies nach natürlicher Betrachtungsweise eigentlich als einheitlicher Lebensvorgang anzusehen sein dürfte. Ferner hat die Rspr. bei Fallkonstellationen des Zusammentreffens des Dauerdelikts mit anderen Delikten, wobei man von der Tateinheit im materiell-rechtlichen Sinne ausgeht, zahlreiche Ausnahmen dieser Formel gebildet, vor allem bei den Organisationsdelikten.[509]

Gerade aufgrund der oben genannten Unbestimmtheit des natürlichen Tatbegriffs kann die Rspr. diese Formel in allen Fällen anwenden. Wahrscheinlich ist dies der Grund, warum die Rspr. ihren Begriff vage und unbestimmt lässt. Die Inkonsequenz zeigt sich deutlich bei dem Umstand, dass einerseits Abstände von wenigen Stunden das einheitliche Geschehen zerreißen, wohingegen in anderen Fällen, nämlich Fällen der Tatersetzung,[510] Abstände von mehreren Monaten die Tateinheit nicht sprengen. Auch in Fällen von mehreren Abtreibungsversuchen und Kindstötung hat der BGH in BGHSt 13, 21 ff. Realkonkurrenz und folglich zwei selbstständige prozessuale Taten angenommen, aber in BGHSt 10, 291 ff. hat er die Tateinheit i.S.d. materiellen Strafrechts bejaht. Bei Fällen von alternativen Sachverhalten hat die Rspr. die Formel „Tateinheit = eine prozessuale Tat" auch nicht immer angewendet. Sie hat einmal eine prozessuale Tat zwi-

---

507 S. auch *Bertel*, I., C., 4., S. 48; *Beulke*, in: FG 50 Jahre BGH IV (Hrsg. Canaris u.a.), S. 781, 794; *Büchner*, Erstes Kapitel, I., 3., S. 28, Fn. 3; *Herzberg*, JuS 1972, 113, 114; *Tiedemann*, S. 38 f.; *Schwinge*, ZStW 1932, 203, 221; s. auch Kapitel G., I., 3.

508 BGHSt 23, 141 ff.; 23, 270 ff.; 24, 185 ff.

509 S. oben II., 2., b) und c).

510 Zur Problemdifferenzierung s. Kapitel A., II., 2. und Kapitel G., I., 1.

schen Diebstahl und Hehlerei angenommen, ein andermal aber zwei selbstständige Taten.[511]

b) Bei fortgesetzten Delikten

Die Inkonsequenzen bei der Anwendung des Tatbegriffs sind besonders bei den fortgesetzten Delikten bedenklich. Erstens ist es völlig klar, dass die fortgesetzten Delikte, die aus mehreren selbstständigen Handlungen bestehen, nach natürlicher Betrachtung mehrere selbstständige Vorgänge darstellen. Aus juristischen Gründen sind sie jedoch als eine Handlung und eine Straftat, deshalb als eine prozessuale Tat angesehen – jedenfalls vor dem Erlass des Beschlusses des Großen Senats im Jahr 1994.[512] Das zeigt sich wiederum darin, dass der natürliche Tatbegriff mit der Formel „Handlungseinheit = eine prozessuale Tat" auf keinen Fall vereinbar ist

Zudem hält die Rspr. den von ihr selbst gebilligten und heute weithin unumstrittenen Grundsatz der Erschöpfung der Tat nicht ein, wobei die Gesamtheit der Tat in allen ihren rechtlichen und tatsächlichen Erscheinungsformen bedeutend sein sollte – gleichviel ob sie nun dem Gericht bekannt ist oder bekannt sein könnte oder ob sie im Urteil berücksichtigt oder unberücksichtigt ist. Sie lässt die erneute Strafverfolgung wegen der nicht in die Entscheidung einbezogenen, unbekannt gebliebenen Einzelakte zu

Die Position der Rspr. ist nichts anderes als Willkür. „Eine abstrakte Norm, deren Geltung von Fall zu Fall wechseln soll, ist aber ‚kein Recht' auch ‚keines minderen Grades', sondern ‚Willkür' im Sinne Stammlers ... ."[513]

3. Verzicht auf materielle Gerechtigkeit

Ein kritischer Einwand gegen den Tatbegriff der Rspr. liegt darin, dass der Tatbegriff nicht selten zu einem der Gerechtigkeit zuwiderlaufenden, unannehmbaren Ergebnis führe.[514] Niemand kann leugnen, dass Situationen, in welchen der wegen Schießens an bewohnten Orten (§ 367 I Nr.8 StGB a.F.) Verurteilte nicht mehr wegen Totschlags verfolgt werden kann oder der wegen Nichtanzeige des geplanten Verbrechens Freigesprochene nicht mehr wegen Anstiftung zum Mord verfolgt werden kann, ungerecht sind. Der Täter bekommt ein vollkommen unverständliches und unerträgliches Privileg. *Herzberg*[515] resümiert, dass

511 S. oben II., 5.

512 BGH 3. 5. 1994 - GSSt 2/93, GSSt 3/93, BGHSt 40, 138 ff.

513 Goldschmidt, S. 152.

514*Büchner*, Erstes Kapitel, I., 4., b), S. 54 ff.; *Herzberg*, JuS 1972, 113, 114.

515 *Herzberg*, JuS 1972, 113, 114.

die Ergebnisse unbefriedigend und kriminalpolitisch kaum akzeptabel sind. *Oehler*[516] spricht von offensichtlichen Fehlentscheidungen. Auch das RG[517] sprach hier selbst von einem unerfreulichen Ergebnis.

Skeptisch ist der Einwand, weil nach der Auflösung des Spannungsverhältnisses die materielle Gerechtigkeit gegenüber der Rechtssicherheit zurücktreten muss, die dem Grundsatz „*ne bis in idem*" zugrunde liegt.[518] Es widerspräche dem Sinn des Vorrangs der Rechtssicherheit, wenn diesich aus der Anwendung des Art. 103 III GG ergebende Konsequenz korrigiert wird, weil sie dem Gerechtigkeitsempfinden zuwiderläuft.[519] Der Einwand ist damit abzulehnen.

4. Übersehen der Problemdifferenzierung der Tatausweitung und der Tatersetzung

Wie am Anfang bereits erwähnt[520] müssen die Probleme des Tatbegriffs in nach verschiedenen Gruppen unterschieden werden: *Tatausweitung* und *Tatersetzung*. Ohne die Differenzierung kann das erwünschte Ergebnis nicht gefunden werden, da diese zwei Probleme unterschiedlicher Natur sind. Bei der Tatausweitung geht es um die Größe des Geschehensabschnitts, der unter den Begriff ein und derselben Tat fällt. Zum Problem der Tatausweitung gehören u.a. auch Fälle von Realkonkurrenz, wobei man nicht einfach sagen kann, dass immer zwei prozessuale Taten vorliegen. Häufiger besteht zwischen realkonkurrierenden Tatbeständen ein besonderer Zusammenhang, sodass sie in einem Verfahren erledigt werden müssen. Aus diesem Grund ist es stets problematisch, wenn man z.B. die Fälle des Übergangs von der Hehlerei zum Diebstahl mit dem herkömmlichen Tatbegriff behandelt. Bei der Tatersetzung geht es hingegen darum, ob es noch dieselbe Tat bleibt, wenn das ursprüngliche Ereignis durch das zu ergänzende Ereignis ersetzt wird. Hier stellen sich stets zwei gesetzliche Beschreibungen der Tatbestände, die nebeneinander undenkbar sind und deshalb deren Verbindung zu einer Tat unmöglich ist.

Leider übersieht die Rspr. die Notwendigkeit der Problemdifferenzierung und glaubt stets daran, dass zwei unterschiedliche Probleme nur durch ihren natürlichen Tatbegriff gelöst werden können. Gewiss führt der Tatbegriff der Rspr.

---

516 *Oehler*, FS-Rosenfeld, 139, 144.

517 RGSt 70, 26, 30 f.

518 S. Kapitel C., III., 3.

519 Vgl. *Cording*, 5. Teil, B., IV., 2., i), S. 198 f.; *Fezer*, in: Rechtsdogmatik (Hrsg. Schmidt), S. 125, 130; *Herzberg*, JuS 1972, 113, 120; *Wolter*, GA 1986, 143, 155; s. auch Kapitel G., I., 5.

520 S. Kapitel A., II., 2.

zu einem undurchsichtigen Ergebnis und deshalb muss die Rspr. ein anderes Kriterium anwenden, nämlich das Kriterium der Rechtsgutsverletzung.[521] Dieses Kriterium ist zwar begrüßenswert. Jedoch muss man es bei der richtigen Problemgruppe anwenden; der Tatersetzung und, nicht bei der Tatausweitung.

521 S. bes. BGHSt 32, 215 ff.

Kapitel E. Tatbegriff der deutschen Literatur

Trotz der seit über 100 Jahren bestehenden erstaunlichen Kontinuität in der Rspr. der höchsten deutschen Gerichte gehen die Meinungen über den prozessualen Tatbegriff in der juristischen Lit. nach wie vor sehr weit auseinander.

I. Befürworter der Uneinheitlichkeit des Tatbegriffs

1. Ansatzpunkte

Entgegen der überwiegenden Auffassung der Rspr. und der Lit. vertreten einige Autoren die Ansicht, der Tatbegriff der Rechtskraft solle enger gefasst werden als der Tatbegriff der Rechtshängigkeit. Zu nennen sind hier vor allem *Büchner*[522], *Krauth*[523], *Marxen*[524] und *Peters*[525].

Nach *Peters* soll der Tatbegriff bei der Rechtshängigkeit enger gefasst werden als bei der Rechtskraft. Er beruft sich auf die Dynamik des Prozesses. Der Gegenstand des Strafverfahrens sei das Geschehnis, das in einer sich ständig ändernden Sicht aufleuchte. Die Tat, die am Anfang die überwiegende Bedeutung habe, werde am Ende ihrer Auflösung zugeführt, während die Persönlichkeit des Täters immer stärker hervortrete. Dieser dynamische Charakter des Strafverfahrens spreche gegen eine einheitliche Begriffserfassung.[526] Laut *Peters* richtet sich der Umfang des Strafklageverbrauchs nur auf die Richtung des Tätigkeitsaktes.[527]

Auch *Büchner* stellt auf die unterschiedliche Tatbegriffe in den unterschiedlichen Prozessstadien ab. Begründet wird dies mit den unterschiedlichen Grundlagen und unterschiedlichen Funktionen des Tatbegriffs in den verschiedenen Prozessstadien. Die Grundlage der rechtlichen Entscheidungen sei das dem Gericht von der Anklage unterbreitete tatsächliche Geschehnis. Dieses Geschehnis könne aber nicht selbst Bezugspunkt der Sperrwirkung sein, da die materielle Rechtskraft nach ihrer Funktion, die Unabänderlichkeit und Maßgeblichkeit des

522 *Büchner,* Zweites Kapitel, 5., S. 112.
523 *Krauth,* Kleinknecht-FS, 215, 232 f.
524 *Marxen,* StV 1985, 472, 477.
525 *Peters*, Strafprozess, § 36, I., II., S. 278 ff.
526 *Peters*, Strafprozess, § 36, I., II., S. 278 ff.
527 *Peters*, Strafprozess, § 54, II., 3. b), bb), S. 508 ff.

Inhalts einer gerichtlichen Entscheidung zu sichern, gerade an die rechtliche Beurteilung anknüpfe.[528]

Zu den Befürwortern der Uneinheitlichkeit des Tatbegriffs gehört auch *Krauth*. Er befasst sich mit den Fällen des Zusammentreffens des Organisationsdelikts mit anderen idealkonkurrierenden, schwereren Delikten. Seine These basiert überwiegend auf dem Grundsatz des Vertrauensschutzes. Die Voraussetzung dafür, dass sich sagen ließe, der Angeklagte habe nicht darauf vertrauen dürfen, mit seiner rechtskräftigen Aburteilung sei auch eine nicht berücksichtigte Außentat erledigt, sei, dass die Tathandlung dem Angeklagten in der Anklage nicht vorgeworfen werde und dass sie tatsächlich in der Hauptverhandlung nicht Gegenstand der Untersuchung war.[529] Stehe mit dem Urteil des Tatrichters fest, dass er sich mit dem Verhalten des Täters, das die anderen Delikte ausmacht, tatsächlich nicht befasse, dann entfalte das Urteil nicht die Wirkung des Strafklageverbrauchs für diese anderen Delikte.[530]

Marxen stellt seine Ansicht auf das Verteidigungsinteresse des Angeklagten ab. Die Verteidigungsinteressen des Angeklagten werden in einem rechtshängigen Verfahren besser durch einen engen Tatbegriff, nach Rechtskraft des Urteils dagegen besser durch einen weiten Tatbegriff gewahrt.[531] Das Kriterium der Handlungsrichtung könne dazu beitragen, die Reichweite der Rechtskraft sinnvoll zu begrenzen. Der darin enthaltene Rechtsgutaspekt ermögliche eine angemessene Berücksichtigung des Gedankens materieller Gerechtigkeit. Bei der Reichweite der Kognitionspflicht unterstützt *Marxen* den traditionellen natürlichen Tatbegriff.[532]

2. Stellungnahme

Gegen diese Auffassung lässt sich vieles einwenden.[533] Die entscheidenden Einwände zeigen die systematischen und teleologischen Auslegungen der damit zusammenhängenden Normen.

Der Grundsatz *„ne bis in idem"* ist Ausfluss der materiellen Rechtskraft und bezieht sich damit unmittelbar auf den Kognitionsgegenstand. Alles, was nach § 264 StPO Urteilsgegenstand ist, erwächst auch in materielle Rechtskraft. Was bereits abgeurteilt ist, darf aber nicht noch einmal abgeurteilt werden. Die Straf-

---

528 *Büchner,* Zweites Kapitel, 5., S. 112.

529 *Krauth,* Kleinknecht-FS, 215, 229.

530 *Krauth,* Kleinknecht-FS, 215, 232 f.

531 *Marxen,* StV 1985, 472, 476.

532 *Marxen,* StV 1985, 472, 477.

533 S. auch Kapitel. B., I., 7, m.w.N.

klage kann unmöglich in einem weiteren Umfang verbraucht sein, als das entscheidende Gericht das Recht gehabt hätte, ein strafbares Verhalten zum Gegenstand des Verfahrens und Urteils zu machen. Erwächst es in geringerem Umfang in Rechtskraft, als der Kognitionsgegenstand, könnte der Beschuldigte nicht mit dem rechnen, was ihm noch zugerechnet würde. Erwächst es in größerem Ausmaß in Rechtskraft, gäbe es straffreie Räume.[534]

Der Grundsatz *„ne bis in idem"*, der Art. 103 III GG zugrunde liegt, dient dem Schutz des Angeklagten und des Rechtsfriedens der Allgemeinheit, indem er ein zweites Verfahren in derselben Sache verhindert. Der Staat hat durch seine Strafverfolgungsorgane das Recht und die Pflicht, die angeklagte Tat umfassend zu erforschen. Zum Ausgleich dafür bindet er sich durch die Rechtskraft eines Urteils an sein Recht und seine Pflicht. Eine solche Bindung ist dadurch gekennzeichnet, dass das Gericht die unbekannt gebliebenen Ereignisse in einem späteren Prozess nicht ohne weiteres miteinbeziehen darf. Es darf nicht zu Lasten des Verurteilten gehen, wenn das Gericht eine Strafbarkeitsmöglichkeit übersehen hat. Deshalb muss der Umfang der Sperrwirkung zwangsläufig mit dem der Klageumgestaltungsbefugnis gleichgesetzt werden.[535]

Peters' Argument der Prozessdynamik überzeugt auch nicht. Ein angeklagtes strafbares Verhalten kann zwischen Anklage und Urteil nicht verlorengehen. Ebenso findet zwischen Urteilsfindung und Eintritt der Rechtskraft gemäß der StPO gar keine Prozessdynamik statt.

II. Rechtsgutsverletzungs- oder Bewertungstheorien

1. Ansatzpunkte

Die Gemeinsamkeit der Rechtsgutsverletzungstheorien liegt im Ausgangspunkt, dass eine lediglich natürliche Grundlage dem Tatbegriff nicht gerecht wird. Vielmehr können Inhalt und Umfang der prozessualen Tat nur unter Heranziehung normativer Kriterien bestimmt werden. Die Faustregel dieser Theorien ist einfach darzustellen: „Tat = Straftat". Demgemäß können bei einer natürlichen Handlung zwei prozessuale Taten angenommen werden.[536] Vertreter dieser The-

---

534 *Cording*, 5. Teil, B., IV., 2., j), S. 199 f.

535 *Cording*, 5. Teil, B., IV., 2., j), S. 199 ff.; *Detmer*, Erster Teil, E., III., 3., S. 98 ff.; *Fezer*, in: Rechtsdogmatik (Hrsg. Schmidt), S. 125, 129 f.; *Oehler*, Rosenfeld-FS, 139, 141; *Schöneborn*, MDR 1974, 529, 530 f.; *Wolter*, GA 1986, 143, 155.

536 *Bertel*, S. 171; *Geerds*, S. 411.

orien sind vor allem *Baumann,*[537] *Bertel,*[538] *Geerds,*[539] *Gössel,*[540] *Henkel,*[541] *Hruschka,*[542] *Liu,*[543] *Marxen,*[544] *Peters*[545] *und Wegscheider*[546].

Hruschka führt ausdrücklich an, dass eine Tat als historisches Ereignis überhaupt niemals ohne Zuhilfenahme materieller Bewertungen bestimmt werden kann.[547] Eine mögliche Definition der Tat müsse die Funktion des materiellen Strafrechts bei der Herausarbeitung des konkreten Rechtsfalles mitberücksichtigen. Maßgebend sei der rechtliche Kern eines auch nach Raum, Zeit und Tatgegenstand festlegbaren Vorganges;[548] denn dieser Kern macht die eigentliche Qualität des sonst bedeutungslosen tatsächlichen Sachverhalts aus. In Zweifelsfällen komme es auf einen wertenden Vergleich zwischen den in Betracht gezogenen Tatbeständen an.[549] Was man unter dem rechtlichen Kern eines Vorgangs verstehe, könne man von den Grundlagen der rechtsethischen und psychologischen Gleichwertigkeit der Straftaten ableiten. Immer wenn der vom ersten Gericht angenommene Tatbestand mit dem im zweiten Verfahren angenommenen rechtsethisch gleichwertig sei, handle es sich um dieselbe Tat.[550]

Aus der These *Hruschkas* ergeben sich die erwünschten Ergebnisse. Sei der Täter etwa wegen fahrlässiger Tötung verurteilt worden, dann sei ein neues Verfahren unzulässig, wenn der Verdacht vorsätzlicher Tötung aufkomme.[551] Diese These führt aber in anderen Fällen zu einem unstimmigen Ergebnis: Hat die erste Verhandlung wegen verbotenen Schießens stattgefunden, wäre eine spätere Verurteilung wegen vorsätzlicher oder fahrlässiger Tötung nicht ausgeschlossen, denn hier hat das erste Gericht den wesentlichen Aspekt des Geschehens nicht im Blick gehabt.

---

537 *Baumann,* S. 117.
538 *Bertel,* S. 134 ff., 173.
539 *Geerds*, S. 397 ff.
540 *Gössel,* JR 1982, 111 ff.
541 *Henkel,* Strafverfahrensrecht, § 100, III., 1., b. und d., S. 387 ff.
542 *Hruschka,* JZ 1966, 700 ff.
543 *Liu,* S. 68 f.
544 *Marxen,* StV 1985, 472, 477.
545 *Peters,* Strafprozessrecht, § 54, II., 3., b), bb), S. 508 f.; ihm folgend *Jescheck*, JZ 1957, 29, 30.
546 *Wegscheider,* 1. Teil, 5. Abschnitt, 9. Kapitel., VII.,S. 133
547 *Hruschka*, JZ 1966, 700, 701, 702.
548 *Hruschka,* JZ 1966, 700, 703.
549 *Hruschka*, JZ 1966, 700, 701, 703.
550 *Hruschka*, JZ 1966, 700, 701, 703.
551 *Hruschka*, JZ 1966, 700, 703.

Auch *Bertel* greift den Gedanken, dass die prozessuale Tat nach der Rechtsgutsverletzung zu bestimmen ist, wieder auf. Der Unterschied zwischen ihm und anderen Vertretern der Rechtsgutsverletzungstheorien liegt darin, dass er unter Identität der Rechtsgutsverletzung nicht nur Identität des verletzten Rechtsguts, sondern auch *Identität der Verletzung* versteht.[552] Mit Identität der Verletzung sei Identität der Verletzungshandlung gemeint, die eigentlich eine natürliche Komponente ist.[553] *Bertel* geht nämlich davon aus, dass die Anklage und das Urteil, wenn sie von der Verletzung desselben Rechtsguts handeln, nicht notwendigerweise ein und dieselbe Verletzung betreffen, denn sie könnten verschiedene Verletzungen dieses Rechtsguts betreffen. Ist der Beschuldigte wegen Mords angeklagt und verurteilt worden, besteht die Identität der Verletzung aber nur, wenn die Anklage und das Urteil ein und denselben, und nicht etwa verschiedene Morde betreffen.[554] D.h., wie *Bertel* selbst auch einräumt, es komme darauf an – jetzt ist es nicht mehr normativ –, ob die Sachverhaltselemente, welche die Rechtsgutsverletzung hier und dort individualisieren, soweit übereinstimmen, dass man Anlass hat, nur an eine Verletzung dieses Rechtsguts zu denken, oder ob diese Sachverhaltselemente so voneinander abweichen, dass der Gedanke an zwei verschiedene Rechtsgutsverletzungen näher liegt.[555] Deswegen wollte *Bertel* trotz der Gleichheit des Rechtsguts zwei Taten annehmen, wenn die Tatzeit und der Tatort so weit auseinander liegen und die Individualität des Geschädigten und des Tatobjekts so unterschiedlich sind, dass zwei verschiedene Delikte bestehen könnten.[556]

Mit seiner Theorie vermag er zu Recht eine prozessuale Tat bejahen, wenn der Täter durch eine Ohrfeige statt durch ein Beinstellen einen bestimmten schweren körperlichen Schaden verursacht. Nicht anders steht es, wenn sich der Angeklagte wegen Beihilfe statt täterschaftlicher Begehung schuldig gemacht hat. Außerdem ist die Anklage nicht überschritten, wenn die qualifizierenden Umstände erst in der Hauptverhandlung eintreten. Ähnlich ist es auch mit dem Verhältnis zwischen Versuch und Vollendung und zwischen Fahrlässigkeit und Vorsatz.[557]

In Fällen des Übergangs von Diebstahl zur Hehlerei oder umgekehrt kommt *Bertel* zum erwünschten Ergebnis aber mit der unbefriedigenden Begründung, dass eine prozessuale Tat vorliege, weil die Hehlerei eigentlich nur die Qualifi-

---

552 *Bertel*, III., A., 3., S. 140 f.

553 Vgl. auch *Detmer*, Zweiter Teil, A., III., 1., S. 177.

554 *Bertel*, III., A., 3., S. 140 f.

555 *Bertel*, III., A., 3., S. 142.

556 *Bertel*, III., C., S. 157 f.

557 *Bertel*, III., B. 3., S. 143 f.

kation derselben Rechtsgutsverletzung darstelle.[558] Dennoch nimmt *Bertel* in Fällen, in denen ein Zeuge in zwei verschiedenen Verfahren sich einander widersprechende Aussagen macht, ohne Begründung an, dass diese gleich behandelt werden, wie auch in Fällen, in denen der Angeklagte zum selben Beweisthema in mehreren Verfahren dieselbe falsche Aussage macht. Hier liegen also mehrere selbstständige Taten vor.[559]

Peters bestimmt die Identität der Tat nicht nur nach der bloßen Tätigkeit, sondern auch nach der *Richtung des Tätigkeitsakts* bzw. nach dem *Kerngehalt* eines Vorgangs. Die Richtung des Tuns hebe äußerlich gleiche Vorgänge voneinander derart ab, dass sie sich in ihrem Kerngehalt unterscheiden. *Peters* meint, es sei etwas anderes, ob man in die Luft, auf einen Hasen oder auf einen Menschen schieße. Die Betrachtung nur des äußeren Vorgangs bzw. nur des Schießens wäre eine reine Oberflächenschau, während die Rechtsordnung eine bewertende Ordnung ist.[560] *„Wer nur das Schießen beurteilt, beurteilt nicht das Töten eines Menschen“*[561] Zu bemerken ist der weitere Satz *Peters*. *„Dieser Satz gilt freilich nicht umgekehrt. Wer das Töten beurteilt, beurteilt zwangsläufig auch das Schießen. Das Mehr umfasst das Weniger.“*[562]

2. Stellungnahme

Auf den ersten Blick scheinen die Rechtsgutsverletzungstheorien plausibel, da sie die vom Tatbegriff der Rspr. verursachte, materielle Ungerechtigkeit lösen können, sie sind aber in der Tat eine unhaltbare Lösung, die abzulehnen ist. Häufig führen sie wieder zu den der materiellen Gerechtigkeit widersprechenden Ergebnissen. Nach diesen Theorien würde ein rechtskräftig abgeschlossenes Verfahren wegen fahrlässiger Tötung oder fahrlässiger Körperverletzung den Mörder vor erneuter Verfolgung nicht schützen. Dies würde den Grundsatz *„ne bis in idem“* erheblich verletzen, besonders den davon abgeleiteten Grundsatz des Vertrauensschutzes, dessen Sinn es ja gerade ist, dem Verurteilten die Gewissheit zu geben, dass sein äußeres Verhalten nicht abermals beurteilt wird, auch nicht unter anderen rechtlichen Gesichtspunkten.[563] Die Entstehungsge-

558 *Bertel*, III., C., S. 160.
559 *Bertel*, III., C., S. 158 f.
560 *Peters*, Strafprozessrecht, § 54, II., 3., b), S. 507 ff.
561 *Peters*, Strafprozessrecht, § 54, II., 3., b), bb), S. 509.
562 *Peters*, Strafprozessrecht, § 54, II., 3., b), bb), S. 509.
563 S. auch *Cording*, 5. Teil, B., IV., 1., e), S. 185 f.; *Herzberg*, JuS 1972, 113, 117; *Neuhaus*, Zweiter Teil, Kapitel VIII., F., S. 128; *Wolter*, GA 1986, 143, 160.

schichte der RStPO und die Motive der StPO zeigen deutlich, dass man die prozessuale Tat als *crimen* ablehnt.[564]

Aus den strengen Rechtsgutsverletzungstheorien folgt das vollkommen unannehmbare Ergebnis in den Fällen, in denen T beispielweise wegen Totschlags des O zu einer langjährigen Freiheitsstrafe rechtskräftig verurteilt wird. In Wirklichkeit hält sich O versteckt. Als T entlassen wird, bringt er O tatsächlich um. Die Vertreter der Rechtsgutsverletzungstheorien, abgesehen von *Bertel*, müssen wegen der Gleichheit der Rechtsgutsverletzung eine Tat annehmen, sodass das Verfahren gegen T wegen des nun wirklich begangenen Totschlags unsachgerechter Weise unmöglich ist.

Außerdem stehen die Rechtsgutsverletzungstheorien im Widerspruch mit geltendem Wiederaufnahmerecht. Das deutsche Wiederaufnahmerecht kennt die Wiederaufnahme des Strafverfahrens aufgrund der neuen Tatsachen und Beweismittel nur zugunsten des Angeklagten. Würde nach dem rechtskräftigen Urteil wegen Schießens an bewohnten Orten (§ 367 I Nr.8 StGB a.F.) das Strafverfahren wegen versuchten Mordes durchgeführt, weil die böse Absicht erst jetzt bewiesen werden kann, würde aufgrund der neuen Tatsachen und Beweismittel die Tür zur Wiederaufnahme zuungunsten des Angeklagten geöffnet, was der Grundsatz *„ne bis in idem"* gerade verbietet.[565]

Des Weiteren sprechen die Rechtsgutsverletzungstheorien gegen den prozessökonomischen Aspekt, da sie zu eng sind. Aufgrund der Gleichsetzung der Tat und der Rechtsgutsverletzung muss jede einzelne Rechtsgutsverletzung als selbstständige prozessuale Tat angesehen werden. So muss jeder Einbruchsdiebstahl nach § 243 I 1 StGB i.d.R. in drei prozessuale Taten zerfallen, einmal in die Verletzung des Hausrechts (§ 123 StGB), dann die Verletzung des Eigentums durch Sachbeschädigung (§ 303 StGB) und schließlich die Verletzung des Eigentums durch Wegnahme (§ 242 StGB).[566]

Auf der anderen Seite sind die Rechtsgutsverletzungstheorien beim fehlenden zeitlichen und örtlichen Zusammenhang zu weitreichend, da sie zu einer unhaltbaren Ausdehnung des prozessualen Tatbegriffs führen. Selbst bei Einheitlichkeit der Rechtsgutsverletzung würden auch solche Vorgänge eine Tat bilden, die zeitlich und räumlich fernliegen. Es könnte ohne Nachtragsanklage z.B. eine Hehlerei alternativ oder kumulativ in den Diebstahlsprozess eingeführt werden,

---

564 S. oben Kapitel A., II., 1. und Kapitel G., I., 3.

565 S. auch *Detmer*, Zweiter Teil, S. 180; *Herzberg*, JuS 1972, 113, 117; *Radtke*, Erster Kapitel, B., V., 2., e), S. 130.

566 Vgl. *Büchner*, Erstes Kapitel, II., 2., b), bb., S. 76 f.; *Neuhaus*, Zweiter Teil, Kapitel VIII., H., S. 127.

die Monate oder Jahre später stattgefunden hat. Dies verletzt besonders das Anklageprinzip.[567]

Da die Begriffe der rechtsethischen und psychologischen Gleichwertigkeit noch unsicher sind, so dass Rechtsunsicherheit und Rechtsunklarheit entstehen können, zieht diese Gleichwertigkeit außerdem die scharfe Kritik zur Theorie *Hruschkas* nach sich.[568]

Schließlich stehen die Rechtsgutsverletzungstheorien den Vorschriften im OWiG entgegen. § 84 II S. 1 OWiG regelt, dass die Rechtskraft einer gerichtlichen Entscheidung über eine Tat als Ordnungswidrigkeit auch ihrer späteren Verfolgung als Straftat entgegensteht. Das bedeutet, dass die abweichende Betrachtung des Unrechtsgehalts keine Rolle bei der Sperrwirkung spielt. Gleichgültig, ob ein Vorgang als Ordnungswidrigkeit oder als Straftat betrachtet wird, kann er nicht erneut verfolgt werden.[569] Außerdem besagt der Umkehrschluss des § 85 III S. 2 OWiG, Spezialvorschriften zu § 362 StPO, dass ein Wiederaufnahmeverfahren, in dem ein Vergehen als Verbrechen verfolgt wird, im Regelverfahren nicht gewollt ist.[570]

III. Handlungstheorien

1. Ansatzpunkte

Die sog. Handlungstheorien übernehmen ausdrücklich den materiell-rechtlichen Handlungsbegriff und bejahen die prozessuale Tateinheit immer und nur bei Handlungseinheit im materiell-rechtlichen Sinne. Die Vertreter dieser Auffassung sind vor allem *Behrendt,*[571] *Herzberg,*[572] *Oehler,*[573] und *Tiedemann*[574]. Allerdings besteht keine Einigkeit darüber, inwieweit dieser materiell-rechtliche Bezugspunkt auf das Prozessrecht übertragen werden darf. *Oehler* meint, der Ausgangspunkt des Grundsatzes *„ne bis in idem“* müsse die Handlung bzw.

---

567 *Wolter*, GA 1986, 143, 160 f.

568 *Neuhaus*, Zweiter Teil, Kapitel VIII., H., S. 135.

569 *Detmer*, Erster Teil, D., III., S. 73; *Herzberg*, JuS 1972, 113, 117; *Grünwald*, in: Teheran-Beiheft der ZStW 1974 (Hrsg. Jescheck), S. 94, 114; *Tiedemann*, S. 45; *Wolter*, GA 1986, 143, 160.

570 *Detmer*, Erster Teil, D., III., S. 73; *Grünwald*, in: Teheran-Beiheft der ZStW 1974 (Hrsg. Jescheck), S. 94, 114; *Herzberg*, JuS 1972, 113, 117; *Wolter*, GA 1986, 143, 160.

571 *Behrendt*, ZStW 1982, 888, 910 ff.

572 *Herzberg*, JuS 1972, 113, 118.

573 *Oehler,* Rosenfeld-FS, 139, 148, 150 f.; *ders.,* Schröder-GS, 439, 446 f.

574 *Tiedemann,* S. 46 f.

„Handlungssubstanz“ sein, er lehnt aber die Deckungsgleichheit des materiellrechtlichen Handlungsbegriffs und des prozessualen Tatbegriffs ab, da die beiden Begriffe unterschiedlichen Zwecken dienen. Er weist die Theorien von der Rechtsgutsverletzung ausdrücklich zurück. Hätte der Bezugspunkt der teilweisen Rechtsgutsverletzung für die Identität genügt, dann wäre § 265 II StPO überflüssig gewesen, denn das qualifizierte Delikt verletzt ohnehin das Rechtsgut des einfachen Delikts. Aus dieser Vorschrift genüge dagegen die teilweise Überschneidung der Handlung, eine Tat anzunehmen, denn beide Sachverhalte ohne und mit besonders erhöhenden Umständen decken sich ja zum Teil.[575]

Nach *Oehler* bedeutet die Handlung das angeklagte oder abgeurteilte rechtlich geordnete äußere Geschehen, das einen festen, in sich abgeschlossenen Tatkomplex bildet, hinter dem ein einheitlicher Wille des Handelnden steht.[576] Durch diese Definition vermag er eine prozessuale Tat beim Übergang von fahrlässiger Körperverletzung zur schweren Körperverletzung, oder von besonders privilegierten zu qualifizierten Erscheinungsformen und umgekehrt, oder von Versuch zu Vollendungzu bejahen. Bei den problematischen Fällen der Beteiligungsformen kann eine Tat auch vorliegen, wenn zwei Tatbestandsstücke sich untereinander decken. Deshalb liege nach ihm eine andere Tat vor, wenn der Angeklagte nicht Wache gestanden hat, sondern selbst mit eingedrungen ist und etwas gestohlen hat, da die Handlung ein *aliud* darstelle.[577]

Laut *Oehlers* Theorie kann der wegen Nichtanzeige des Mordes seines Kindes Freigesprochene noch einmal wegen Anstiftung desselben Mords angeklagt werden, da kein Handlungsstück des einen Deliktes Teil des anderen ist. Ähnlich ist es beim Fall von Abtreibung und Tötung des dadurch vorzeitig geborenen Kindes.[578] Ebenso liegen zwei Taten beim Verhältnis von Diebstahl und Hehlerei vor. Generell müsse der Diebstahl zunächst aufhören, dann erst kann die Hehlerei beginnen,[579] es sei denn, dass der Täter die Sache zur bestimmten Zeit und am bestimmten Ort nicht weggenommen, sondern im Zuge der Hehlerei an sich gebracht hat. Dann liegt eine Tat vor.[580]

Seltsamerweise stellt *Oehler* in einigen Fällen nicht mehr auf die Handlungssubstanz ab. Hinsichtlich der fortgesetzten Handlung meint *Oehler*, dass kein Einzelakt in sich selbstständig ist. Dieser hängt vielmehr vom Gesamtvor-

575 *Oehler*, Rosenfeld-FS, 139, 148, 150 f.; *ders.*, Schröder-GS, 439, 446 f.

576 *Oehler*, Schröder-GS, 439, 448.

577 *Oehler*, Rosenfeld-FS, 139, 149.

578 *Oehler*, Schröder-GS, 439, 448.

579 *Oehler*, Rosenfeld-FS, 139, 149 f.

580 *Oehler*, Schröder-GS, 439, 448.

satz ab. Deshalb muss hier eine prozessuale Tat angenommen werden.[581] Oder in Fällen, in denen der schwerwiegendere Erfolg erst nach dem rechtskräftigen Urteil eintritt, meint er, was nach dem Urteilsspruch passiere, könne prozessual nicht berücksichtigt werden und müsse zu einer zusätzlichen Gestaltung fähig sein.[582]

Herzberg schließt sich der Meinung *Oehlers* an und geht davon aus, die richtige Lösung liege darin, dass man dem natürlichen Tatbegriff der h.M. engere und präzisere Grenzen ziehe.[583] Im Gegensatz zu *Oehler* vertritt *Herzberg* zu Recht die Ansicht, wenn man die Fälle der fortgesetzten Handlung ausklammere, so seien die Begriffe der prozessualen Tat und der materiell-rechtlichen Handlung deckungsgleich. Dass die Annahme einer Tat in Fällen der fortgesetzten Handlung stets anstößig sei, liege daran, dass die fortgesetzte Handlung den Kern der materiell-rechtlichen Handlungseinheit überschreite. Das ergebe sich daraus, dass die fortgesetzte Handlung aus praktischen Gründen entstanden sei, wobei dies mehr Nachteile nach sich ziehe als Vorteile[584], sodass diese Rechtsfigur abgeschafft wurde. Die Deckungsgleichheit von Tatbegriff und Handlungsbegriff wird damit begründet, dass beide Begriffe menschliche Aktivitäten aus strafrechtlichen Aspekten eingrenzen.[585]

Nach *Herzberg* sind mehrere Taten anzunehmen, wenn beide Verhalten nicht zu einer Handlungseinheit verknüpft sind: zwischen den Einzelakten eines fortgesetzten Delikts, zwischen der Tötung eines Kindes und den vorausgegangenen Abtreibungsversuchen, zwischen der Flucht vom Unfallort und der Herbeiführung des Unfalls, zwischen dem Mitwirken bei der Wegnahme fremder Sachen und vorheriger Beihilfe oder späterem Ankaufen der Diebesbeute, zwischen dem Nichtanzeigen eines geplanten Mordes und der Anstiftung zu eben diesem Mord.

2. Stellungnahme

Man könnte denken, dass die Handlungstheorien im Allgemeinen einen großen, entscheidenden Vorteil haben, da die Deckungsgleichheit des materiell-rechtlichen Handlungsbegriffs und des prozessualen Tatbegriffs die hohe An-

581 *Oehler*, Rosenfeld-FS, 139, 156.

582 *Oehler*, Rosenfeld-FS, 139, 156 f.

583 *Herzberg*, JuS 1972, 113, 117.

584 *Herzberg*, JuS 1972, 113, 118; s. auch oben Kapitel D., II., 1., b), cc).

585 *Herzberg*, JuS 1972, 113, 118.

wendungssicherheit bietet, wodurch sich die Orientierungssicherheit realisiert.[586] In der Tat ist jedoch das Gegenteil der Fall. Gerade diese Deckungsgleichheit kann keine sachgerechte Lösung bringen, da man auch nicht leugnen kann, dass Handlung bzw. Handlungseinheit nicht unproblematisch sind, besonders beim abgeschafften fortgesetzten Delikt, natürlicher Handlungseinheit und dem Zusammentreffen des Dauerdelikts mit anderen Delikten. Die schwierigen, vielfach eindeutig nicht lösbaren, weitgehend umstrittenen Fragen der Konkurrenzlehre werden in den Prozess hineingetragen.[587]

Neuhaus lehnt mit Hilfe der §§ 155 II, 206, 207 II Nr.3, 264 I, 2. Hs., II, 265 StPO die Handlungstheorien ab und meint, die Handlungstheorien seien mit solchen Vorschriften nicht vereinbar.[588] Er meint, dass nach allen genannten Vorschriften der prozessuale Tatbegriff unabhängig vom materiell-rechtlichen Handlungsbegriff bestimmt werden müsse. Dem Einwand von *Neuhaus* ist nicht zuzustimmen. Alle diese Vorschriften meinen lediglich, dass das Gericht hinsichtlich der rechtlichen Fragen nicht an die Bewertung der StA gebunden ist, es hat die sog. *Subsumtionsfreiheit*. Es heißt nicht, dass der prozessuale Tatbegriff nicht deckungsgleich sein darf mit dem Handlungsbegriff. Ganz im Gegenteil ist die Gleichsetzung von beiden Tatbegriffen eine notwendige Folgerung aus dem materiellen Recht.[589]

Es wird außerdem behauptet, dass die Gleichsetzung vom materiellrechtlichen Handlungsbegriff und prozessualen Tatbegriff verfassungswidrig ist.[590] Denn BVerfGE 56, 22 ff. gebe die von der Rspr. selbst immer gehaltene These „Handlungseinheit = eine prozessuale Tat“ auf. Diese Behauptung ist wiederum abzulehnen. Wie unerträglich diese Entscheidung des BVerfG ist, braucht man nicht mehr betonen.[591]

Um sich dies vor Augen zu führen, stelle man sich vor, dass die Handlungstheorien unvermeidlich in Fällen scheitern, in denen es nicht darum geht, ob mehrere Straftaten zu einer Tat verbunden werden können. Wären die Vertreter der Theorien sich selbst treu geblieben, wäre dieselbe Tat direkt abgelehnt worden, wenn eine nur geringfügige Abweichung von der in der Anklage geschilderten Handlung bestanden hätte, z.B. Erwürgen statt Erstechen, da hier zwei

---

586 S. auch *Detmer*, Zweiter Kapitel, A., III., 2., S. 181; *Neuhaus*, Kapitel VIII., E., S. 119; *Radtke*, Erster Kapitel, V., 2., d), cc); S. 125.

587 Dies räumt *Herzberg* selbst ein, s. *Herzberg*, JuS 1972, 113, 120; s. auch *Neuhaus*, Kapitel VIII., E., S. 121; *Peters*, Strafprozessrecht, § 54, II., S. 507; S. oben Kapitel D., II.

588 *Neuhaus*, Kapitel VIII., E., S. 121; S. auch *Wolter*, GA 1986, 143, 158.

589 S. unten Kapitel G., II., 2., a), aa), m.w.N.

590 *Neuhaus*, Kapitel VIII, E., S. 122 f.; *Wolter*, GA 1986, 143, 157.

591 S. Kapitel B., II., 2., c), bb).

Handlungen vorliegen. Alle Prozessmaximen, nämlich Rechtsfrieden, Vertrauensschutz sowie Prozessökonomie wären dann verletzt worden. Aber beispielsweise auchFälle der Abweichung zwischen Diebstahl und Hehlerei oder von einer Beteiligungsform zur anderen müssten eigentlich noch im Rahmen der Kognitionspflicht des Gerichts bleiben.[592] Dies ist genau der Grund, warum die Handlungstheorien in Fällen der Tatersetzung von ihrer These abweichen müssen.

IV. Alternativitätstheorien

1. Ansatzpunkte

Die Vertreter der Alternativitätstheorien, *Schöneborn* und *Grünwald,* stellen auf die Alternativität der Handlungsvorgänge ab, sodass eine Tat immer dann vorliegen soll, wenn sich zwei Sachverhaltsvarianten alternativ gegenüberstehen.

Schöneborn entwickelt den Begriff aus dem Blickwinkel der prozessökonomischen Umgestaltungsmöglichkeiten des Strafgerichts.[593] Er lässt hier das Kriterium der notwendigen Aburteilung alternativer Handlungsvorgänge entscheiden. Stünde dem Gericht nicht die Befugnis zu, den von der StA unterbreiteten Lebensvorgang den Ergebnissen der Hauptverhandlung entsprechend unter anderen tatsächlichen oder rechtlichen Gesichtspunkten zum Gegenstand der Urteilsfindung zu machen, bestünde zudem die Gefahr sich gegenseitig blockierender Urteile, und zwar immer dann, wenn das Gericht wegen der Annahme eines von der Anklage abweichenden Gesichtspunkts zum Freispruch hinsichtlich des angeklagten Tatbestandes gelangte, sich das Zweitgericht jedoch umgekehrt der Würdigung der Erstanklage anschlösse. *Schöneborn* sieht den Zweck der §§ 155 II, 264 II, 265 II und III StPO, darin solche Unbilligkeiten zu verhindern. Die Tatidentität sei dann zu bejahen, wenn erstens dieselbe Handlung verschieden rechtlich bewertet werde, also wenn z.B. die in der Anklage als Diebstahl bewertete Handlung vom Gericht als Unterschlagung beurteilt werde, oder wenn das Gericht einen gegenüber dem in der Anklage oder im Eröffnungsbeschluss zugrunde gelegten Geschehen alternativen Handlungsvorgang für erwiesen halte.[594]

---

592 Vgl. auch *Detmer*, Zweiter Teil, A., III., 2., S. 184, 187; *Neuhaus*, Kapitel VIII., E., S. 120 f.; *Wolter*, GA 1986, 143, 157.
593 *Schöneborn,* MDR 1974, 529, 531, 535.
594 *Schöneborn,* MDR 1974, 529 f.

Schöneborn schließt sich der Ansicht der Rspr. an, die eine Tat annimmt, wenn z.B. die angeklagte, unterlassene Anzeige des Mordes in Anstiftung zum Mord umgewandelt ist[595], oder wenn der Angeklagte nicht am 19.12. den fraglichen Mantel gestohlen hat, sondern ihn am 26.12. in Kenntnis des strafbaren Vorerwerbs vom Dieb als Pfand genommen hat[596], oder wenn sich der angeklagte Diebstahl als Hehlerei entpuppt[597]. Die Handlungsakte stehen sich alternativ gegenüber und somit schließt ihre einheitliche Behandlung durch dasselbe Gericht zwei sich eventuell gegenseitig blockierende Entscheidungen aus. Die Notwendigkeit einer einheitlichen Aburteilung sei gegeben.[598] „*[E]in spezifisch prozessrechtliches und leicht handhabbares Kriterium zur Lösung der mannigfachen Sachverhaltsvarianten*“, so nennt *Schöneborn* sein Kriterium.“[599]

Da nach *Schöneborn* der Tatumfang hinsichtlich der Umgestaltungsbefugnis und Rechtskraft gleich bestimmt werden muss, überträgt er dieses gefundene Ergebnis auch auf die Ebene der Rechtskraft.[600]

Neben den Fallkonstellationen der Handlungseinheit, der fortgesetzten Handlung, der natürlichen Handlungseinheit und der Klammerwirkung wollte *Grünwald* die Tatidentität auch in Fällen annehmen, in denen ein Verfahren parallel zum ersten wegen dieses Sachverhalts die Gefahr materiell-rechtlich unvereinbarer Entscheidungen begründet hätte, d.h. wenn eine Verurteilung in beiden Verfahren ein nach materiellem Recht widersprüchliches Ergebnis darstellen würde.[601]

2. Stellungnahme

Auch wenn die Ergebnisse aus den Alternativitätstheorien bei der Problemgruppe der Tatersetzung, mit denen der vorliegenden Arbeit übereinstimmen, also nur eine Tat im prozessualen Sinn in Fällen des Übergangs von Diebstahl auf Hehlerei oder von einer Beteiligungsform auf die andere annehmen, ist den Theorien nicht vollkommen zuzustimmen.

Die Theorien sind als generelles Kriterium für die Eingrenzung der prozessualen Tat nur bei der Problemgruppe der Tatersetzung geeignet. Für die Problemgruppe der Tatausweitung sind sie jedoch nicht praktikabel. Sie sind zu

595 RGSt 21, 78 ff.
596 BGH bei Dallinger, MDR 1954, 17.
597 RGSt 5, 249 ff.
598 *Schöneborn,* MDR 1974, 531, 532 f.
599 *Schöneborn,* MDR 1974, 529, 535.
600 *Schöneborn,* MDR 1974, 529, 530.
601 *Grünwald,* Teheran-Beiheft der ZStW 1974 (Hrsg. Jescheck) S. 94, 108 f.

eng, weil sie auch sachlich und rechtlich unabhängige Handlungsvorgänge, die wegen ihres zeitlichen oder gegenständlichen Zusammenhangs alternieren, zu einer prozessualen Tat verbinden.[602] Dies zeigt wiederum die Notwendigkeit der Problemdifferenzierung.

Der Leitgedanke der Alternativitätstheorien überzeugt ebenfalls nicht. Wie in der vorliegenden Arbeit festgestellt, kann man aus dem Gedanken der Prozessökonomie heraus nicht sagen, inwieweit der Umfang des Tatbegriffs reichen soll. Prozessökonomie stützt sich seltsamerweise sowohl auf den weitreichenden als auch auf den eng gefassten Begriff.[603] Außerdem kann man nicht leugnen, dass unter den mit dem Tatbegriff zusammenhängenden Grundsätzen der Gedanke der Prozessökonomie nachrangig ist. Der Grundsatz *„ne bis in idem"* und der Anklagegrundsatz haben deutlich übergeordnete Bedeutung.

Außerdem kann das Kriterium der Alternativität der Handlungsakte nicht bei Fallkonstellationen angewendet werden, bei denen es eigentlich angewendet werden müsste, nämlich bei Unfallfluchtfällen. *Schöneborn* entwickelt das Kriterium für Fälle der Handlungsmehrheit. Dazu gehören auch Unfallfluchtfälle. Jedoch arbeitet er dabei nicht mehr mit seinem Kriterium. Der Grund ist offensichtlich: Es besteht hier kein alternativer Charakter in den in Betracht kommenden Delikten. Sein Kriterium passt hier nicht.

V. Kombinationstheorien

Setzen sich bislang keine Theorien endgültig durch, verknüpfen die Vertreter der Kombinationstheorien, z.B. *Schwinge,*[604] *Roxin,*[605] *Wolter*[606] und *Detmer,*[607] einfach mehrere Theorien miteinander, vor allem die Handlungstheorien mit Rechtsgutsverletzungstheorien, um ihre Schwäche zu korrigieren und um den sachgerechten, den gesetzlichen Vorgaben entsprechenden Tatbegriff zu erlangen.

1. Ansatzpunkte

Schwinge stellt zu Recht fest, dass die Abgrenzung des Begriffs der Tat durch natürliche, außerjuristische Maßstäbe unmöglich sei. Die Tat im Sinne des

---

602 S. auch *Gillmeister,* NStZ 1989, 1, 4.

603 S. Kapitel C., V.

604 *Schwinge,* ZStW 1932, 203, 221, 230 ff.

605 *Roxin,* JR 1984, 346, 348.

606 *Wolter,* GA 1986, 143, 164 f.

607 *Detmer*, Dritter Teil, S. 210 ff.

Strafprozessrechts sollte gleichbedeutend sein mit der konkreten tatbestandsmäßigen Handlung und infolgedessen Identität der Tat mit Gleichheit des tatbestandsmäßigen Geschehens.[608] Von derselben Tat könne nur dann die Rede sein, wenn sich Ausführungshandlungen ganz oder teilweise decken. Solange die angeklagten Ausführungshandlungen teilidentisch bleiben, liege eine Tat vor, unabhängig davon, welche rechtliche Würdigung sich ergebe.[609] Die Abweichung zwischen Vollendung und Versuch soll nach diesem Ansatz die einheitlich prozessuale Tat nicht aufheben.[610] Jenseits der Handlungseinheit nimmt *Schwinge* eine Tat auch dann an, wenn die Veränderungen in den Handlungsmodalitäten vorliegen, z.B. vom Einsteigen durch ein Kellerloch zum Eindringen durch ein Fenster.[611]

Jedoch funktioniert bei Fällen der unterschiedlichen Beteiligungsform oder der Abweichung zwischen Diebstahl und Hehlerei das Kriterium der Handlungseinheit nicht. Deswegen ergreift *Schwinge* hier einen anderen Maßstab, nämlich den materiellen *Unrechtsgehalt*.[612] Seine Theorie kann auf zweierlei Weise begründet werden. Zum einen habe der Staat die Aufgabe alles in ein und demselben Prozess zu erledigen, was innerlich zusammengehört. Der Beschuldigte habe ein Interesse daran, dass das eingeleitete Verfahren alles Zusammengehörige restlos erfasse und er von einem neuen Prozess verschont bleibe. Wodurch diese innerliche Zusammengehörigkeit begründet werde, durch Gleichheit der tatbestandsmäßigen Handlung oder durch Gleichheit des materiellen Unrechtsgehalts der Tat, sei demgegenüber gleichgültig.[613] Außerdem verstecke sich der Gesichtspunkt des Unrechtsgehalts schon in der Konkurrenz, denn man nehme eine juristische Handlungseinheit nur unter der Voraussetzung an, dass alle diese Handlungen im natürlichen Sinne denselben Unrechtswert haben, – eine Aussage, die eigentlich nicht zutrifft. Als Schlussfolgerung positioniert er sich klar: Die den Teilnahme- und Täterhandlungen gemeinsame Richtung gegen dasselbe Angriffs- und Handlungsobjekt erlaubt es, das angeklagte Ereignis als eine Tat i.S.d. § 264 StPO zu behandeln.[614]

Problematisch erscheint es, dass *Schwinge* das zeitliche und räumliche Element aufgibt, was eigentlich zur Eingrenzung des Tatbegriffs unentbehrlich ist. Die Anstiftung zum versuchten Mord und die sechs Monate in der Vergangen-

608 *Schwinge*, ZStW 1932, 203, 220 f.
609 *Schwinge*, ZStW 1932, 203, 223.
610 *Schwinge*, ZStW 1932, 203, 225.
611 *Schwinge*, ZStW 1932, 203, 226.
612 *Schwinge*, ZStW 1932, 203, 236.
613 *Schwinge*, ZStW 1932, 203, 230 f.
614 *Schwinge*, ZStW 1932, 203, 231 ff.

heit liegende Beihilfe dazu bildete seiner Ansicht nach eine prozessuale Tat, auch wenn die beiden Vorgänge sehr weit auseinander liegen und Realkonkurrenz angenommen werden sollte.[615]

Roxin vertritt ebenfalls die Ansicht, dass bei der Frage nach der Identität der Tat zwei Kriterien notwendig sind. Bei nicht voneinander abgrenzbaren Vorgängen sei die prozessuale Tat nach der in der Anklage beschriebenen Handlung bestimmt. Deswegen sei eine Tat anzunehmen, wenn jemand wegen eines Schusses als Wilderer angeklagt werde und sich hinterher herausstelle, dass der Schuss ein Mord gewesen sei. Bei voneinander abgrenzbaren Vorgängen, z.B. bei Fällen von Realkonkurrenz oder von durch einen zeitlichen Zwischenraum getrennten Handlungen, liege bei zeitlichem und sachlichem Zusammenhang eine Tat vor, wenn die beiden Rechtsgutsverletzungen vergleichbar seien. Deshalb wird die prozessuale Tateinheit gesprengt, wenn bei einer Mordanklage noch eine Abtreibung oder Strafvereitelung hinzutritt. *Roxin* vertritt, dass mit seiner Theorie dem Angeklagten freilich keine Unbilligkeit widerfahre und der Anklagegrundsatz gewahrt sei, da die hinzutretende Handlung in engem Zusammenhang mit der in der Anklage beschriebenen steht und eine vergleichbare Unrechtsqualität aufweist.[616]

Auch *Wolter* ist der Meinung, dass zwei verschiedene Kriterien notwendig sind. Er vertritt den sog. *normativ-funktionalen und prozessualen Tatbegriff.* Tatidentität im prozessualen Sinne erfordert die Unabgrenzbarkeit bzw. Untrennbarkeit von Verhaltensweisen. Bei der ersten Problemgruppe bleibt er bei den Handlungstheorien, deswegen bilden die Handlungseinheit und dann auch Tateinheit stets eine prozessuale Tateinheit, unabhängig von der Art der Gesetzesverletzung.[617] Bei abtrennbarer Handlungsmehrheit wird aber die Wesensgleichheit ihres Sach- und Unrechtskerns ohne Verwechslungsgefahr bei der Kontinuität benötigt.[618]

Die Handlungsmehrheit, die grds. abtrennbar, aber ausnahmsweise auch unabtrennbar sein könnte, ist unterschiedlich zu behandeln. Bei einer Mehrheit von ineinander übergehenden, nicht durch einen zeitlichen Zwischenraum getrennten Handlungen ist auf die rechtliche Gleichwertigkeit zu verzichten, die Handlungstheorien sind zu überschreiten und die prozessuale Tateinheit muss ausnahmsweise angenommen werden.[619] Begründet wird es mit der allseitigen rich-

615 S. auch *Detmer,* Zweiter Teil, A. III., 3., S. 193; *Wolter*, GA 1986, 143, 164.

616 *Roxin*, JR 1984, 346, 348.

617 *Wolter,* GA 1986, 143, 164 f.

618 *Wolter,* GA 1986, 143, 175.

619 *Wolter*, GA 1986, 143, 165.

terlichen Kognition, der Sanktionswirkung und dem Vertrauensschutz.[620] Es ist ganz offenbar, dass *Wolter* das Handlungseinheitskriterium nur überschreitet, weil er die Fälle von Straßenverkehrsdelikten mit Unfall und nachfolgender Unfallflucht ohne Anhalten anführen möchte.

Als entscheidendes Kriterium kommt nach der Theorie *Wolters* noch die materiell-rechtliche Vergleichbarkeit der Delikte bei abtrennbaren Handlungsmehrheiten hinzu. Als Vergleichsmaßstab macht *Wolter* Gebrauch von den Regeln des normativ-ethischen Stufenverhältnisses und der Wahlfeststellung. Dadurch kann von Teilnahme zur Täterschaft, von § 138 StGB zum anzeigepflichtigen Delikt oder von der Begehungsstraftat zum unechten Unterlassungsdelikt und umgekehrt übergegangen werden. Wegen der Unvergleichbarkeit sei aber der Übergang von Hehlerei zu Raub oder von Diebstahl zu Erpressung unzulässig.[621]

Auch *Detmer* gehört zu einem der Vertreter der Kombinationstheorien. Er unterscheidet zwei Probleme beim prozessualen Tatbegriff und legt verschiedene Kriterien bei verschiedenen Problemen fest. Ohne die Problemdifferenzierung könne man das erwünschte Ergebnis keineswegs erreichen.[622]

Bei Fällen des sog. Tatumfangs, in denen man nach der Größe des Tatkreises fragt, umfasst die Tatbei Handlungsidentität alle behaupteten, strafrechtlich bedeutsamen Vorwürfe nach Maßgabe der zugelassenen Anklage.[623] Wenn die natürliche Handlungseinheit ausgeklammert wurde, richte die Reichweite des Tatumfangs sich nach der Reichweite der allgemein anerkannten Handlungseinheiten. Zum problematischen Zusammentreffen zwischen iterativ verwirklichten, zeitlich gestreckten Delikten und hinzutretenden Straftaten sollten die strafprozessual orientierten Argumentationslinien neu überdacht werden, so *Detmer*. Ziel sei es, die Tateinheit i.S.d. § 52 StGB und folglich eine prozessuale Tat einzuschränken. Er schließt sich der Meinung *Puppes*[624] an und stellt fest, eine zu einem zeitlich gestreckten Delikt hinzutretende schwerere Straftat vermöge die vorgefasste Handlungseinheit der iterativen Tatbestandsverwirklichung zu sprengen, sodass alle Teilakte dieses Delikts ohne Außentat eine Handlungseinheit bilden, die in Realkonkurrenz zu dem durch eine Außentat qualifizierten Teilakt stehen, der mit der gewichtigeren Straftat wiederum idealkonkurriert.[625] Begründet wird dies damit, dass bei mehreren Tatbestandsverwirklichungen die

620 *Wolter,* GA 1986, 143, 166.

621 *Wolter,* GA 1986, 143, 166 f.

622 *Detmer*, Erster Teil, A., II., S. 19 ff.

623 *Detmer*, Dritter Teil, A., S. 222.

624 *Puppe*, III., 6., S. 210 ff.; *dies.*, JR 1986, 205, 206 f.

625 *Detmer*, Dritter Teil, A., IV., 1., c., S. 259.

Bewertungseinheit Handlungseinheit oder auch Handlungsmehrheit bilden kann, durch diese „flexible Sicht“ könne deswegen bei solchen iterativen Tatbestandsverwirklichungen die Annahme mehrerer Handlungen anstatt einer ausnahmsweise denkbar sein.[626] Das ist aber nicht überzeugend.[627] Es ist wesentlich einschneidender, wenn *Detmer* bei Handlungsmehrheit immer mehrere selbstständige Taten annimmt.[628]

Die zweite Fallgruppe handelt von der sog. Tatumgestaltung, wo es darum geht, ob es noch von derselben Tat die Rede sein kann, wenn sich in der Hauptverhandlung herausstellt, dass sich im Rahmen des von der Anklage geschilderten Geschehensausschnitts vieles ganz anders abgespielt hat, als es die Anklageschrift behauptet.[629] Dazu gehören der Übergang von Beteiligungsformen und von Begehungsdelikten zu unechten Unterlassungsdelikten oder umgekehrt. *Detmer* ist der Meinung, entweder „A hat geholfen“ bzw. „A hat angestiftet“ oder „A hat es begangen“ bzw. „A hat es unterlassen“ seien lediglich unterschiedliche Handlungsmodalitäten, was sicher noch im Rahmen derselben Tat wäre, solange die Haupttat bzw. Bezugstat identisch bleibt.[630]

Jedoch ist bei Beteiligung i.w.S. eine prozessuale Tat nur darauf beschränkt, wenn die in Betracht kommenden Vorgänge im Verhältnis zur Bezugstat rechtlich gleichwertig seien. Deswegen bejaht *Detmer* grds. die prozessuale Tateinheit, wenn von der Vollendung auf den Versuch, von § 212 StGB auf § 323c StGB, von der „Bezugstat“ auf § 138 StGB oder von Vorsatz auf Fahrlässigkeit übergegangen werden soll. Problematisch scheint es, wenn er meint, dies gelte nicht im umgekehrten Fall, d.h. wenn zunächst die Beteiligung bzw. das minderschwere Delikt angeklagt ist, diese(s) aber im Laufe der Hauptverhandlung durch die Bezugstat ersetzt werden soll.[631]

Detmer betont, dass die faktischen Angaben, wie z.B. Tatzeit und Tatort, unentbehrlich sind, vor allem bei folgenlosen Delikten. Ein Mordversuch am 17.02. könnte neben dem am 18.02. an derselben Person tatsächlich verübt worden sein. Die Klageumgestaltungsbefugnis des Gerichts darf deswegen nie so weit reichen, dass der Täter eine zweite, realkonkurrierende Straftat frei haben könnte.[632]

---

626 *Detmer*, Dritter Teil, A., IV., 1., c., S. 261.
627 S. Kapitel G., II., 2., a), bb) m.w.N.
628 *Detmer*, Dritter Teil, S. 212 ff.
629 *Detmer*, Erster Teil, A., II., 2., S. 26 ff.
630 *Detmer*, Dritter Teil, B., II., S. 286 ff.
631 *Detmer*, Dritter Teil, B., III., S. 289 ff.
632 *Detmer*, Dritter Teil, B., V., 2., S. 300 ff.

Bei alternativen Sachverhalten ist neben der Identität des konkret verursachten Erfolges die rechtsethische Vergleichbarkeit der nicht handlungsidentischen Straftatalternativen maßgeblich für die Annahme einer Tat. Unmaßgeblich ist hingegen ein abstrakter naher zeitlicher und räumlicher Zusammenhang.[633]

2. Stellungnahme

Grds. verdienen die Kombinationstheorien Zustimmung, jedoch nicht vorbehaltlos. Sie haben den Vorteil, dass sie die richterliche Kognitionsbefugnis ausdehnen und dadurch materieller Gerechtigkeit in großem Umfang Rechnung getragen wird. Dagegen bleiben einige bereits gezeigte Schwächen von Handlungstheorien und Rechtsgutsverletzungstheorien ungelöst, z.B. die Rechtsunsicherheit und Rechtsunklarheit, die aus der unsicheren, rechtsethischen und psychologischen Gleichwertigkeit folgen.

Die Gegenmeinung bringt den Einwand hervor, dass durch diese Theorien zwei zeitlich und örtlich weit auseinander liegende Vorgänge zu einer Einheit verknüpft werden.[634] Das ist aber nicht inkorrekt, sondern liegt sogar in der Natur der Sache. Bei der zweiten Problemgruppe, also Tatersetzung, handelt es sich um zwei unterschiedliche Vorgänge, die häufig weit auseinander liegen. Dass sie als eine prozessuale Tat angesehen sind, bedeutet nicht, dass sie zu einem Vorgang verbunden werden. Sie gehören wegen des tatbestandlichen Zusammenhangs der beiden Vorgänge zu einer Tat.

Sehr begrüßenswert ist die Problemdifferenzierung. Das Problem des prozessualen Tatbegriffs wird nie mit einer Theorie gelöst, nicht deshalb, weil die beste Theorie noch nicht erfunden wurde, sondern weil eine einzige Theorie dazu nicht in der Lage ist. Die zwei unterschiedlichen Problemgruppen müssen klar voneinander abgegrenzt werden und Lösungen für sich entdecken. Gerade diese beiden Problemgruppen voneinander abzugrenzen ist nicht einfach. Sowohl *Roxin* als auch *Wolter* machen dabei Fehler. Sie trennen beiden Probleme durch das Konkurrenzverhältnis voneinander und wenden das Konkurrenzverhältnis wiederum als Kriterium an, um zu sagen, ob eine Tat oder mehrere Taten vorliegen. Hier liegt eine *petitio principii* vor. Nach ihnen würde in der ersten Problemgruppe immer eine Tat bejaht. Mehrere selbstständige Taten kämen hier nie vor.[635]

Zudem ist *Roxin* bei der Anwendung seines Kriteriums inkonsequent. Er unterscheidet zwei Probleme und hält die Handlungstheorie für die richtige Theo-

---

633 *Detmer*, Dritter Teil, B., VI., S. 314 ff.

634 S. z.B. *Cording*, 1. Teil, III., 2., d), S. 37 f.

635 S. ausführlich Kapitel G., I., 1.

rie für das erste Problem, und die Rechtsgutsverletzungstheorie für das zweite. Jedoch scheint es *Roxin* sachgerecht, wenn der BGH in BGHSt 32, 215 ff. das Kriterium Rechtsgutsverletzung angewendet hat, auch wenn er selber zuvor erklärt hat, es ginge bei der Entscheidung um das erste Problem.

VI. Ansicht der tatsächlichen Kognitionsmöglichkeit

1. Ansatzpunkte

Eine Begrenzung des Tatbegriffsumfangs hinsichtlich des Strafklageverbrauchs wird besonders von den Vertretern der tatsächlichen Kognitionsmöglichkeit; *Büchner,*[636] *Henkel*[637] und *Geerds*[638], unternommen. Sie wollen die Frage des Strafklageverbrauchs anstatt von der rechtlichen, d.h. abstrakt-hypothetischen, von der tatsächlichen Möglichkeit des Gerichts abhängig machen. Nach dieser Ansicht kann folglich der Tatbegriff der Rechtshängigkeit und der Rechtskraft unterschiedlich weit gefasst werden.

Der Strafklageverbrauch tritt nach *Henkel* nur insoweit ein, als die sorgfältige Prüfungs- und Entscheidungspflicht des Gerichts in der Hauptverhandlung *tatsächlich* (konkret) ausreicht. Nachträglich bekannt gewordene Umstände, die außerhalb dieses Maßstabes liegen, können zum Gegenstand einer Ergänzungsklage gemacht werden. Das neue Verfahren liefe nicht auf eine Umstürzung des ersten Urteils, sondern auf seine Ergänzung hinaus.[639]

2. Stellungnahme

Die Ansicht der tatsächlichen Kognitionsmöglichkeit ist vollends abzulehnen. Sie führt zum erheblichen praktischen Mehraufwand für die Gerichte und widerspricht auf unerträgliche Weise gerade dem Prinzip der Rechtssicherheit des Art. 103 III GG. Der Verbrauch der Strafklage ließe sich häufig nur durch eine aufwendige Untersuchung des Ablaufs des ersten Verfahrens feststellen, was neben einem beträchtlichen Arbeitsaufwand für alle Beteiligten vor allem eine unzumutbare Belastung für den Betroffenen darstellte, der auf diese Weise entgegen

636 *Büchner,* Viertes Kapitel, S. 159 ff.

637 *Henkel,* Strafverfahrensrecht, § 100, III., 1., d), S. 389 f.

638 *Geerds,* § 37, I., S. 407

639 *Henkel,* Strafverfahrensrecht, § 100, III., 1., d), S. 389 f.

Art. 103 III GG in jedem Fall wegen derselben Tat ein weiteres Verfahren zu erdulden hätte.[640]

Darüber hinaus haben die StA und der zweite Richter nach dieser Ansicht großen Einfluss auf den Umfang des Strafklageverbrauches. Ankläger und zweiter Richter hätten aber auch darüber zu befinden, ob der erste Richter seine Aufklärungspflicht erfüllt hat und ob ihm gleichwohl die neuen Tatsachen entgehen konnten. Am Ende hängt alles von der Gestaltung des Einzelfalles und dessen Beurteilung durch den Richter ab.[641]

Der entscheidende Einwand gegen diese Ansicht liegt in der Ablehnung der Einheitlichkeit des Tatbegriffs, die bereits in der Arbeit diskutiert wurde. Der Strafklageverbrauch kann unmöglich in einem anderen Umfang erfasst werden, als durch die Kognitionspflicht des Gerichts.[642]

De lega lata kann die vorgeschlagene Lockerung der Rechtskraft angesichts der Regelung des Wiederaufnahmeverfahrens und angesichts des Art. 103 GG nicht gerechtfertigt werden.

VII. Unrechtsverwandtschaft und Erfolgseinheit nach *Puppe*

1. Ansatzpunkte

Puppe ist der Meinung, es sei notwendig, zwei oder mehr Tatbestandsverwirklichungen als Idealkonkurrenz zu behandeln, und zwar aufgrund ihrer Unrechtsverwandtschaft und nicht wegen ihrer Gleichheit der Ausführungshandlungen nach der h.M. Der Gesetzgeber könne die Tatbestände nicht so gegeneinander „abschotten", dass sie in ihren vertypten Unrechtsarten nichts miteinander gemein haben.[643] Voraussetzungen der Unrechtsverwandtschaft lassen sich nicht in einer für alle Tatbestände gültigen Form abstrakt angeben, denn sie hängen vom Unrechtsgehalt der Tatbestände ab, immerhin lassen sich einige abstrakte Regeln dafür aufstellen. Komme ein Unrechtsmerkmal in zwei Tatbeständen vor, wie etwa das Merkmal der Täuschung in Betrug und Urkundenfälschung, so sind diese unrechtsverwandt.[644]

---

640 S. auch *Cording,* 5. Teil, B., IV., 2., b), S. 188 f.; *Busch,* ZStW 1956, 3, 6; *Wolter,* GA 1986, 143, 155.

641 *Busch,* ZStW 1956, 3, 6; *Cording,* 5. Teil, B., IV., 2., b), S. 188 f.

642 S. oben I., 2. und Kapitel B., I., 7.

643 NK/*Puppe,* § 52, Rn. 24; *dies,* GA 1982, 143, 153.

644 *Puppe,* GA 1982, 143, 154.

Puppe entwickelt außerdem die These der „Erfolgseinheit" aus der unangemessenen Behandlung der Gesetzeseinheit der Rspr. Nach ihr sollte die Rspr. – wenn sie Idealkonkurrenz ausschließlich von der Identität der Handlung abhängig macht – bei der straflosen Vor- und Nachtat Realkonkurrenz bejahen, auch wenn der Täter eigentlich nur ein und denselben Erfolg herbeiführt. Um dies zu verhindern, ist die mitbestrafte Vor- und Nachtat entstanden. Der Dieb, der den Bestohlenen durch Täuschungen daran hindert, sein Eigentum zurückzuerlangen, erreicht einen Unrechtserfolg, den endgültigen Verlust der Eigentümerstellung des Bestohlenen, durch zwei verschiedene deliktische Methoden, durch Wegnahme und durch Täuschung. Würde man hier Diebstahl und Betrug getrennt ahnden, so müsste man den Unrechtserfolg des Eigentumsverlustes doppelt verwerten. Würde man aber eines der Delikte völlig ungeahndet lassen, so verstieße man gegen das Ausschöpfungsgebot. Nach *Puppe* ist hier kraft Erfolgseinheit Idealkonkurrenz anzunehmen.[645]

Puppe ist der Meinung, dass § 52 StGB für die Fälle der mitbestraften Vor- und Nachtat genau die richtige Regelung zur Verfügung stelle. Die Regelung sei flexibel genug, um sich jedem möglichen Deckungsgrad der Unrechtselemente anzupassen. Je weniger Unrechtselemente, die in Handlungseinheit zusammentreffende Tatbestandsverwirklichungen gemeinsam haben, desto stärker werden sich die im Strafrahmen zurücktretenden Tatbestände bei der Strafzumessung als Erschwerungsgründe auswirken, je mehr Gemeinsamkeiten im Unrechtsgehalt vorliegen, desto geringer werde der Einfluss der zurücktretenden Tatbestandsverwirklichungen auf die Strafzumessung sein. Deswegen lehnt *Puppe* die von der Rspr. entwickelte *Sperrwirkung des milderen Tatbestands* ab, weil dort Subsidiarität oder Konsumtion gegeben ist, die Rspr. sie aber so behandele wie Idealkonkurrenz.[646]

Eine Tatbestandsverwirklichung enthält nach *Puppe* nicht nur eine Handlung, sondern auch einen Erfolg. Die Identität des Erfolgs verbinde zeitlich weit auseinander liegende Handlungen, die ein und denselben Tatbestand erfüllen, zu einer tatbestandlichen Handlungseinheit und deshalb Idealkonkurrenz. Deswegen ist nach ihr eine „Tracht Prügel" nur als eine Körperverletzungshandlung, das Ausräumen eines Lagers nur als eine Diebstahlshandlung, das Drucken einer großen Zahl falscher Banknoten und das Herstellen der falschen Urkunde mit ihrem späteren Gebrauch zur Täuschung zu einer Urkundenfälschung nur als eine Geldfälschungshandlung zusammengefasst. Zwischen der Handlung des Herstellens und der des Inverkehrbringens liegt keine andere Identität als die

645 NK/*Puppe,* Vor §§ 52 ff., Rn. 25; *dies,* Mangakis-FS, 225, 226 f.
646 *Puppe,* Mangakis-FS, 225, 229 f..

Identität des Unrechtserfolges, nämlich unechtes Geld oder unechte Urkunden als Täuschungsmittel in den Rechtsverkehr zu bringen.[647]

2. Stellungnahme

Der Unterschied zwischen der These *Puppes* und der der h.M. liegt lediglich darin, dass die Erstgenannte Bezug auf die Intensionen des Tatbestands nimmt, die h.M. hingegen auf die Extensionen. Nach *Puppe* handeltein Tatbestand von einer Rechtsgutsverletzung, einer Pflichtwidrigkeit oder Normwidrigkeit. Demgegenüber schreibtdie h.M. dem Tatbestand bestimmte Arten von Lebensvorgängen, Handlungen oder Verhaltensweisen zu. Beide Thesen sind nicht falsch, wie *Puppe* selbst erläutert.[648] Die Frage ist vielmehr, ob das Strafgesetz den Tatbestand extensional oder intensional erklärt. Für die vorliegende Arbeit ist diese Frage jedoch irrelevant, da ihr Ausgangspunkt schon bei der Bestimmung der Handlungseinheit liegt, noch nicht einmal ob Idealkonkurrenz oder Realkonkurrenz vorliegt.[649]

Die Erfolgseinheitist begrüßenswert, sie kann die vage Figur der von der Rspr. entwickelten Bewertungseinheit beseitigen.[650] Die Erläuterungen *Puppes* geben auch mehr Klarheit über den Unterschied zwischen (echter) Gesetzeseinheit und Idealkonkurrenz. Lediglich eine kleine Anmerkung soll hier jedoch gegeben werden. Die Interpretation der jeweiligen Tatbestände sind ein ausreichendes Kriterium, um tatbestandliche Handlungseinheit annehmen zu können. Dies gibt auch *Puppe* selber zu.[651] Sowie bei Idealkonkurrenz ist dann die Identität der Ausführungshandlung gemäß § 52 StGB als Kriterium gegeben. Erfolgseinheitwird also eigentlich nur bei der mitbestraften Vor- und Nachtat gebraucht.

VIII. Vorschläge zum Problem des Tatbegriffs beim Zusammentreffen von Dauer-/ Organisationsdelikten mit anderen Delikten

In der bisherigen Betrachtung wurde das Problem des prozessualen Tatbegriffs beim Zusammentreffen von Dauerdelikt mit anderen Delikten vernachlässigt. Das liegt aber daran, dass alle erwähnten Theorien das Problem gar nicht oder

---

647 NK/*Puppe*, Vor §§ 52 ff., Rn. 18; *dies.*, FS-Mangakis, 225, 227, 234.
648 *Puppe*, I., 1., S. 23.
649 S. Kapitel G., II., 2., a), aa) und bb).
650 S. *Puppe*, FS-Mangakis, 225, 235, s. auch *dies*, JZ 2000, 735 ff.; *dies.*, JR 2003, 31 ff.
651 NK/*Puppe*, § 52, Rn. 12.

zumindest nicht sachgerecht behandeln und besondere Lösungsansätze gebraucht werden, die sich auf dieses bestimmte Problem richten.

1. Ansicht zu den materiell-rechtlichen und prozessualen Ansätzen der Rspr.

Um den weitreichenden Strafklageverbrauch bei Dauerdelikten einzuschränken, bringt die Rspr. zwei Vorschläge vor: einen materiell-rechtlichen und einen prozessualen Ansatz.[652] Dies wird in der Literatur heftig kritisiert.

Gössel bevorzugt den materiell-rechtlichen Ansatz. Er ist unzufrieden mit dem prozessualen Ansatz in BGHSt 29, 288 ff., der von BVerfGE 56, 22 ff. bestätigt wurde. Es erscheint ihm nicht widerspruchsfrei, die materiell-rechtliche Tatidentität im Prozessrecht aus materiell-rechtlichen Gründen aufzulösen. Es leuchtet kaum ein, warum dann nicht schon zwei verschiedene Taten im materiell-rechtlichen Sinne angenommen wurden.[653] Allerdings findet im Allgemeinen der materiell-rechtliche Ansatz in der Lit. kaum Anhänger. Der Hauptgrund dafür liegt darin, dass der Ansatz zu einer Vervielfachung der Strafbarkeit führt, was der Grundsatz *„ne bis in idem"* gerade verbietet.[654]

Dagegen gibt es mehr Befürworter des prozessualen Ansatzes. Bei Fällen, in denen die Beteiligung an einer kriminellen Vereinigung und ein oder mehrere andere Delikte zusammentreffen, scheidet nach *Peters* Tatidentität aus, gleichgültig, ob man materiell-rechtlich Idealkonkurrenz oder Realkonkurrenz annimmt. Die Mordtat weise in Einzelplanung und Durchführung einen selbstständigen Eigencharakter auf. Es sei etwas anderes, eine kriminelle Vereinigung zu bilden bzw. ihr anzugehören als sich kriminell zu betätigen.[655]

Kröpil vertritt die Meinung, dass verfahrensrechtliche Fragen mit Argumenten aus dem Prozessrecht und der Prozessrechtslehre beantwortet werden sollten. Er greift auf den natürlichen Tatbegriff der Rspr. zurück.[656] Es sei denkbar, dass jemand in Verfolgung von Zielen einer kriminellen oder terroristischen Vereinigung ein Kapitalverbrechen begehe, ohne dass er eine Vereinigung i.S.d. §§ 129 f. StGB gründe. Daher sei es auch nach der Lebensauffassung keine unnatürliche Aufspaltung eines einheitlichen Lebenssachverhaltes, wenn jemand als Mitglied einer kriminellen oder terroristischen Vereinigung Kapitalverbrechen begehe und die Bildung einer solchen Vereinigung und die zur Verfolgung der

---

652 S. auch Kapitel D., II., 2., b).

653 *Gössel,* JR 1982, 111, 113.

654 S. Kapitel D., II., 2., b), aa).

655 *Peters,* Strafprozessrecht, § 54, II., 3., c), S. 510 f.

656 S. ähnlich Radtke/Hohmann/*Radtke,* § 264, Rn. 36.

Ziele dieser Vereinigungen ausgeführten Straftaten in getrennten Verfahren abgeurteilt werden.[657]

Der prozessuale Ansatz ist auch nach *Beulke* vorzugswürdig. Er stellt auf die *Angriffsrichtung* ab und meint, wegen der völlig anderen Angriffsrichtung sei beim Zusammentreffen des Dauerdelikts mit einem Zustandsdelikt trotz materiell-rechtlicher Idealkonkurrenz von selbstständigen Taten im prozessualen Sinne auszugehen. Finde die „verdeckte" Straftat – so nennt er das Zustandsdelikt – weder in der Anklageschrift noch im wesentlichen Ergebnis der Ermittlungen Erwähnung und konnte die angeklagte Tat gleichwohl abgeurteilt werden, weil eine rechtliche Würdigung auch ohne die verdeckte Tat möglich gewesen sei, so sei letztere trotz Bestehen der umfassenden Kognitionspflicht nicht zum Gegenstand der Anklage geworden. Solle im laufenden Verfahren das verdeckte Delikt eingezogen werden, so bedürfe es also dazu einer Nachtragsanklage.[658]

2. Abschaffen der problematischen Vorschriften

Grünwald, der immer wieder den Grundsatz „Idealkonkurrenz = eine prozessuale Tat" bestätigt, findet die Lösung des Problems im Tatbestand selbst. Der Gesetzgeber solle vernünftigerweise nur greifbare Handlungen wie den unerlaubten Waffenerwerb für strafbar erklären, nicht aber Handlungen wie den unerlaubten Waffenbesitz. Dazu müsse er klar konturierte Unterlassungstatbestände für die Fälle entwickeln, in denen der Erwerb nicht durch eine strafbare Handlung eintrete und eine Handlungspflicht bestehe. Einen Tatbestand wie den des unerlaubten Besitzes, der seinem Wortlaut nach einen bloßen Zustand für strafbar erklärt und der auch durch Auslegung nicht zu mehr als einem amorphen Gebilde wird, sollte es hingegen nicht geben.[659]

Fezer schließt sich der Auffassung *Grünwalds* an. Die Anwendung der Tatbestände beinhalte eine gerichtliche Verpflichtung, nach jeder Richtung und nahezu ohne jede Begrenzung – allein orientiert am Ziel und am Zweck der Vereinigung – nach strafbarem Verhalten zu forschen. Der Verfahrensgegenstand sei daher so ungenau festgelegt und umgrenzt wie nirgends sonst. Solche Tatbestände dürfe es nicht geben, weil sie im Verfahren nicht angewendet werden könnten, ohne dass die Verfahrensstruktur zerbreche.[660]

---

657 *Kröpil,* DRiZ 1986, 448, 451.
658 *Beulke,* in: FG 50 Jahre BGH IV (Hrsg. Canaris u.a.), S. 781, 805.
659 *Grünwald,* StV 1986, 243, 245.
660 *Fezer,* in: Rechtsdogmatik (Hrsg. Schmidt), S. 125, 134.

3. Aufspaltungsmethode von *Puppe*

Puppe glaubt nicht, dass das Problem durch eine Einschränkung der Rechtskraft gelöst werden kann. Die Lösung müsse auf dem Gebiet des materiellen Rechts durch eine Überprüfung der h.L. zur Idealkonkurrenz bei Dauerdelikten gesucht werden.[661] Da diese monströse Idealkonkurrenz zwischen dem Dauerdelikt und anderen Delikten hinsichtlich der Gerechtigkeit schwer hinzunehmen ist, schlägt *Puppe* die *Aufspaltungsmethode* vor.[662] Das Dauerdelikt unter dem Blickwinkel des Ausgangstatbestands habe einen anderen Charakter und ein anderes Gewicht als die Übrigen. Dadurch wird ein Dauerdelikt in zwei Teile aufgespalten, die ihrerseits den Tatbestand voll erfüllen: Ein Teilakt des Dauerdelikts, der nicht mit anderen Delikten zusammentrifft und ein „intensivierter" Teilakt, der mit einem anderen Delikt idealkonkurrierend zusammentrifft. Beide Teilakte stehen im Verhältnis der Realkonkurrenz zueinander, sodass zwei selbstständige verfahrensrechtliche Taten gegeben sind. Komme noch ein anderes, mit dem Dauerdelikt idealkonkurrierendes Delikt hinzu, stehe der intensivierte Teilakt in Realkonkurrenz mit dem reinen Teilakt des Dauerdelikts und auch mit einem anderen intensivierten Teilakt des Dauerdelikts. Dann wäre mit der Aburteilung des reinen Dauerdelikts die Strafklage wegen der intensivierten Handlungsabschnitte und damit auch wegen der mit ihnen in Tateinheit stehenden Delikte nicht verbraucht.

Gegen diese Methode lässt sich einiges einwenden.[663] Erstens vermischt die Methode zwei Ebenen in unzulässiger Weise. Es mag richtig sein, bei der Bestimmung der prozessualen Tat auf das materielle Konkurrenzverhältnis zurückzugreifen, unzulässig ist es aber, zur Bestimmung des Konkurrenzverhältnisses die prozessuale Tatfrage heranzuziehen. Durch diese Methode wird dann für ein als wünschenswert behauptetes Ergebnis *„auf Biegen und Brechen"*, so *Cording,* eine Begründung gesucht.[664]

Der gewichtige Einwand gegen die Aufspaltungsmethode liegt hingegen darin, dass sie dem tatbestandlichen Charakter der Dauerdelikte widerspricht, nach dem jeweils für ihre Dauer nur eine Straftat und damit auch nur eine Handlung

---

661 *Puppe,* JR 1986, 205, 206.

662 *Puppe*, III., 6., S. 210 ff.; *dies.*, JR 1986, 205, 206 f.; s. auch *Mitsch,* JR 1990, 162, 164; *Paeffgen,* NStZ 2002, 281, 286; *Schlüchter,* JZ 1991, 1057, 1059; *Werle*, C., I., 2., a), aa), S. 174 ff.; *ders.,* NJW 1980, 2671, 2676.

663 *Cording*, 2. Teil, B., IV., 2., 3., S. 69 ff.; *Erb*, GA 1995, 265, 271; *Lippold,* S. 30 ff., 40; *Peters*, JR 1993, 265, 269. Vgl. auch den Einwand der Ungleichartigkeit und Ungleichwertigkeit von *Krauth*, Kleinknecht-FS, 215, 225. S. weiter *Detmer,* Dritter Teil, IV., 1., c., cc., S. 266 f.; *Puppe,* JR 1986, 205, 207.

664 *Cording,* 2. Teil, B., IV., 2., 3., S. 70.

gegeben ist. Jeder einzelne Tätigkeitsakt, der den Tatbestand des Dauerdelikts erfüllt, ist, auch wenn er gleichzeitig noch einen anderen Tatbestand erfüllt, in sich genauso homogen wie jeder andere Tätigkeitsakt, der den Tatbestand eines anderen Dauerdeliktes erfüllt.[665]

Der wichtigste Einwand richtet sich auf den verfassungsrechtlichen Grundsatz *„ne bis in idem"*. Danach kann das Dauerdelikt – auch das fortgesetzte Delikt – nur einmal im Strafausspruch erscheinen. Durch diese Aufspaltungsmethode sind Delikte dagegen als zwei- oder mehrfach verwirklicht anzusehen, sodass eine oder mehrere Einzelstrafen gebildet werden müssen, die sich bei der Gesamtstrafenbildung nach § 53 StGB straferhöhend auswirken.[666] Eine solche Konsequenz hätte hingenommen werden können, wenn sich die Aufspaltung als die dogmatisch überzeugendere Lösung erwiesen hätte. Im Gesetz fehlt jedoch ein solcher Anhaltspunkt.[667]

4. Strafzumessungsmodell von *Erb*

Der Vorschlag *Erbs* geht davon aus, dass bei Dauerdelikten zwei Arten von Umständen unterschieden werden müssen. Nur die Umstände, die die Strafbarkeit des Täters begründen, bilden den Prozessgegenstand, während die Umstände, die lediglich zur sachgerechten Beurteilung des Anklagegegenstands, insb. für Zwecke der Strafzumessung, nicht zum Prozessgegenstand gehören.[668] Da bei diesen Delikten die Voraussetzungen für die Bestrafung mehrfach verwirklicht werden, aber nur eine Strafe gemäß § 52 I StGB geahndet werden kann, spielt es für die Begründung der Strafbarkeit keine Rolle, wie oft bzw. wie lange der Täter die jeweilige Norm verletzt hat. Letzteres interessiert nur im Rahmen der Strafzumessung. Deshalb ist es nach *Erb* möglich, nur einige Teile der Einzelakte bzw. Abschnitte des Dauerdelikts, die den entsprechenden Tatbestand erfüllen, als strafbegründenden Sachverhalt zum Gegenstand einer Anklage zu machen und trotzdem die wiederholte oder länger andauernde Verwirklichung des Tatbestandes bei der Strafzumessung zu berücksichtigen.[669] Werde im Laufe eines Strafverfahrens die weitere Ausdehnung eines solchen Delikts bekannt, so sei eine Erweiterung des Verfahrensgegenstandes im Regelfall gleichwohl entbehrlich, weil das entsprechende Geschehen wegen § 52 I StGB keine zusätzliche Strafbarkeit zu begründen vermöge und eine Berücksichtigung im Rahmen

---

665 *Lippold,* IV., 3., S. 34 f.; *Maatz,* MDR 1985, 881, 883.
666 *Erb,* GA 1994, 265, 271; *Lippold,* S. 35.
667 *Erb,* GA 1994, 265, 267; *Lippold,* S. 34 f.
668 *Erb,* GA 1994, 265, 275 f.
669 *Erb,* GA 1994, 265, 276.

der Strafzumessung nach allgemeinen Grundsätzen keine Rechtshängigkeit der entsprechenden Tatsachen voraussetze.[670]

Der Gegenstand der Rechtshängigkeit wird nach der These *Erbs* nach den angeklagten Umständen bestimmt. Die mit den angeklagten Einzelakten idealkonkurrierenden schwereren Delikte bilden dann einen anderen Gegenstand der Rechtshängigkeit, deswegen sei die Nachtragsanklage notwendig, wenn sie im Laufe des Hauptverfahrens eintreten würden. Komme die Nachtragsanklage mangels Zustimmung des Angeklagten nicht zustande, müsste das Gericht das Verfahren mangels Existenz einer für die Strafverfolgung hinreichenden Anklageschrift einstellen und die StA eine neue, umfassende Anklage erheben.[671] Die nachträgliche Verfolgung wegen der schwereren Delikte verursacht nach *Erb* keinen Verstoß gegen Art. 103 III GG. Vielmehr ist sie sogar korrekt, da die im Erstprozess verhängte Strafe wegen Nichtberücksichtigung des Tatbestandes mit dem höheren Strafrahmen gegen § 52 II S.1 StGB verstößt. Es ist hier nicht die Verhängung der zweiten, sondern die Existenz der ersten Strafe, die mit § 52 StGB insgesamt unvereinbar ist, und deshalb der richtigen Entscheidung im neuen Verfahren nicht entgegenstehen kann.[672]

Da nur die angeklagten Umstände den Gegenstand der Rechtshängigkeit bilden, bemerkt *Erb* weiter, die Anklageschrift wegen eines Dauerdelikts müsse zwangsläufig eine oder mehrere tatsächliche Situationen beinhalten, in denen dem Täter durch die Anklageschrift beispielsweise wegen Waffenbesitzes konkret ein bestimmter Umgang mit der Waffe vorgeworfen werde. Nur solche tatsächlichen Situationen, die *Erb* als *„Eckpunkte"* bezeichnet, solle man als rechtshängig geworden ansehen.[673]

Die Bemühung *Erbs*, zwei unterschiedliche Umstände auseinander zu halten – zum einen Umstände, die die Strafbarkeit des Täters begründen, zum anderen Umstände, die lediglich zur sachgerechten Beurteilung des Anklagegegenstands, insb. für Zwecke der Strafzumessung, dienen – steht immer noch mit dem Doppelbestrafungsverbot in Widerspruch. Art. 103 III GG verbietet nicht nur, dass ein Täter wegen ein und derselben Tat nach den allgemeinen Strafgesetzen mehrfach eine Strafe leidet, sondern schon dass er wegen eben derselben Tat mehrfach strafgerichtlich verfolgt wird. Der Vorschlag ändert leider nichts daran, dass trotz einer Tat zwei Strafen entgegen des materiellen Rechts ausgesprochen werden.

---

670 *Erb,* GA 1994, 265, 282.
671 *Erb,* GA 1994, 265, 277.
672 *Erb,* GA 1994, 265, 276 f.
673 *Erb,* GA 1994, 265, 280 f.

5. *De lege ferenda*

Da *de lege lata* das Problem mit der Konkurrenz und der prozessualen Tat von §§ 129 f. StGB nicht gemeistert werden kann, wurden die Reformvorschläge für eine Einschränkung des Strafklageverbrauchs *de lega ferenda* angeboten. Zwei Vorschläge richten sich auf die Änderungen der §§ 129 f. StGB, also auf die materiell-rechtliche Ebene. Ein anderer geht auf die Veränderungen des Tatbegriffs ein, auf die prozessuale Ebene. Letztgenannter entwickelt sich mit Hilfe der Konstruktion der Vorbehalts- und Ergänzungsanklage.

Die Strafrechtskommission des Deutschen Richterbundes wollte die Tatbestände der §§ 129 f. StGB nur auf die Gründung, Beteiligung, Werbung und Unterstützung durch die Tätigkeiten beschränken, die nicht in der Begehung anderweitig strafbarer Handlungen bestehen. Den §§ 129 f. StGB wird eine Subsidiaritätsklausel angefügt, nach der diese Vorschriften bei Verwirklichung anderer Straftatbestände nicht anwendbar sind. Werden sonstige Straftaten im Dienste einer kriminellen oder terroristischen Vereinigung begangen, so ist für diese Straftaten ein Qualifikationstatbestand mit höherem Strafrahmen vorzusehen.[674] Dann würde man zwischen diesen und dem Vergehen nach §§ 129 f. StGB zur Realkonkurrenz gelangen und damit zur Aufhebung auch der prozessualen Tateinheit.

Der Vorschlag der CDU/CSU-Bundestagsfraktion ist ebenfalls darauf gerichtet, das Konkurrenzverhältnis zu verändern. Ihr Gesetzentwurf sieht in § 129 einen neuen Abs. 7 vor, wonach die Vorschriften über Tatmehrheit Anwendung finden, wenn der Täter neben § 129 I zugleich den Tatbestand anderer Strafgesetze verwirklicht.

Die beiden Vorschläge können den Verstoß gegen den Grundsatz *„ne bis in idem"* immer noch nicht vorhindern. Eine Handlung würde nach diesen Vorschlägen zweimal bestraft.[675]

Die zweite Möglichkeit der *de lege ferenda* kommt vom Bundesrat,[676] dessen Vorschlag die fortgesetzten Handlungen betrifft, aber neuerdings durch *Sack*[677] auf die Dauerdelikte, besonders auf die §§ 129 f. StGB, ausgedehnt wird. Der Vorschlag zielt auf die neue Fassung des § 264 StPO ab. Der Gegenstand der Urteilsfindung sollte demgemäß die in der Anklage bezeichnete Tat sein, wie sie sich nach dem Ergebnis der Verhandlung darstellt, soweit das Ge-

---

674 Protokoll der Tagung vom 10.-14. 10. 1977, S. 5.

675 *Grünwald,* FS-Bockelmann, 737, 750 f.

676 Stellungnahme des Bundesrates zum Entwurf eines Strafverfahrensänderungsgesetzes 19, Bundestags-Drucksache 8/976, S. 100.

677 *Sack,* ZRP 1978, 72.

richt sie in rechtlicher und tatsächlicher Hinsicht zu würdigen in der Lage war. Dieser Gedanke wurde bereits oben erörtert und wird mit denselben Argumenten abgelehnt.[678]

Der letzte Vorschlag entsteht mit Hilfe der Konstruktion der Vorbehalts- und Ergänzungsanklage. Die StA kann einzelne abstrakte Teile einer Tat oder einzelne von mehreren Teilen der Tat bzw. der übrigen Gesetzesverletzungen vorbehalten.[679] Dieser Vorschlag rüttelt nicht am geltenden materiellen Recht und auch nicht am prozessualen Tatbegriff, vielmehr greift er unmittelbar das Verbot der Doppelbestrafung an, da er besagt, dass nach einer rechtskräftigen Verurteilung die Strafverfolgung wegen solcher Einzelakte und Gesetzesverletzungen durchgeführt werden kann. Außerdem wird der Betroffene durch eine Ergänzungsklage im Ergebnis schlechter gestellt als bei einer Wiederaufnahme des Verfahrens, da die Strafe aus dem ersten Urteil nicht entfällt, sondern angerechnet wird, die Gesamtstrafe also regelmäßig höher liegen wird, als wenn nur die im zweiten Verfahren abgeurteilte Straftat berücksichtigt worden wäre.[680]

IX. Ansicht zum Problem der Klammerwirkung bzw. Entklammerung

Die Figur der Klammerwirkung wird in der Lit. vielfältig kritisiert. Einige Autoren lehnen sie völlig ab.[681] Die Kritik anderer Autoren richtet sich nur auf das Kriterium der Deliktsschwere. Maßgebend für die Beurteilung der prozessualen Tat könne nicht die konkurrenzrechtliche Beurteilung sein, namentlich stehe das Schwerekriterium in keinem Zusammenhang mit den Funktionen des Tatbegriffs. Der Strafklageverbrauch hänge vielmehr davon ab, ob bereits abgeurteilte Tatsachen zur Begründung des Tatvorwurfs in einem zweiten Verfahren erneut verwendet werden müssen.[682]

---

678 S. oben VI. und Kapitel B., I., 7.

679 Der Entwurf ist aber nicht veröffentlicht; vgl. *Grünwald,* FS-Bockelmann, 737, 754 (Fn. 42).

680 *Cording,* 5. Teil, B., IV., 2., e), S. 193; *Grünwald,* FS-Bockelmann, 737, 754.

681 NK/*Puppe*, § 52, Rn. 42; *Jakobs,* AT, 33/11; *Puppe*, III., 6., S. 204; *Stratenwerth/Kuhlen,* § 18, Rn. 32; *Schmidhäuser,* AT, 14/36; *Schmitt*, ZStW 1963, 43, 48; *Wahle,* GA 1968, 97, 107 ff.

682 KMR/*Stuckenberg,* § 264, Rn. 91; S. auch AK-StPO/*Loos,* Anh. zu § 264, Rn. 55; LR/*Gollwitzer,* 25. Aufl., § 264, Rn. 3; *Krauth,* Kleinknecht-FS, 215, 228, 240; a.A. *Nauhaus,* NStZ 1993, 202, 204.

Neben der Aufspaltungsmethode[683] stehen noch weitere Lösungsmodelle zur Verfügung. Nach der Lösung *Wahles* sollen mehraktiges Delikt bzw. Dauerdelikt aufgespalten werden. Bei Raubmordfällen, bei denen niemand Bedenken habe, zwischen Mord und Raub eine Handlungseinheit zu verneinen, liege das Schwergewicht des Raubdelikts im Angriff auf das Eigentum in der Wegnahme. Nur die Gewalt aber sei die teilidentische Ausführungshandlung. Hätte der Gesetzgeber etwa nicht das mehraktige Delikt des Raubs geschaffen, sondern es bei einer Strafbarkeit aufgrund Nötigung und Diebstahl belassen, bestünde sicherlich nur Handlungseinheit zwischen Mord und Nötigung, aber nicht zwischen Mord und Diebstahl. Nichts anderes könne dann gelten, wenn der Gesetzgeber diese beiden Tatbestände zu einem Sonderdelikt zusammengezogen hat. Der Täter sei in einem solchen Fall also wegen zweier selbstständiger Morde und eines weiteren selbstständigen Raubdelikts zu verurteilen.[684]

Jakobs' Ausweg scheint auf den ersten Blick praktikabel zu sein. Die Strafe soll zunächst für die an sich im Verhältnis voneinander selbstständigen Delikte nach den Regeln der Realkonkurrenz festgesetzt werden und aus dieser sowie aus der für das verklammernde Delikt zu verhängenden Strafe dann in entsprechender Anwendung des § 52 StGB eine einheitliche Strafe gebildet werden.[685] Dies muss aber abgelehnt werden, da es dem Kriterium der Teilidentität der Ausführungshandlungen widerspricht, das dem Verbot der Doppelbestrafung zugrunde liegt, und insofern Ungereimtheiten aufwirft, da eine nach allgemeinen Kriterien bestehende Handlungseinheit des verklammernden Delikts wegen einer weiteren Straftat wieder aufgelöst wird.[686]

Eine andere Lösung haben *R. Schmitt*[687] und *Schmidhäuser*[688] vorgeschlagen. Sie wollen die Rechtsfigur der Verklammerung im Ganzen aufgeben. Das Zusammentreffen zweier selbstständiger Straftaten mit einem verklammernden Delikt solle danach zur Realkonkurrenz zwischen allen drei Gesetzesverletzungen führen, d.h. für alle Delikte wird jeweils eine Einzelstrafe festgesetzt und daraus eine Gesamtstrafe gebildet. Begeht der Täter neben dem gestreckten Delikt nur ein einziges teilidentisches, erhält er nach dieser Auffassung eine Strafe, tritt aber noch eine dritte Straftat hinzu, soll er plötzlich mit drei Einzelstrafen belegt werden. Für zwei Gesetzesverletzungen gibt es also eine, für drei Gesetzesverletzungen drei Strafen. Diese Lösung ist konstruktiv nur denkbar, wenn

---

683 S. oben VII., 2.

684 *Wahle,* GA 1968, 97, 111.

685 *Jakobs,* AT, 33/12.

686 *Frister*, 30. Kapitel, Rn. 18.

687 *Schmitt,* ZStW 1963, 43, 48.

688 *Schmidhäuser,* 14/36.

man die Teilidentität als hinreichende Bedingung der Idealkonkurrenz von vornherein ablehnt. Darüber hinaus spricht gegen die Realkonkurrenzlösung die doppelte strafrechtliche Bewertung des Täterverhaltens. Zwar wird eine mehrfache Berücksichtigung der durchlaufenden Tat vermieden, doch bilden einzelne natürliche Handlungen die Anknüpfungspunkte für verschiedene Einzelstrafen.[689]

Struensee schlägt noch einen weiteren Ausweg vor. Maßgebend sei die Identität der Ausführung mit dem verletzten schwersten Gesetz. Von dem schwersten Gesetz sei auszugehen, um festzustellen, welche verletzten anderen Gesetze in die Strafrahmenkombination mit einzubeziehen seien. Indem das schwerste Gesetz entweder selbst die „Führungsrolle übernimmt" oder eine der anderen Taten „zugeschlagen" wird, kann eine doppelte Berücksichtigung des durchlaufenden Delikts C, des verklammernden Delikts, vermieden werden. Sei das verletzte schwerste Gesetz Delikt C, so gehe es in Führung und ziehe aufgrund der teilidentischen Ausführung sowohl A wie auch B zur Strafrahmenkombination heran. In anderen Fällen, in denen das Delikt C mittelschwer oder leichter als A und B ist, hat *Struensee* die Figur der Klammerwirkung nicht anerkannt. Enthalte dagegen das Delikt A den Verstoß gegen das schwerwiegendste Gesetz, dann sei dieses jedenfalls mit C zu einem Strafrahmen zu kombinieren. B gehe nicht in diese Kombination ein. Wenn B gegenüber C den minderschweren Gesetzesverstoß darstelle, dann werde B sozusagen schon von C zur Kombination herangezogen, und A erfasse mit C einen bereits kombinierten Strafrahmen. Hier ist dann von einer analogen Anwendung des § 52 StGB zu sprechen. Sei C die leichteste Tat, stehen A und B im Wettstreit um C. Aber auch dies ließe sich nur aus sinngemäßer Anwendung des § 52 StGB herleiten.[690]

Der Lösungsvorschlag *Struensees,* das sog. „Vorrangprinzip"[691], scheint einleuchtend. Er kann die im Schuldprinzip bestehende Problematik der Klammerwirkung beseitigen und den mit jeder Entklammerung für den Täter verbundenen Nachteil verkleinern, er kommt aber um das Doppelbestrafungsverbot auch nicht herum.[692] Außerdem fehlt ein Vorschlag darzu, mit welchem Delikt, A oder B, das Delikt C kombiniert werden soll, wenn Delikt A und B gleichschwer aber wenig schwerer wiegen als C. Das entscheidende Argument gegen den

---

689 *Werle,* A., V., 3., a), bb), S. 87 f.

690 *Struensee,* 1. Kapitel, B., II. 2., b., S. 28 f.

691 So *Puppe,* III., 6., S. 202.

692 *Werle,* A., V., 3.,a), cc), S. 89, 91.

Vorschlag *Struensees* ist die Mangelhaftigkeit der gesetzlichen Grundlage.[693] Vorausgesetzt bei § 52 StGB wird, dass es ausschließlich Gesetzesverletzungen durch ein und dieselbe Handlung gibt, deren Rechtsfolge die Strafrahmenkombination ist. Von § 52 kann das „Vorrangprinzip" auch nicht abgeleitet werden.

Die fehlerhaften Entscheidungen der Rspr. und die Vorschläge der Lit., die das Problem auch nicht besser lösen können, zeigen deutlich, dass die Problematik der Klammerwirkung und Entklammerung durch die vorgestellten Ansätze nicht gelöst werden kann. Entweder erlangt der Täter hinsichtlich der voneinander selbstständigen Straftaten den Vorteil der Anwendung von § 52 StGB, oder einzelne Akte des vermittelnden Delikts müssen im Rahmen von § 53 StGB doppelt berücksichtigt werden. Auch wenn die Lehre der Klammerwirkung versucht, dieses Problem durch die Wahl des jeweils kleineren Übels zu bewältigen, enthält jede Lösung notwendigerweise einen Widerspruch. Zutreffend meint *Werle,* die Rspr. stehe in dieser Frage vor der Alternative, entweder die Lehre der Klammerwirkung grundlegend zu überdenken oder aber an ihr festzuhalten und damit auch kriminalpolitisch bedenkliche Konsequenzen hinzunehmen. Falls die Rspr. noch nicht bereit ist, bisherige Positionen grundlegend zu revidieren, kann dann nur der Gesetzgeber selbst die gezeigten Schwierigkeiten ausräumen.[694]

X. Ansicht zum Problem der Gesetzeseinheit

In der Lit. ist die Rechtsfigur der Gesetzeseinheit nicht nur auf der Ebene des Prozessrechts problematisch. Bereits bei der Aufteilung der Erscheinungsformen gehen die Meinungen vielfältig auseinander.

Die überwiegende Auffassung in der Lit. erkennt bei Gesetzeseinheit lediglich die Fälle von Spezialität und Subsidiarität an.[695] *Klug* hat zutreffend darauf hingewiesen, – wobei hier nur von Relevantem gesprochen wird – es gebe drei und nur drei Möglichkeiten, wie sich nicht-identische Tatbestandverwirklichungen logisch zueinander verhalten können: Heterogenität, Interferenz und Subordination.[696] *Heterogene Tatbestände* schließen einander aus, deswegen konkurrieren sie nicht. *Interferenz* bezeichnet Fälle, in denen drei Situationen denkbar sind: Es gibt Fälle, in denen eine Handlung nur unter Tatbestand A fällt, nicht

---

693 *Puppe,* III., 6., S. 202; *Werle,* A., V., 3., a), cc), S. 91.

694 *Werle,* JR 1979, 93, 99.

695 Schönke/Schröder/*Stree/Sternberg-Lieben,* Vor §§ 52 ff.; Rn. 131; *Hruschka,* Anhang I, 391; *Klug,* ZStW 1956, 403, 414; *Schmidhäuser,* 18/24.

696 *Klug,* ZStW 1956, 399, 403 ff.; s. auch *Hruschka,* Anhang I, 389 ff.; *Jescheck/Weigend,* § 69, II., S. 734 ff.; *Joerdan,* 2. Kapitel, B., I., 2., S. 129 ff.

aber unter Tatbestand B; es gibt Fälle, in denen eine Handlung nur von Tatbestand B erfasst wird, nicht aber von Tatbestand A; und es gibt schließlich Fälle, in denen die betreffende Handlung unter beide Vorschriften subsumiert werden kann. Letztlich besteht *Subordination*, wenn der Fall, der unter den einen Tatbestand fällt, zugleich auch unter den anderen Tatbestand fällt, allerdings nicht umgekehrt. Stets dann, wenn eine einzelne Handlung zugleich zwei oder mehr nicht-identische Tatbestandsverwirklichungen erfüllt, stehen diese Tatbestandsverwirklichungen entweder im Verhältnis von Interferenz oder Subordination zueinander. Eine dritte Möglichkeit gibt es nicht. Stehen die Tatbestandverwirklichungen im Verhältnis der Subordination zueinander, dann gilt die Regel des Gewohnheitsrechts *„Lex specialis derogat legi generali"*. Hier liegt dann Spezialität vor. Stehen sie stattdessen im Verhältnis von Interferenz zueinander, dann bestehen zwei und nur zwei Möglichkeiten. Entweder tritt das eine Gesetz als subsidiär hinter das andere zurück – nach der Regel *„Lex primaria derogat legi subsidiariae"*, oder aber die fraglichen Gesetze kommen nebeneinander zur Anwendung. Auf die Frage, welche der beiden genannten Möglichkeiten eingreift, gibt *Jakobs* eine Antwort. Ihm zufolge liegt der Unterschied zwischen Gesetzeseinheit und Idealkonkurrenz darin, dass Gesetzeseinheit Konkurrenz zwischen Deliktsbeschreibungen darstellt, aber Idealkonkurrenz Konkurrenz zwischen Deliktsverwirklichungen.[697]

Nach *Klugs* These, auch wenn von ihm selber nicht ausdrücklich gesagt, sollen Tatbestandsverhältnisse zwischen Vollendung und Versuch, Täterschaft und Teilnahme, Vorsatz- und Fahrlässigkeitsdelikt der Spezialität unterfallen, denn alle Verwirklichungen des Versuchstatbestands erfüllen auch den Vollendungstatbestand, aber nicht umgekehrt. D.h. nach *Klugs* These werden alle Fälle von materieller Subsidiarität und einGroßteil der formellen Subsidiaritätin die Spezialität verlagert Nur einige wenige Fälle der formellen Subsidiarität bleiben als Subsidiarität bestehen, soweit kein Spezialitätsverhältnis vorliegt. Konsumtion als Sonderform der Gesetzeseinheit ist demnach überflüssig.[698]

Auch wenn *Klug* es selbst nicht sagt, geht man bei seiner These davon aus, dass die mitbestrafte Vor- und Nachtat auch einen Fall der Subsidiarität bilden.[699] Denn es gibt Fälle, in denen z.B. der Täter nur einen Diebstahl begeht, nicht aber eine Sachbeschädigung; es gibt Fälle, in denen der Täter nur eine Sachbeschädigung begeht, nicht aber auch einen Diebstahl; und es gibt schließ-

---

697 *Jakobs,* AT, 31/2 f., 31/38; s. auch *v. Heintschel-Heinegg,* FS-Jakobs, 131.

698 *Hruschka,* Anhang I, 391; *Klug,* ZStW 1956, 399, 414.

699 So auch Schönke/Schröder/*Stree/Sternberg-Lieben,* Vor § 52 ff., Rn. 112 ff.; *Schmitt,* ZStW 1963, 43, 55.

lich Fälle, in denen der Täter beide Tatbestände verwirklicht, wenn er die gestohlene Sache verzehrt.

Nach anderer Auffassung ist die Spezialität die einzige Figur der Gesetzeinheit.[700] Die Vollendung eines Delikts ist nach *Puppe* auch ein Spezialfall seines Versuchs. Es sei nicht nötig, eine besondere Konkurrenzform der Subsidiarität in Anspruch zu nehmen, um zu begründen, dass der erfolgreiche Täter nicht sowohl wegen Versuchs als auch wegen Vollendung bestraft werde. Entsprechendes gilt auch bei Täterschaft und Beihilfe, Mittäterschaft und Anstiftung oder Vorsatzdelikt und Fahrlässigkeitsdelikt.[701] In Fällen von Konsumtion findet *Puppe* die Behandlung der h.M. unrichtig. Es widerspreche dem Ausschöpfungsgebot, wenn die Vor- oder Nachtat nicht im Tenor erscheine und bei einer Strafzumessung unberücksichtigt bleibe. Richtigerweise sei Idealkonkurrenz anzunehmen, weil hier eine Art tatbestandliche Handlungseinheit kraft Erfolgseinheit vorliege, die alle Verhaltensweisen zusammenfasst, die ein und denselben Unrechtserfolg mitverursachen, vorbereiten oder sichern.[702] Auch bei der mitbestraften Vor- und Nachtat bejaht *Puppe* eine Idealkonkurrenz kraft Erfolgsidentität, weil der Täter durch Anwendung verschiedener, je für sich strafbarer Methoden einen einzigen Unrechtserfolg herbeiführe und absichere.[703]

Zusammenfassend ist nach der hier vertretenen Ansicht bei Gesetzeseinheit nur Spezialität anerkannt. Dies liegt vor, wenn zwei Deliktstatbestände im Verhältnis der Subordination zueinander stehen. Darunter fallen freilich auch die Fälle, die nach der h.M. dem sicheren spezialitätsähnlichen Bereich der Subsidiarität zugeordnet werden.[704] Konsumtion ist überflüssig und sollte, wenn das Verhältnis der Subordination gegeben ist, der Spezialität zugeordnet werden. Die problematische mitbestrafte Vor- und Nachtat ist kraft Erfolgseinheit eine der Fallgruppen der Idealkonkurrenz.

Zum Problem der prozessualen Tateinheit ist die Auffassung in der Lit. grds. einstimmig. Vom Grundgedanken der Gesetzeseinheit ausgehend als Mittel einer Korrektur des übergreifenden Verhältnisses der Strafgesetze durch ein Doppelbewertungsverbot[705] ist unbestritten nur eine prozessuale Tat anzunehmen.[706]

---

700 NK/*Puppe,* Vor §§ 52 ff., Rn. 8; *Jakobs,* AT, 31/12.

701 NK/*Puppe,* Vor §§ 52 ff., Rn. 10.

702 NK/*Puppe,* Vor §§ 52 ff., Rn. 25 f.

703 NK/*Puppe,* Vor §§ 52 ff., Rn. 31 ff.

704 Vgl. auch *Honig,* Straflose Vor- und Nachtat, 3. Abschnitt, S. 31 ff.,der die Subsidiarität nur beim Vorliegen zweier Handlungen anerkennt und als Vor- und Nachtat behandelt.

705 MK-StGB/*v. Heintschel-Heinegg,* Vor §§ 52 ff., Rn. 16; NK/*Puppe,* Vor §§ 52 ff., Rn. 2 f.; *Jescheck/Weigend,* § 69, I., 2., S. 733; *Jakobs,* AT, 31/12; *Vogler,* FS-Bockelmann, 715, 721 f.

Schwierig ist die Frage zu beantworten, ob und ggf. unter welcher Voraussetzung der zurückgedrängte Tatbestand wieder auflebt, wenn der dominante Tatbestand nicht strafbar oder nicht verfolgbar ist. Hier gehen die Meinungen in der Lit. wegen Einzelheiten heftig auseinander. Einige Autoren differenzieren die Handhabung des Problems anhand der Gründe der Straflosigkeit bzw. Unverfolgbarkeit der Haupttat. Selbstverständlich sei der Rückgriff auf das verdrängte Delikt rechtlich erlaubt, wenn das verdrängende Delikt aus materiell-rechtlichen Gründen nicht zur Bestrafung führen kann.[707] *Vogler* hat Recht, wenn er meint, in diesen Fällen liege gar keine Gesetzeskonkurrenz vor.[708]

Bei Prozesshindernissen hingegen, z.B. bei eingetretener Verjährung oder etwa mangels erforderlichen Strafantrages, sei der Rückgriff auf die Nachtat jedenfalls dann grds. nicht gestattet.[709] Begründung ist die Bewertungseinheit der Gesetzeseinheit. Das verdrängende Delikt bilde in diesen Fällen die ausschließliche Bewertungsgrundlage für das Gesamtgeschehen, deswegen werde dem Aufleben des verdrängten Delikts die selbstständige Bedeutung des verdrängenden Delikts sachwidrig zuerkannt. Das Zusammengehörige werde auseinandergerissen und nicht mehr als eine Bewertungseinheit betrachtet.[710] Einige Autoren machen die Antwort auf die Frage, ob das verdrängte Delikt wieder auflebt, wenn das verdrängende Delikt aus prozessualen Gründen nicht mehr verfolgt werden kann, abhängig von der Auslegung der in Frage kommenden Tatbestände.[711]

Vogler will das Problem der Strafbarkeit bzw. der Straflosigkeit des verdrängten Strafgesetzes bei Spezialität bzw. Subsidiarität einerseits und bei mitbestrafter Vor- und Nachtat andererseits unterschiedlich behandeln. Während bei Spezialität und Subsidiarität der Vorrang einer Norm auf dem abstrakt zu bestimmenden Verhältnis der Normen zueinander beruhe, führten die mitbe-

---

706 MK-StGB/*v. Heintschel-Heinegg,* Vor §§ 52; Rn. 19; *Geppert*, Jura 1982, 426; *Vogler,* FS-Bockelmann, 715, 726; *Warda*, JuS 1964, 79; 93.

707 SK-StGB/*Samson/Günther,* Vor § 102, Rn. 75; Schönke/Schröder/*Stree/Sternberg-Lieben*, Vor §§ 52, Rn. 135; *Maurach/Gössel/Zipf,* AT, § 56, Rn. 44; *Geppert,* Jura 2000, 651, 657; *Roxin,* AT II, § 33, Rn. 234; *Vogler*, FS-Bockelmann, 713, 726; s. aber auch die Autoren, die keine Differenzierung vornehmen, LK/*Rissing-van Sann,* Vor §§ 52 ff., Rn. 162; *Baumann/Weber/Mitsch,* AT, § 36, Rn. 5; *Geerds,* § 15, III., S. 169.

708 *Vogler,* FS-Bockelmann, 715, 726.

709 SK-StGB/*Samson/Günther,* Vor §§ 52 ff., Rn. 102; Schönke/Schröder/*Stree/Sternberg-Lieben,* Vor § 52 ff., Rn. 136; *Maurach/Gössel/Zipf,* AT, § 56 Rn. 44; *Geppert,* Jura 2000, 651, 657; *Jescheck/Weigend*, AT, S. 736.

710 abl. LK /*Rissing-van Saan,* §§ Vor 52 ff., Rn. 164.

711 Schönke/Schröder/*Stree/Sternberg-Lieben,* Vor §§ 52 ff., Rn. 135; *Vogler,* FS-Bockelmann, 713, 730 f.

strafte Vor- und Nachtat wegen einer an der konkreten Tatausführung orientierten kriminalphänomenologischen Betrachtung zu dem Ergebnis fehlender eigenständiger Strafbedürftigkeit, daher seien die Überlegungen anders zu beurteilen.[712] Die Auffassung *Voglers* ist aus zwei Gründen abzulehnen. Zunächst trennt man Spezialität bzw. Subsidiarität einerseits und mitbestrafte Vor- und Nachtat andererseits nicht anhand der Frage, ob ein abstraktes oder konkretes Verhältnis vorliegt, sondern anhand der Frage, ob Handlungseinheit oder Handlungsmehrheit vorliegt. Mitbestrafte Vor- und Nachtat ist der handlungsmehrheitliche Fall der Subsidiarität.[713] Daraus folgt der zweite Grund. Liegt es beim Unterschied zwischen Spezialität bzw. Subsidiarität einerseits und mitbestrafter Vor- und Nachtat andererseits daran, ob Handlungseinheit oder Handlungsmehrheit gegeben ist, und bleibt der Grundgedanke zur Vermeidung der Doppelbewertung dennoch unberührt, ist es nicht ersichtlich, weshalb die Behandlung in beiden Fällen unterschiedlich sein soll.[714]

XI. Ansicht zum Problem der Realkonkurrenz

Dass Realkonkurrenz mehrere prozessuale Taten bildet, ist in der Lit. unstreitig anerkannt. Die entscheidende Frage ist aber, ob bei Realkonkurrenz auch eine Tat bejaht werden kann. Die MM. in der Lit. verneint dies und nimmt bei Realkonkurrenz stets selbstständige Taten im prozessualen Sinne an.[715] Dagegen bejaht die überwiegende Meinung der Lit. nur grds. prozessuale Tatmehrheit bei Realkonkurrenz, erlaubt aber auch Ausnahmen.[716]

Detmer bestätigt die Gleichsetzung des prozessualen Tatbegriffs mit dem materiell-rechtlichen Konkurrenzverhältnis, deswegen bildet nach ihm die Realkonkurrenz stets mehrere Taten im prozessualen Sinne. Er kritisiert die Annahme der Tateinheit im prozessualen Sinn bei Realkonkurrenz als Missachtung der Konzentration und Verfahrenskontinuität.[717] Gewiss bestehe beispielsweise zwischen einem Unfallgeschehen und einer Unfallflucht eine innere Verknüpfung. Nun sei es aber so, dass diese innere Verknüpfung – bei unvollständigen Ankla-

---

712 *Vogler,* FS-Bockelmann, 713, 732 ff.

713 S. auch Schönke/Schröder/*Stree/Sternberg-Lieben,* Vor §§ 52 ff., Rn. 104; *Keller,* 1. Teil, § 4, 2., e), S. 28, Fn. 30; *Wessels/Beulke,* AT, Rn. 788.

714 Schönke/Schröder/*Stree/Sternberg-Lieben,* Vor §§ 52 ff., Rn. 104; *Jescheck,* § 69, II, 3., a), S. 736; *Welzel,* § 30, II, 3., b), S. 235.

715 *Detmer,* Dritter Teil, S. 212 ff.

716 Radtke/Hohmann/*Radtke,* § 264, Rn. 47; KMR/*Stuckenberg,* § 264, Rn. 93; SK-StPO/*Velten,* § 264, Rn. 44.

717 *Detmer,* Dritter Teil, S. 213.

gen – erst vom Gericht erkannt und hergestellt werde. Verbinde man beide Geschehensabschnitte zu einer Tat, so weise man dem Gericht gleichzeitig das Recht und die Pflicht zu, vollends eigenständige Hypothesen, die in der Anklage weder in rechtlicher noch in faktischer Hinsicht angelegt waren, zu thematisieren.[718]

Beulke vertritt zu Recht die Gegenauffassung. Ihm zufolge bildet die Realkonkurrenz grds. mehrere prozessuale Taten. Ausnahmsweise kann jedoch eine prozessuale Tateinheit vorliegen. Seine These stellt auf das materiell-rechtliche Strafrecht ab. Ob zwei im natürlichen Sinne zu trennende Handlungen juristisch zu einer Einheit „verschmolzen“ werden dürften, habe also grds. das materielle Recht zu entscheiden. Solch eine Verschmelzungsmöglichkeit bestehe auch bei weit auseinander liegenden Taten. Entscheidend ist die innere juristische Verpflichtung wegen tatsächlich empfundener oder juristisch-wertend ermittelter Untrennbarkeit, konkreter „eine deliktsimmanente Verbindung“ oder „die gleiche Angriffsrichtung“ bei einem alternativen Sachverhalt. Des Weiteren komme ein zeitlich-örtlicher Zusammenhang in Betracht. Fehle der innere Zusammenhalt, sei trotz zeitlicher und örtlicher Nähe von zwei prozessual selbstständigen Taten auszugehen.[719] In Unfallfluchtfällen ist nach *Beulke* Tateinheit im prozessualen Sinne anzunehmen. Eine Subsumtion unter § 142 StGB sei zwar ohne Berücksichtigung der vorangegangenen Straftat nicht völlig unmöglich, jedoch bedürfe es für eine angemessene juristische Wertung mehrerer Einbeziehungen. Es gehe also nicht um die absolute Untrennbarkeit, sondern um das zum eigentlichen Tatverständnis doch erforderliche Zusatzwissen.[720]

---

718 *Detmer,* Dritter Teil, S. 214.

719 *Beulke,* in: FG 50 Jahre BGH IV (Hrsg. Canaris u.a.), S. 781, 794 ff.

720 *Beulke,* in: FG 50 Jahre BGH IV (Hrsg. Canaris u.a.), S. 781, 796.

Dritter Teil: Meinungen zum angeklagten Akt nach thailändischem Recht

Kapitel F. Inhalt des angeklagten Akts nach thailändischem Recht

In diesem Kapitel werden Entscheidungen der Rspr. in Thailand dargestellt, mit dem Zweck, ihre Auffassungslinie bezüglich des angeklagten Akts aufzuzeigen. Daneben werden die Auffassungen der Lit. diskutiert.

I. Allgemeine Auffassungslinie der Rspr.

Die allgemeine Auffassungslinie der Rspr. geht auf die Vorschriften zurück, bei denen vom angeklagten Akt die Rede sein könnte, nämlich §§ 192 und 39 (4) TStPO.

1. Hinsichtlich des angeklagten Akts bei der Urteilsfindung gemäß §§ 192, 163 ff. TStPO

Es ist bereits bekannt, dass in erster Linie die Anklage den Gegenstand der Rechtshängigkeit darstellt, genauer gesagt die Tatsachen, die in der Anklage bezeichnet sind. Dies ergibt sich aus den §§ 192 I, 158 (5) TStPO. Gemäß § 192 I TStPO darf das Gericht den Angeklagten wegen der nicht im Antrag auf Bestrafung stehenden Tatbestände und wegen der in der Anklage nicht bezeichneten Tatsachen nicht verurteilen.[721] Allerdings erlauben § 192 II, III, VI TStPO dem Gericht, wegen der Tatsachen außerhalb der Anklage und wegen der Tatbestände außerhalb des Antrags auf Bestrafung ausnahmsweise zu verurteilen. Der Umfang des Gegenstands der Rechtshängigkeit dehnt sich deswegen soweit aus, wie die Ausnahmen gemäß § 192 II, III, VI TStPO enden. Außerdem sieht die Rspr. Tatbestände in Absatz 3 nur als Beispiele an und deswegen ist der Richter berechtigt dazu, andere Fälle anzunehmen, auch wenn sie überhaupt nicht in Absatz 3 geregelt sind.

---

721 S. Kapitel B., II., 3.

a) Reichweite des angeklagten Akts gemäß den Ausnahmen in Absatz 2, 3 und 6 des § 192 TStPO

Der Schlusssatz des Absatzes 2 sowie die Absätze 3 und 6 regeln die Ausnahmen des Überschreitungsverbots der Anklageschrift bei Urteilsfindung. Danach muss das Gericht den Angeklagten nicht freisprechen, auch wenn das Ergebnis der Hauptverhandlung den Inhalt der Anklageschrift überschreitet. Unter zwei Voraussetzungen kann es den Angeklagten wegen der nicht in der Anklage bezeichneten Tatsachen und wegen der nicht im Antrag auf Bestrafung bezeichneten Tatbestände verurteilen: Erstens wenn die Unterschiede zwischen den Tatsachen in der Anklageschrift und denen im Ergebnis der Hauptverhandlung nur Einzelheiten betreffen, m.a.W. wenn sich beide Tatsachen nur unwesentlich voneinander unterscheiden, zweitens wenn diese Unterschiede die Verteidigung des Angeklagten nicht behindern.

Diese unwesentlichen Unterschiede sind in Absatz 3 konkreter benannt: Unterschiede bezüglich des Tatorts oder der Tatzeit, Unterschiede zwischen Verwirklichung von Diebstahl, Erpressung, Erpressung mittels Geheimnisverrats, Betrug, Gläubigerbetrug, Unterschlagung, Hehlerei und Sachbeschädigung sowie Unterschiede zwischen vorsätzlichen und fahrlässigen Straftatbeständen.

Wenn die Tatsachen in der Anklageschrift und die Tatsachen gemäß dem Ergebnis der Hauptverhandlung sich nur hinsichtlich des Tatorts oder der Tatzeit unterscheiden, darf das Gericht den Angeklagten wegen dieser Tatsachen gemäß dem Ergebnis der Hauptverhandlung verurteilen. Nach Auffassung des TObG ist z.B. ein Zeitunterschied von bis zu anderthalb Monaten unwesentlich.[722] Es ist fraglich, ob ein größere Zeitunterschied von z.B. ein paar Jahren schon als wesentlich oder ob ein kleinerer Zeitunterschied von drei Minuten in allen Fällen als unwesentlich anzusehen ist. Eine solche Situation ist der vorliegenden Problematik bereits aus der deutschen Praxis bekannt. Man glaubt, dass der angeklagte Akt allein durch Abweichungen von Tatort oder Tatzeit noch nicht gesprengt werde, was nicht immer zutrifft. Tatzeit und Tatort sind einerseits zwar unentbehrlich, aber sie reichen allein regelmäßig nicht aus, den angeklagten Akt zu bestimmen.[723]

Hinsichtlich der Unterschiede zwischen Verwirklichung von acht Delikten – meistens Vermögensdelikten – schreibt § 192 III TStPO vor, dass die Abweichungen innerhalb dieser acht Delikte unwesentlich sind. Ist der Angeklagte wegen Diebstahls angeklagt, das Gericht aber von einer Hehlerei überzeugt, muss das Gericht den Angeklagten nicht freisprechen. Vielmehr darf das Gericht

722 TObGE 8391/2001.

723 LR/*Stuckenberg*, § 200, Rn. 19.

unproblematisch wegen Hehlerei verurteilen,[724] solange sich das in der Anklage bezeichnete Tatobjekt nicht verändert.[725] Die Rspr. beschränkt sich nicht nur auf diese acht Delikte. Sie erweitert diese um drei weitere Vermögensdelikte, nämlich Diebstahl durch Greifen in Präsenz (§ 336 TStGB)[726], Raub (§ 339 TStGB)[727] und Raub durch mehr als zwei Personen (§ 340 TStGB)[728]. Der Grund für die Ausdehnung der Ausnahmen besteht nach der Rspr. darin, dass der Diebstahl diesen drei Delikten zugrunde liegt, deswegen ist der Unterschied unter allen Vermögensdelikten nicht wesentlich.[729] Beim Hausfriedensbruch (§ 362 TStGB), der seltsamerweise im TStGB zu den Vermögensdelikten gehört, vertritt die Rspr. richtigerweise die Meinung, dass er aus Tatbestandsmerkmalen besteht, die unterschiedlich zu jenen anderer Vermögensdelikte sind. Deswegen ist der Unterschied zwischen Hausfriedensbruch und den anderen in § 192 III TStPO erwähnten Tatbeständen immer wesentlich.[730]

Bei Unterschieden zwischen Verwirklichung von vorsätzlichen und fahrlässigen Straftaten stellt die TStPO auch fest, dass sie nur unwesentlich voneinander abweichen.[731] Hierunter versteht das TObG nur den Unterschied zwischen vorsätzlichen und fahrlässigen Begehungen derselben Straftaten. Deswegen spricht das Gericht den Angeklagten von der vorsätzlichen Amtspflichtverletzung (§ 157 TStGB) frei, auch wenn festgestellt wurde, dass der Angeklagte während seines Diensts eingeschlafen ist, sodass der Gefangene flüchten konnte, was in der Tat unter die fahrlässige Gefangenenbefreiung im Amt (§ 206 TStGB) subsumiert werden kann.[732]

Das Ergebnis der Entscheidung ist für die deutschen Juristen undenkbar und ist nach der hier vertretenen Auffassung ebenfalls abzulehnen. Mit der Entscheidung meinte das TObG gleichzeitig, das Verhalten des Angeklagten „Einschlafen" stelle einen anderen angeklagten Akt dar, also einen anderen Prozessgegenstand, als das Verhalten „Befreiung des Gefangenen". Falls der Umfang des angeklagten Akts bei der Rechtshängigkeit und der Rechtskraft identisch wäre,[733]

724 TObGE 1043/1992; 2129/1994; 3235/1998.
725 TObGE 463/1970; 2208/1985; 1814/1999; 8802/2000.
726 TObGE 831/1989.
727 TObGE 2912/2007.
728 TObGE 599/1989; 1043/1992; 2129/1994.
729 TObGE 599/1989.
730 TObGE 821/1959.
731 S. TObGE 1962/1998; 5280/1997; 1962/1998; 2589/2003.
732 TObGE 5211/1997.
733 Ob der Gegenstand der Rechtshängigkeit mit dem der Rechtskraft nach thailändischem Recht identisch ist, wird in der Arbeit später erörtert, s. Kapitel G., I., 4.

würde nur das Einschlafen, nicht aber die Befreiung, die Rechtskraft nach sich ziehen und die Befreiung könnte daher später verfolgt werden. Niemand könnte sich vorstellen, dass ihn das Strafverfahren wegen eines Verhaltens nicht von einem anderen Strafverfahren wegen eines anderen Verhaltens verschonen würde, wenn durch beide Verhaltensweisen derselbe Gefangene fliehen könnte. Der Vertrauensschutz ist durch diese Entscheidung dramatisch beeinträchtigt. Hätte der Ankläger seine Anklage wegen vorsätzlicher Gefangenenbefreiung (§ 204 TStGB) verfasst, hätte das Gericht kraft § 192 III TStPO den Angeklagten wegen fahrlässiger Gefangenenbefreiung (§ 205 TStGB) verurteilen können. Das zeigt ganz deutlich, dass der Prozessgegenstand und der Vertrauensschutz niemals von der rechtlichen Bewertung des Klägers oder des Gerichts abhängen können. Noch einmal: Der angeklagte Akt ist kein *crimen.*

Nach Absatz 6 ist dem Gericht erlaubt, den Angeklagten wegen der nicht im Antrag auf Bestrafung bezeichneten Tatbestände zu verurteilen, wenn die Tatsachen gemäß dem Ergebnis der Hauptverhandlung mehrere Tätigkeitsakte verbinden, die auch unter den zu entscheidenden aber unbezeichneten Tatbeständen subsumiert werden können. Wenn jemand z.B. wegen Totschlagversuchs angeklagt ist, sich aber nachträglich in der Hauptverhandlung herausstellt, dass er ohne Tötungsvorsatz gehandelt hat, kann das Gericht den Angeklagten wegen der Tatsache gemäß dem Ergebnis der Hauptverhandlung wegen Körperverletzung verurteilen. Denn in jedem Totschlag verbirgt sich eine Körperverletzung.[734] Ist jemand wegen Vergewaltigung (§§ 276 f. TStGB) angeklagt, das Gericht aber nur von sexuellem Missbrauch überzeugt, kann das Gericht ihn wegen sexuellen Missbrauchs (§§ 278 ff. TStGB) verurteilen, auch wenn sexueller Missbrauch nicht im Antrag auf Bestrafung erscheint. Denn in jeder Vergewaltigung versteckt sich ein sexueller Missbrauch.[735] Das ist genau der Fall von Spezialität und Subsidiarität nach der deutschen Konkurrenzlehre. Absatz 6 von § 192 von TStPO besagt nicht mehr und nicht weniger, als dass sich der Umfang der Urteilsfindung des Gerichts auch auf das allgemeine Gesetz i.S.v. Spezialität und auf das subsidiäre Gesetz i.S.v. Subsidiarität erstreckt. Diese Erkenntnis ist für das Rechtsinstitut des Prozessgegenstands sehr fruchtbar.[736] Mangels Entwicklung der Konkurrenzlehre und des Prozessgegenstands kommt leider niemand in Thailand zu dieser Erkenntnis.

---

734 TObGE 1052/2545; 7793/2004; 1522/2004, 1510/2005.
735 TObGE 4024/1991; 6065/2002.
736 S. unten Kapitel G., III., 5., a).

b) Ausgedehnte Reichweite des angeklagten Akts außerhalb geregelter Ausnahmen

Da die Rspr. Unterschiede im Absatz 3 nur als Regelbeispiele annimmt, dehnt sie die Ausnahmen des Überschreitungsverbots der Anklageschrift auf andere ungeschriebene Unterschiede aus, nämlich auf Unterschiede bezüglich Beteiligungsformen und Unterschiede bezüglich der betroffenen Personen oder Gegenstände.

Bei Unterschieden bezüglich unterschiedlicher Beteiligungsformen formuliert das TObG, dass der Beitrag des Täters und der des Anstifters wesentlich voneinander abweichen.[737] So z.B. wenn dem Angeklagten Täterschaft vorgeworfen wird, sich aber später herausstellt, dass er sich tatsächlich wegen Anstiftung strafbar gemacht hat, ist eine Verurteilung wegen Anstiftung unmöglich. Durch diesen Ansatz meint das TObG auch gleichzeitig, dass der Unterschied zwischen Täterschaft und Anstiftung schon den Gegenstand der Rechtshängigkeit sprengt. Allerdings führt das TObG weiter aus, der Beitrag des Täters oder des Anstifters beinhalte auch den Beitrag des Gehilfen, daher müsse das Gericht den Angeklagten nicht freisprechen, vielmehr dürfe das Gericht gemäß § 192 VI TStPO den Angeklagten wegen Beihilfe bestrafen.[738] Das gelte aber nicht, wenn der Gehilfe wegen Täterschaft oder Anstiftung angeklagt ist, so das TObG. Hier sei der Unterschied zwischen der angeklagten Sachlage, Beihilfe, und der Sachlage nach dem Ergebnis der Hauptverhandlung, Täterschaft oder Anstiftung, nicht wesentlich und das Gericht dürfe den Angeklagten wegen Beihilfe verurteilen.[739]

Auch wenn diese Entscheidungen im Ergebnis richtig scheinen, zeugen die zwei auseinandergehenden Ansätze der Rspr. von einer unlogischen Denkweise. Wenn die Rspr. festhält, die Täterschaft sei wesentlich unterschiedlich im Verhältnis zur Anstiftung, ist es nicht ersichtlich, warum die Anstiftung auch nicht wesentlich unterschiedlich im Verhältnis zur Beihilfe ist. Die Rspr. verrät ihr Motiv in TObGE 2457/1993 – nicht ganz deutlich aber verständlich – dass sich immer der Beitrag des Gehilfen im Beitrag des anderen Beteiligten verbirgt. Deswegen kann das Gericht den Angeklagten immer wegen Beihilfe verurteilen, auch wenn die Beihilfe überhaupt nicht in der Anklageschrift erwähnt wird. Die Aussage des TObG erinnert an den Gedanken vom Stufenverhältnis der Tatbestände in der Konkurrenzlehre. Wäre es den thailändischen Juristen bekannt, dass Absatz 6 des § 192 TStGB von der Reichweite des angeklagten Akts und

737 TObGE (GS) 433/1948; 5963/1968; 3044/1997; 6677/1997; 6742/2004; 770/2008.
738 TObGE (GS) 433/1948; 5963/1968; 3044/1997; 6677/1997; 6742/2004; 770/2008
739 TObGE 2457/1993; 47/1998; 7622-7623/2006.

vom Stufenverhältnis spricht, müsste sich das TObG nicht auf Absatz 3 berufen. In Fällen von unterschiedlichen Beteiligungsformen ist Absatz 6 des § 192 TStGB anwendbar.

Bei Unterschieden bezüglich der betroffenen Personen oder Gegenständen ist die Rspr. relativ beständig. Sind das in der Anklage bezeichnete Tatobjekt und das Objekt des Ergebnisses der Hauptverhandlung nicht identisch, trifft der Unterschied den Kernpunkt der Anklage und das Gericht muss den Angeklagten freisprechen.[740] Auch bei Unterschieden in der Person des Opfers ist der Angeklagte freizusprechen.[741] Auch wenn die Rspr. sich nicht darum bemüht zu erklären, warum solche Unterschiede wesentlich sind, ist dieser Arbeit bereits bekannt. Beim Erfolgsdelikt ist die Beschreibung des Tatopfers und des Tatobjekts die effektivste Methode, um den angeklagten Akt zu individualisieren.[742] Dadurch ist die Verwechselbarkeit ausgeschlossen und die Einzigartigkeit bestätigt. Ist das Tatopfer oder Tatobjekt gemäß dem Ergebnis der Hauptverhandlung nicht dasselbe wie das in der Anklage, sprechen die Anklage und die Hauptverhandlung von anderen angeklagten Akten bzw. von einemanderen Prozessgegenstand.

Was außerdem zu den unwesentlichen Unterschieden gehört, ist im Übrigen aus den Entscheidungen TObGE 2768/1993, 1351/1996, 1052/2002 (GS), 10298-10299/2010 zu ersehen. Wird dem Angeklagten eine Körperverletzung mittels einer Waffe vorgeworfen und es stellt sich nachträglich heraus, dass er das Opfer mit einer anderen Waffe verletzt hat, (er hat es nicht erschossen, sondern erstochen), trifft dieser Unterschied nach der ständigen Rspr. nur die Einzelheiten und bleibt außer Betracht. Das Ergebnis basiert zwar nicht auf einer dogmatischen Begründung, ihm ist aber zuzustimmen.

c) Verständnis der Rspr. zu §§ 163 f. TStPO in Bezug auf den angeklagten Akt bei der Rechtshängigkeit

In Bezug auf §§ 163 f. TStPO sind die Entscheidungen des TObG undogmatisch und unsystematisch. Zwar gibt es Bemühungen, Grundlagen bezüglich dessen zu schaffen, was man unter „vernünftigen Gründen“, „Tatbeständen“ und „Einzelheiten“ verstehen soll. Jedoch verfolgt das TObG seine Grundlagen selbst nicht, weshalb sich keine Grundlagen durchsetzen können.

Nach Ansicht des TObG und auch der h.L.[743] bedeuten die „vernünftigen Gründe“ Ereignisse, aus denen der Ankläger bei der Anklageerhebung die An-

740 TObGE 461/1970; 8802/2000.

741 TObGE 207/1985; 7276/2001.

742 S. oben Kapitel B., I., 6.

743 *Chaihan,* StPR II, S. 61; *Ketsawapitak,* StPR II, S. 167 f.

klageschrift nicht anders verfasst hätte und weswegen ihm auch nicht zugemutet werden kann, dass z.B. belanglose Tatsachen in der Anklage aus Versehen fehlen[744], wenn Tatzeit oder Tatort falsch geschrieben werden[745] oder gänzlich fehlen[746].

Hinzu kommt eine von der h.M. für wichtig gehaltene Grundlage: Bei einer Anklage, in der die Tatsachen fehlen, die unter die gesetzlichen Merkmale der jeweiligen Straftaten subsumiert werden, sind solche Tatsachen nach Ansicht des TObG unmöglich zu ergänzen, da *kein* vernünftiger Grund zur Korrektur und Ergänzung der Anklageschrift i.S.d. § 163 TStPO vorliegt.[747] Die Anklage wegen Scheckbetrugs, in der die Tatsache fehlt, dass die Bank die Zahlung zurückgewiesen hat, kann nicht korrigiert oder ergänzt werden.[748] Dies liegt nach der Meinung des TObG daran, dass kein vernünftiger Grund vorliegt und dass die Verteidigung des Angeklagten dadurch benachteiligt werden könnte.[749] Allerdings bleibt das TObG seinen Prinzipien nicht immer treu. Es lässt den Antrag zur Korrektur oder Ergänzung der Anklageschrift bei der Anklage wegen falscher Verdächtigung zu, auch wenn die Tatsache fehlt, dass der Angeklagte die Unwahrheit seiner Verdächtigung kennt.[750] Die Erkenntnis der Unwahrheit der Verdächtigung gehört zum subjektiven Tatbestand des § 137 TStGB. Das TObG hätte den Antrag, wenn es seinem Prinzip treu geblieben wäre, nicht zulassen dürfen. Die Ergänzung der Anklage diene in diesem Fall laut TObG nur der Verdeutlichung der Anklage, deswegen sei die Ergänzung der Anklage erlaubt. Nach dem Beispiel von *Luechai,* der dieselbe Meinung vertritt wie das TObG, sollte die Ergänzung der Anklage bei einer Anklage wegen Totschlags eines Beamten auch zuzulassen sein, bei welcher die Tatsache fehlt, dass der Beamte zur Zeit der Tatbegehung im Dienst war, da sie nur zur Vervollständigung der Anklage dient.[751] Es ist aber insgesamt sehr zweifelhaft, warum die Tatsache, dass der Beamte zur Zeit der Tatbegehung im Dienst war, nicht zu den gesetzlichen Merkmalen gehört und daher die Anklage nicht korrigiert oder ergänzt werden kann. Was versteht die h.M. dann unter gesetzlichen Tatbestandsmerkmalen?

---

744 TObGE 2492/1997; 4220/1999; 8187/2000.

745 TObGE 252/1940; 567/1944;

746 TObGE 1377/1970;

747 TObGE 1062/1961; 2006/2008.

748 TObGE 1062/1961.

749 S. auch TObGE 2006/2008.

750 TObGE 336/1939;

751 *Luechai,* StPR II, S. 73.

Es ist offensichtlich, dass die Verteidigungseffizienz des Angeklagten nach Ansicht der Rspr. von großer Bedeutung ist, sodass sie die Möglichkeit der Korrektur oder Ergänzung der Anklageschrift stark einschränkt. Man könnte aber in der Tat auch darüber nachdenken – *Luechai* selbst ruft den Gedanken hervor[752] – ob es für die Verteidigung selbst nicht besser wäre, wenn die Anklage vollständig und präzise bezeichnet würde.

Noch zweifelhafter ist es, wenn man darüber nachdenkt, wie die Strafverfahren, in denen alles von der Anklage abhängig ist, wie im thailändischen Strafverfahren, mit solch erheblich unvollständigen Anklagen in Zukunft weiterlaufen sollen. Das Gericht müsste den Angeklagten immer freisprechen, da es keineswegs von der Schuld des Angeklagten überzeugt wäre. Solch ein Freispruch wäre nach der h.M. als Sachurteil gemäß § 39 (4) TStPO angesehen. Würde er rechtskräftig, entstünde die Sperrwirkung, und die Strafklage wäre verbraucht. Eine erneute Verfolgung wegen derselben Sache wäre unmöglich. Dann käme der Schuldige nur wegen prozessrechtlicher Formalität auf freien Fuß. Wäre es für die materielle Gerechtigkeit, den Rechtsfrieden und die Rechtssicherheit nicht besser, den Ankläger seine Anklage korrigieren und den Angeklagten die vollständige Anklage verteidigen zu lassen, und im Anschluss daran den Angeklagten gemäß seiner Schuld zu verurteilen?

Die Begriffe „Tatbestände“ und „Einzelheiten“ gemäß § 164 TStPO sind problematisch. Nach der grammatischen Auslegung kann man nichts anderes verstehen, als dass § 164 TStPO grds. erlaubt, Tatbestände und Einzelheiten zu korrigieren oder ergänzen, solange der Kerninhalt der Anklage sich nicht verändert und der Angeklagte weiß, was ihm vorgeworfen wird,[753] m.a.W. solange die Korrektur oder Ergänzung immer noch auf denselben angeklagten Akt gerichtet ist. Mangels Erkenntnis des Umfangs des angeklagten Akts gerät die Rspr. in Schwierigkeiten. In TObGE 801/1968 hat das TObG unbegründet ausgesagt, es handele sich *nicht* um die Korrektur der Einzelheiten der Anklageschrift und deswegen sei der Antrag zur Korrektur oder Ergänzung der Anklageschrift gemäß § 164 TStPO nicht erlaubt, wenn der Ankläger seine Anklage wegen einfacher Körperverletzung (§ 295 TStGB) in eine Anklage wegen schwerer Körperverletzung (§ 297 TStGB) ändern wollte, indem er neue Tatsache ergänzte, dass die verletzte Person so schwer verletzt war, dass sie mehr als 20 Tage ihr Alltagsleben nicht bestreiten konnte.[754] Es ist überhaupt nicht einleuchtend, was das

752 *Luechai,* StPR II, S. 71.

753 S. auch die Meinung *Chaihans*, StPR II, S. 64.

754 In dieser Entscheidung hat das TObG den Antrag auf Korrektur trotzdem zugelassen, mit der Begründung, die Verteidigung des Angeklagten sei davon nicht betroffen.

TObG damit meint, wenn es sagt, es handele sich nicht um die Korrektur von Einzelheiten der Anklageschrift.

Nach der hier vertretenen Meinung hat das TObG somit einen schweren Fehler gemacht. Es geht in diesem Fall mit Sicherheit um die Korrektur oder Ergänzung der Tatbestände, die den Kerninhalt der Anklage nicht betreffen, also bleibt der angeklagte Akt immer noch derselbe. Es handelt sich hier um dieselbe Handlung im natürlichen Sinne und auf gar keinen Fall um einen anderen Akt oder einen anderen Prozessgegenstand. Der Antrag zur Korrektur oder Ergänzung der Anklageschrift hätte erlaubt sein müssen.

Noch unverständlicher ist die Entscheidung TObGE 6168/2005. Das TObG hat den Antrag zur Korrektur und Ergänzung der Anklageschrift nicht zugelassen, als der Ankläger seine Anklage wegen Totschlags (§ 288 TStGB) zur Anklage wegen Totschlags mit Vorbedacht (§ 289 (4) TStGB) ändern wollte, da sich erst in der Hauptverhandlung die neue Tatsache zeigte, dass der Angeklagte ein Auftragskiller war. In diesem Fall ist es noch eindeutiger, dass die Verhaltensweise des Angeklagten nach der Anklage überhaupt nicht abgewichen ist von der Verhaltensweise nach dem Ergebnis der Hauptverhandlung. Es ist dieselbe Handlung im natürlichen Sinne. Lediglich den Tatbestand wollte der Ankläger ändern, was gemäß § 164 TStPO ohne Zweifel erlaubt ist. Das TObG verstößt damit selbst gegen die Regelungen der TStPO.

Zutreffend ist die zweite Meinung der Rspr. Sie entscheidet in TObGE 1746/1992, dass die Korrektur der Anklage wegen fahrlässiger, schwerer Körperverletzung gemäß § 300 TStGB zu Körperverletzung mit Todesfolge gemäß § 291 TStGB erlaubt ist, mit der Begründung, dass vernünftige Gründe vorliegen. Solche wurden nach der Ansicht des TObG in dieser Entscheidung aber nicht deutlich ausgedrückt. Vermutlich gibt es zweierlei Ansätze: Zunächst tritt der Tod des Opfers erst nach Anklageerhebung ein, sodass es unmöglich ist, den Tod des Opfers in der Anklage zu beschreiben. Zweitens hat der Angeklagte von der neuen Tatsache bereits gewusst. Noch einmal, in der Entscheidung TObGE 8340/1997, setzt das TObG fest, dass die Anklage wegen versuchten Totschlags zur Anklage wegen vollendeten Totschlags korrigiert werden kann, mit der Begründung, der Tod sei lediglich der Erfolg des angeklagten Akts. Die Korrektur oder Ergänzung der Tatbestände sei immer zugelassen, wenn es die Verteidigung des Angeklagten nicht beeinträchtige.[755]

Im Ergebnis sind beide Entscheidungen begrüßenswert. Der Tod des Opfers als Erfolg der Handlung des Täters gehört intuitiv zu demselben angeklagten Akt wie die Handlung des Täters, die die Körperverletzung verursacht. Ansons-

755 TObGE 8340/1997.

ten könnten zwei Strafverfahren – einmal wegen versuchten Totschlags und ein andermal wegen vollendeten Totschlags – parallel durchgeführt werden oder es könnte der vollendete Totschlag noch nach dem rechtskräftigen Urteil wegen versuchten Totschlags verfolgt werden. Jedoch schwanken die Begründungen des TObG. Die Entscheidung im Jahr 1992 hat auf die vernünftigen Gründe abgestellt, die im Jahr 1997 aber auf die Bedingung, dass die Korrektur oder Ergänzung bezüglich Tatbeständen und Einzelheiten stets erlaubt sei. Die sachgerechte, dogmatische Begründung versteckt sich jedoch in der letzten Entscheidung: *„Der Tod des Opfers zeigt lediglich den anschließenden Erfolg der Verletzung, die zum selben in der Anklage bezeichneten Akt gehört."*

Hätte die Rspr. den Zusammenhang der §§ 163 f. TStPO mit dem angeklagten Akt erkannt, hätte sie das Rechtsinstitut des Prozessgegenstands ohne Probleme meistern können.[756]

2. Hinsichtlich des angeklagten Akts bei der Rechtskraft gemäß § 39 (4) TStPO

Neben § 192 TStPO besteht auch § 39 (4) TStPO, der, wie in der Arbeit bereits aufgezeigt wurde, vom Gegenstand der Rechtskraft spricht.[757] Der Strafanspruch erlischt, wenn das „absolut beendete" Urteil über den „angeklagten Tatbestand" vorhanden ist. Die Rspr. versteht unter dem Gegenstand der Rechtskraft gemäß § 39 (4) TStPO aber Unterschiedliches.

Die ältere Auffassung des TObG[758] hat für den Gegenstand der Rechtskraft auf Tatbestände abgestellt, d.h. ein Tatbestand bildet immer eine Einheit des Gegenstandes der Rechtskraft, mehrere Tatbestände dann eine Mehrheit des Gegenstandes. Der wegen Totschlagsversuchs Verurteilte kann nach dieser Ansicht wegen vollendeten Totschlags noch verfolgt werden, weil der Totschlagsversuch und der vollendete Totschlag nicht *„dieselben Straftatbestände"* sind.[759] Diese Ansicht ist ohne Zweifel abzulehnen, da sie damit vertritt, der Gegenstand der Rechtskraft sei ein *crimen*, was mit der TStPO und mit dem Grundsatz *„ne bis in idem"* nicht vereinbar ist.[760]

756 S. unten IV., 2., b).
757 S. Kapitel B., II., 3., b).
758 TObGE 1089/1938; 379/1943.
759 TObGE 1089/1938.
760 S. oben Kapitel B., II., 3.

Die zweite Auffassung[761], die von der vorliegenden Arbeit als überwiegende Meinung angesehen ist, da sie auf die Entscheidung im Jahr 1944, TObGE 937/1944, zurückgeführt werden kann und eine wichtige Entscheidung vom Großen Senat, TObGE 2019/1949 (GS), dazugehört, bestimmt den Umfang des Gegenstands der Rechtskraft nach der Handlungseinheit i.S.d. materiell-rechtlichen Konkurrenz, d.h. Handlungseinheit bildet die Einheit des angeklagten Akts im prozessualen Sinne. Wird der Angeklagte wegen einer Körperverletzung rechtskräftig verurteilt, die im Verhältnis von Idealkonkurrenz mit Hausfriedensbruch steht, ist gemäß § 39 (4) TStPO die Strafverfolgung wegen Hausfriedensbruchs nicht mehr möglich.[762] Handlungseinheit und folglich Einheit des Gegenstands der Rechtskraft sind zudem zu bejahen, wenn der Angeklagte aus einem Boot die Wertgegenstände X, Y und Z entwendet, die verschiedenen Personen gehören. Konsequenterweise kann der wegen Diebstahls des Gegenstandes X Verurteilte nicht mehr wegen Diebstahls des Gegenstandes Y oder Z verfolgt werden.[763] Nicht selten weist das TObG nicht auf das materiell-rechtliche Konkurrenzverhältnis zwischen dem abgeurteilten und dem erneut zu verfolgenden Straftatbestand hin, sondern auf die natürliche Handlung bzw. das Verhalten des Angeklagten[764]. „*Wegen derselben Handlung hat der Ankläger den Angeklagten bereits angeklagt*",wie es das TObG in TObGE 2019/1949 (GS) ausdrückt.

Zusammenfassend lässt sich mühelos sagen, dass nach der Rspr. Handlungseinheit i.S.e. Konkurrenz immer eine Einheit des angeklagten Akts bzw. Einheit des Gegenstands der Rechtskraft im thailändischen Strafverfahren bildet. Die Schwierigkeit liegt hingegen bei der Bestimmung der Handlungseinheit und Tateinheit selbst, da die Konkurrenz nach dem materiellen Strafrecht in Thailand noch ins Wanken gerät.

II. Konkurrenz des materiellen Strafrechts nach Ansicht des TObG

Da die Rspr. in Thailand die Reichweite des Gegenstands der Rechtskraft vom materiell-rechtlichen Konkurrenzverhältnis abhängig macht, ist es notwendig, die Konkurrenz nach dem TStGB im Zusammenhang mit der Meinung der Rspr.

---

761 TObGE 168/1946; 602/1953; 1037/1958; 990/1963; 347/1965; 4105/1997; 588/1999; 290/2000; 892/2001; 7028/2004; 9083/2004; 680/2007; 6602/2008; 4209/2009; 1411/2010.

762 TObGE 168/1946; 990/1963.

763 TObGE 347/1965.

764 S. beispielsweise TObGE 2019/1949 (GS); 1182/1951.

bezüglich der Reichweite des Gegenstands der Rechtskraft systematisch zu untersuchen.

1. Der Grundsatz der Ungleichheit und Ungleichzeitigkeit der Handlung gemäß §§ 70 f. TStGB a.F.

Als 1909 das Strafgesetzbuch (TStGB 1909) in Kraft trat, bildete sich nach der Rspr. der Grundsatz der *Ungleichheit und Ungleichzeitigkeit der Handlung*als Kriterium für *Tatmehrheit* gemäß § 71 TStGB 1909[765]– anders als in Deutschland, wo Tatmehrheit eine Konsequenz der Verneinung von Tateinheit ist. Im Umkehrschluss ist Tateinheit zu bejahen, wenn (Teil-)Gleichheit und Gleichzeitigkeit der Handlung vorliegen. Der Grundsatz ist mit der Teilgleichheit und Gleichzeitigkeit der Ausführungshandlungen vergleichbar, die in der deutschen Konkurrenzlehre Kriterien für die Tateinheit darstellen. Durch den Grundsatz stehen die Rodung und das Roden von verbotenem Holz im Verhältnis von Idealkonkurrenz.[766] Wenn jemand in ein Haus eindringt, um das Opfer zu vergewaltigen, stehen Hausfriedensbruch und Vergewaltigung in Tateinheit.[767] Entwendet jemand fremde Sachen in einer Wohnung, liegt zwischen Hausfriedensbruch und Wohnungseinbruchsdiebstahl nach TObG auch Tateinheit vor.[768]

In Fällen, die nach der h.M. in Deutschland unter die mitbestrafte Vor- oder Nachtat fallen, kommt die thailändische Rspr. zum gegenteiligen Ergebnis. Diebstahl und Sachbeschädigung stehen in Tatmehrheit, wenn der Dieb eine Kuh in der Nacht stiehlt und sie einen Tag danach tötet.[769]

Jedoch hat die Rspr. ihren Grundsatz seltsamerweise nicht eingehalten. Sie hat Tatmehrheit bejaht, auch wenn Teilgleichheit und Gleichzeitigkeit der Handlungen bestanden. Beispielhaft seien hier einige Fälle angeführt. Zwischen unerlaubtem Waffenbesitz und Mordversuch war Tatmehrheit zu bejahen, wenn jemand eine Waffe unerlaubt besaß und versuchte, mit dieser Waffe das Opfer umzubringen.[770] Auch zwischen unerlaubtem Roden und Besitz des abgeschnittenen Holzes lag Tatmehrheit.[771] Wenn der Täter das Opfer entführte, um sexuelle Handlungen am Opfer vorzunehmen und es danach noch weiter eingesperrt ließ, standen Geiselnahme (§ 276 TStGB 1909) und Freiheitsberaubung (§ 270

765 S. auch oben Kapitel B., II., 1., b).
766 TObGE 588/1964.
767 TObGE 44/1942.
768 TObGE 289/1959.
769 TObGE 81/1934; s. aber die andere Meinung in TObGE 579/1919; 294/1934.
770 TObGE 216/1933; 1135/1961.
771 TObGE 282/1964.

TStGB 1909) in Tatmehrheit.[772] Im Paradefall, dem *sog. Fischerei-Fall*[773], stand das unerlaubte Fischen, Ausnutzen des zu mehr als 25 Prozent ausländischen Schiffspersonals und unerlaubte Benutzung des Fischernetzes in Tatmehrheit, mit der erstaunlichen Begründung *„Alle Handlungen sind selbstständig"*, so das TObG.

Zu weit geht die Rspr. auch, als sie Tateinheit zwischen einem Begehungs- und einem Unterlassungsdelikt bejahte. Weil der Straßenbahnfahrer ordnungswidrig ein bestimmtes Signal nicht gab und zu schnell fuhr, fuhr er das Opfer an und verletzte es schwer. Fahrlässige, schwere Körperverletzung stand mit Unterlassen des Zeichengebens nach Ansicht des TObG im Verhältnis von Idealkonkurrenz,[774] auch wenn sich das gebotene Tun, nämlich Geben des bestimmten Signals, überhaupt nicht mit dem Anfahren deckte.

Da seit 1951 die Rspr. die Gleichsetzung der Tateinheit nach dem materiellen Strafrecht mit der Einheit des angeklagten Akts bestätigt[775], ist in all diesen Fällen fraglich, ob die Rspr. die Strafverfolgung wegen Totschlags oder Körperverletzung gegen den wegen unerlaubten Waffenbesitzes Verurteilten für möglich hält oder ob der wegen unerlaubten Rodens Verurteilte noch wegen Besitzes des abgeschnittenen Holzes verfolgt werden kann. Dies wäre nach Ansicht der Juristen in einem modernen Rechtsstaat kaum vorstellbar.

2. Der Grundsatz verschiedener Handlungseinheiten gemäß §§ 90 f. TStGB: Identität des Willensentschlusses

Seitdem das heutige Strafgesetzbuch im Jahr 1957 in Kraft getreten ist, geht die Rspr. davon aus, dass die §§ 90 f. TStGB einen neuen Grundsatz, nämlich den Grundsatz *verschiedener Handlungseinheiten* regeln, – weil der Begriff „Handlungseinheit" neuerdings hinzugefügt wird – deswegen versucht die Rspr. den neuen Grundsatz zu konkretisieren. Dabei verzichtet sie aber nicht auf den vorigen Grundsatz der *Ungleichheit und Ungleichzeitigkeit der Handlung*. Sie verwendet beide Grundsätze manchmal zusammen, manchmal abwechselnd.[776]

Die Rspr. erhebt nicht den Anspruch, eine vollständige allgemeine Definition davon zu geben, was sie unter dem Grundsatz *verschiedener Handlungseinheiten* versteht. Deswegen lässt sich die Definition des Grundsatzes nur aus Gerichtsentscheidungen ableiten. Nach der Analyse der unsystematischen und ver-

---

772 TObGE 512/1955.
773 TObGE 939/1938.
774 TObGE 513/1957.
775 TObGE 1182/1951; s. auch oben I., 2.
776 S. TObGE 1067/1964.

wirrenden Entscheidungen lässt sich sagen, dass der Grundsatz zahlreiche Kriterien nach sich zieht, nämlich die Identität des „Vorsatzes" – damit meint die Rspr. eigentlich den Willensentschluss[777] –, Kontinuität des Ereignisses,[778] Beschaffenheit und Charakter der Handlungen[779] und die Identität des verletzten Rechtsguts[780], um Tateinheit und Tatmehrheit voneinander abzugrenzen. Häufig verbindet die Rspr. mehrere Kriterien miteinander, da sie glaubt, dass mit mehreren Kriterien ihre Begründungen mehr Überzeugungskraft erhalten könnten. Dabei spielt das Kriterium „Identität des Willensentschlusses" die übergeordnete Rolle und ist deutlich dominanter als andere Kriterien.

Die Rspr. verwendet das Kriterium der Identität des Willensentschlusses um jede Art von Einheit zu bilden, ohne zu unterscheiden, ob mehrere tatbestandliche Handlungen eine Verbrechenseinheit bilden (tatbestandliche Handlungseinheit), ob mehrere Handlungen eine Einheit nach Sinnzusammenhängen bilden (abgelehnte[781] natürliche Handlungseinheit), oder ob mehrere Tatbestandsverwirklichungen nur einfach verwertet werden müssen (Tateinheit). Zum besseren Verständnis ist allerdings im Zuge der Rechtsvergleichung die Ansicht der thailändischen Rspr. nach der deutschen Systematik darzustellen

a) Handlung im natürlichen Sinne

In Fällen von Handlung im natürlichen Sinne ist es für die Rspr. unproblematisch, Tateinheit zu bejahen. Körperverletzung mit Todesfolge (§ 291 TStGB) und Missbrauch der Berufsbezeichnung Arzt (§ 269 TStGB) bilden eine Tateinheit, wenn ein Nicht-Arzt dem Opfer eine Spritze verabreicht und das Opfer dadurch stirbt.[782] Zwischen Totschlag (§ 288 TStGB) und Körperverletzung (§ 295 TStGB) liegt Tateinheit vor, wenn der Täter seine Frau ersticht und durch denselben Stich auch seinen Sohn verletzt.[783] Totschlagsversuch (§§ 289, 80 TStGB) und Widerstand gegen Vollstreckungsbeamte (§ 140 TStGB a.F.) stehen im Verhältnis von Tateinheit, wenn jemand einen Beamten umzubringen versucht, um sich seiner Festnahme zu entziehen.[784] Wird Tateinheit angenommen, ist nach dem von der Rspr. eingehaltenen Grundsatz der Gleichsetzung der

777 S. im Folgenden.
778 S. z.B. TObGE 4025/1991; 734/1990; 4453/1990.
779 S. z.B. TObGE 5616/1996; 3863/2003.
780 S. z.B. TObGE 2073/1980; 1025/1982.
781 S. Kapitel D., II., 4.
782 TObGE 891/1964; vgl. auch TObGE 1641/1966.
783 TObGE 172/1983; vgl. auch TObGE 1666/1978.
784 TObGE 2999/1974; s. auch TObGE 825/1991.

Tateinheit i.S.d. materiellen Strafrechts und der Einheit des angeklagten Akts auch ein angeklagter Akt zu bejahen.

b) Schaffung einer Einheit in Fällen mehrerer gleichartigerGesetzesverletzungen bzw. tatbestandlicher Handlungseinheit

Der „Vorsatz" – den Begriff verwendet die Rspr. – als das wichtigste Kriterium, kommt erst in Betracht, wenn mehrere gleichartige Gesetzesverletzungen zu einer Einheit im Rechtssinne nach Ansicht der Rspr. zusammengefasst werden sollen. Das Motiv ist identisch mit dem der tatbestandlichen Handlungseinheit der deutschen Konkurrenzlehre. Leider handelt die thailändische Rspr. ohne zu wissen, dass der Tatbestand selbst das einheitsverbindende Kriterium bildet und nicht die Konkurrenz.[785] Habe der Täter nur einen „Vorsatz", liege Tateinheit vor, so das TObG.[786]

Der Täter macht sich wegen sexueller Handlungen nur einfach strafbar, wenn er sein Opfer drei Tage lang fortdauernd vergewaltigt.[787] Zugleich liegt nur eine Urkundenfälschung vor, wenn jemand mehrere Falschurkunden herstellt oder gebraucht, um sein einheitliches Ziel zu erreichen. Stellt der Täter ein unechtes Sparbuch und eine unechte Bescheinigung her, um alle unechten Unterlagen beim Konsulat vorzulegen, ist Tateinheit gegeben, *„weil alle Handlungen denselben Vorsatz zeigen, das Visum zu erlangen".*[788]

Erschießt jemand seinen Feind einfach, um ihn umzubringen und erfährt nach drei Stunden dann, dass der Feind nicht gestorben ist, kommt deshalb wieder zum Feind zurück, und schlägt ihn weiter nieder, bis er tot ist, begeht der Täter den Totschlag (§ 288 TStGB) tateinheitlich, *„da alle Verhaltensweisen des Täters aus einem einheitlichen Vorsatz erfolgen".*[789] Das klingt bereits unlogisch. Mit welchem Tatbestand der Totschlag im Verhältnis von Tateinheit steht, hat das TObG nicht geklärt. Es wollte in der Tat festlegen, dass der Täter nur einmal den Totschlag begangen hat.

Wenn verschiedene Rechtsgutsträger beeinträchtigt werden, z.B. wenn der Täter mehrere Sachen verschiedener Eigentümer auf einmal wegnimmt, liegt

785 S. NK/*Puppe*, § 52, Rn. 12; *Maiwald,* II., 1., a), S. 70;

786 TObGE 1623/1984; 1867/1988;1633/1991; 1864-1866/1993; 1865/1995; 9/2000; 12/2000; 7064/2001; 7017/2001; 605/2003; 985/2003; 788/2004; 9226/2004; 5664/2006.

787 TObGE 5278/1997.

788 TObGE 2748/1985; s. auch TObGE 296/1977; 734/1990; 2248/1994; a.A. TObGE 3355/1991.

789 TObGE 3398/1986; s. auch TObGE 3625/1988; 691/1998; 4025/1991; 892/1994.

ebenfalls Tateinheit vor.[790] Auch wenn es sich dabei um die höchstpersönlichen Rechtsgüter unterschiedlicher Rechtsgutsträger handelt, z.B. wenn der Täter durch mehrere Schläge mehrere Opfer verletzt, liegt Tateinheit vor, *„da der Vorsatz derselbe ist"*.[791]

Bei einem Dauerdelikt gelingt es der Rspr., mehrere Handlungen wieder mit dem Kriterium der Identität des Willensentschlusses in einer Gesetzesverletzung zu verbinden.[792] Allerdings überzeugt die Rspr. mit dem Gesichtspunkt der Unterbrechung des Dauerdelikts nicht. Dass Dauerdelikte aus Handlungen bestehen, bei denen das Delikt mit der Verwirklichung des Tatbestandes nicht abgeschlossen ist, sondern durch den fortdauernden deliktischen Willen des Täters so lang aufrechterhalten wird, wie der von ihm geschaffene rechtswidrige Zustand bestehen bleibt, und dass durch die kurzfristige Unterbrechung des Zustands und die Wiederverwirklichung des Tatbestands ein zweites Dauerdelikt nicht beginnt, bei der sog. *natürlichen Unterbrechung*, ist von der Rspr. selbst anerkannt.[793] Jedoch ist die Unterbrechung der Einheitlichkeit des Dauerdelikts durch ein Urteil, bei der sog. *juristischen Unterbrechung*, der Rspr. nicht bekannt. Deswegen meint das TObG, dass das weitere Verweilen in der Wohnung nach dem Urteil etwas anderes ist und mit Hausfriedensbruch vor dem Urteil im Verhältnis von Tateinheit steht.[794] Dem ist definitiv nicht zuzustimmen, da der Gegenstand eines Urteils nur Vergangenes sein kann, nicht aber Zukünftiges.

Gerade die Anwendung des Begriffs „Vorsatz" regt zu Diskussionen an. Anders als der Begriff „Vorsatz" in der deutschen Rechtssprache wird der thailändische Begriff „Vorsatz" nicht nur im juristischen Bereich verwendet, sondern auch im allgemeinen Sprachgebrauch. In der thailändischen Rechtssprache stellt gemäß § 59 II TStGB der Vorsatz das subjektive Tatbestandsmerkmal dar. Aber im allgemeinen Sprachgebrauch heißt „Vorsatz" Willensentschluss oder Intention. Was die thailändische Rspr. meint, ist aber Willensentschluss, wenn sie mehrere natürliche Handlungen in einer Einheit verbinden möchte. Leider ist dies nicht nur begrifflich ein Missverständnis. Durch die Anwendung des zweideutigen Begriffs verstehen hier manchmal die Rspr. selbst und manchmal Autoren im Schrifttum unter „Vorsatz" das subjektive Tatbestandsmerkmal. Alle

---

790 TObGE 1104/1961; s. auch TObGE 2186/1986; 1864-1866/1993; a.A. TObGE 2693-2695/1973.

791 TObGE 1867/1988; s. auch TObGE 1429/1972; 172/1983; 1633/1991; 1191/1994; 1400/2006; a.A. TObGE 1631/1979; 5929/1991.

792 TObGE 400/1986; 2083/1996.

793 TObGE 888/1964; 1381/1964; 2272/1984; 400/1986; 2083/1996; a.A. TObGE 183/1994; 2886/1996; 1661/1999; 3002/2009.

794 TObGE 105/1977; s. auch TObGE 1040/1956; 930/1961.

Kriterien, die man anwendet, um den Vorsatz zu prüfen, werden hier auch angewendet, um Tateinheit zu bestimmen, was nach der Straftatlehre ohne Zweifel inkorrekt ist. An der Stelle „Konkurrenz" prüft man den Vorsatz nicht mehr.

c) Schaffung einer Einheit mehrerer verschiedener Gesetzesverletzungen bzw. natürlicher Handlungseinheit

Sehr ähnlich wie bei den Fällen der sog. Polizeiflucht in Deutschland gelingt es der thailändischen Rspr, mehrere verschiedenartige tatbestandliche Handlungen mit dem Kriterium der Identität des Willensentschlusses in einer Einheit zu verbinden. Tateinheitlich verwirklicht der Täter mehrere Strafgesetze, meistens Widerstand gegen Vollstreckungsbeamte (§ 138 TStGB), schwere Körperverletzung (§ 296 TStGB) und gegen Sachbeschädigung (§ 358 TStGB). Als Grund dafür gibt das TObG an, der Täter habe nur einen Willensentschluss, um sich seiner Festnahme zu entziehen.[795] Warum diese Auffassung des TObG abzulehnen ist, braucht nicht mehr erwähnt zu werden.[796]

d) Schaffung einer Einheit in Fällen von Tateinheit

In Fällen, die nach der deutschen Konkurrenz der Tateinheit wegen Teilgleichheit der Ausführungshandlungen zugeordnet werden, hat die thailändische Rspr. auch kein Problem damit, alle vom Täter verwirklichten Straftatbestände in eine Einheit zusammenzufassen – wieder mit dem Kriterium der Identität des Willensentschlusses. Wenn jemand z.B. das Opfer zum sexuellen Missbrauch entführt und danach am Opfer sexuelle Handlungen vornimmt, stehen sexueller Missbrauch (§ 278 TStGB) und Entführung zum sexuellen Missbrauch (§ 284 TStGB) im Verhältnis von Tateinheit zueinander, *„da der Täter nur einen Willensentschluss hat, nämlich den Entschluss, sexuellen Missbrauch vorzunehmen"*.[797] Aus demselben Grund stehen das Gebrauchmachen der unechten Urkunde und der Betrug dann ebenfalls im Verhältnis von Tateinheit zueinander.[798]

Das Zusammentreffen des Dauerdelikts mit anderen Delikten ist wieder durch die Identität des Willensentschlusses zu einer Einheit zusammenzufassen. Wenn jemand Sprengbomben besitzt und sie benutzt, verwirklicht er Sprengbombenbesitz und Sprengbombenanwendung tateinheitlich.[799] Auch wenn anlässlich des Dauerdelikts andere Delikte verübt werden, bei denen die Teil-

---

795 TObGE 4045/2002; s. auch TObGE 4884/1990.

796 S. Kapitel D., II., 1., b), dd).

797 TObGE 4194/1985.

798 TObGE 2684/1988; 3733/1989; 1865/1995.

799 TObGE (GS) 1350/1997; s. auch TObGE 1791/1983; 5133/2002; a.A. TObGE 8898/2003.

gleichheit der Handlungen fehlt, bejaht die Rspr. die Tateinheit. Hausfriedensbruch einerseits und Körperverletzung oder Vergewaltigung anderseits, die der Täter in der Wohnung begeht, stehen in Tateinheit zueinander, *„da der Willensentschluss des Täters identisch ist"*.[800] Inkonsequenterweise hat das TObG trotz der Teilgleichheit der Handlungen Tatmehrheit zwischen unerlaubtem Besitz des Holzes und Verarbeitung des Holzes bejaht – mit folgender verblüffenden Begründung: Die beiden Handlungen des Täters ließen sich unter verschiedene Straftatbestände subsumieren.[801]

Beim Vorliegen des bloßen Mittel-Zweck-Verhältnisses oder bei Fällen gleicher Motivationslage des Täters bejaht jedoch die Rspr. beständig Tateinheit trotz Teilgleichheit der Handlungen. Beschimpft der Täter beispielsweise sein Opfer in seiner Wohnung, liegt Tateinheit zwischen Beschimpfung (§ 393 TStGB) und Hausfriedensbruch (§ 363 TStGB) vor, *„weil sich der Willensentschluss des Täters hauptsächlich auf die Beschimpfung richtet"*.[802] Urkundenfälschung und Diebstahl können nach Ansicht des TObG auch in Tateinheit zueinander stehen, wenn jemand eine Urkunde mit einem ihm nicht zustehenden Namen unterzeichnet, um einen Raum zu betreten und das Studienzeugnis des anderen wegzunehmen.[803] Zwischen Vergewaltigung und Hausfriedensbruch ist durch das Kriterium der Identität des Entschlusses Tateinheit auch möglich, wenn jemand in die Wohnung des Opfers einbricht und das Opfer in dieser Wohnung vergewaltigt.[804]

Zusammenfassend lässt sich sagen, dass nach der Rspr. der Grundsatz verschiedener Handlungseinheiten nicht anders ist als der Grundsatz der Identität des Willensentschlusses.[805] Allein mit dem Grundsatz gelingt es der Rspr. mehrere gleichartige Gesetzesverletzungen in die tatbestandliche Handlungseinheit, mehrere verschiedenartige tatbestandliche Handlungen in die natürliche Handlungseinheit sowie mehrere Gesetzesverletzungen in Tateinheit zu verbinden. Somit liegt das bedeutende Problem der vorliegenden Arbeit im Bereich der thailändischen Rechtsordnung. Das Kriterium der Identität des Willensentschlusses ist nicht im TStGB geregelt. Es ist außerdem auch kein angemessenes Kriterium.[806]

---

800 TObGE 2531/1984; 4304/1998;

801 TObGE 5033/1996.

802 TObGE 2314/1986; s. auch TObGE 4579/1987.

803 TObGE 1447/1988.

804 TObGE 994/1994.

805 zust. *Tingsapat*, S. 603 f.; *Watjanasawad,* AT, S. 750 ff.

806 S. ausführlicher unten IV., 4.

e) Schaffung einer Einheit in Fällen der Verdrängung eines Deliktsdurch ein anderes Delikt aufgrund des gleichen Schutzzwecks bzw. Gesetzeseinheit

Wie soeben erwähnt[807] kennt die Rspr. keinen Unterschied zwischen zwei Fragen, nämlich der Frage, ob durch mehrere Handlungen eine oder mehrere Tatbestandsverwirklichungen vorliegen und der Frage, in welchem Verhältnis diese Tatbestandsverwirklichungen zueinander stehen. Allein bei einfachen Fällen, z.B. bei unproblematischer Spezialität, gehen die Meinungen der Rspr. darüber auseinander, ob der verdrängte, allgemeine Tatbestand (*lex generali*) im Urteil neben dem spezielleren Tatbestand (*lex specialis*) noch erscheint. Nach der überwiegenden Meinung in der Rspr. taucht der verdrängte, allgemeine Tatbestand nicht im Urteil auf.[808]

In solchen Fällen, die die h.M. in Deutschland unter Subsidiarität versteht, ist Tateinheit wegen der Identität des Willensentschlusses gegeben, sei es materielle Subsidiarität wie z.B. bei sexuellem Missbrauch (§ 278 TStGB) und Vergewaltigung (§ 276 TStGB)[809] bzw. bei Entführung zum sexuellen Missbrauch (§ 284 TStGB) und sexuellem Missbrauch[810], sei es formelle Subsidiarität wie z.B. bei Herstellen der unechten Urkunde und Gebrauchmachen gemäß § 268 II TStGB.

Auch in den Fällen der typischen Begleittaten, z.B. Wohnungseinbruchsdiebstahl und Hausfriedensbruch, fasst die Rspr. sie auch mit der Identität des Willensentschlusses zu einer Einheit zusammen.[811]

f) Tatmehrheit wegen Mehrheit der verletzten Rechtsgüter

Es ist bereits von Anfang an unlogisch, wenn man die Einheit einer Sache von der Mehrheit derselben Sache durch unterschiedliche Kriterien abgrenzt. Ganz vollkommen unlogisch verhält sich das TObG. Um die Tateinheit zu bejahen, wendet das TObG grds. das Kriterium der Identität des Willensentschlusses und spricht niemals von Rechtsgütern. Um Tatmehrheit zu bejahen, wendet es sich jedoch von diesem Kriterium ab – hin zum Kriterium der Identität der verletzten Rechtsgüter, auch wenn es den Begriff „Rechtsgut" nicht immer verwendet.

Zwischen Gebrauch eines Fahrzeugs ohne Steuern zu bezahlen, Fahren ohne Fahrerlaubnis und Gebrauch eines Fahrzeugs ohne Versicherung liegt Tatmehr-

807 S. Kapitel B., II., 1., b).

808 TObGE 1307/1977; 1992/1990; vgl. aber a.A. TObGE 155/1989.

809 TObGE 5362/1990; 2115/1991; 7853/2006; a.A. TObGE 2277/1996; 4302/2002.

810 TObGE 2945/2535; allerdings hat das TObG zwischen Entführung zum sexuellen Missbrauch und Vergewaltigung in der Entscheidung TObGE 2277/1996 Tatmehrheit angenommen.

811 TObGE 1310/1970; 162/1979.

heit vor, da *„alle Handlungen des Täters unabhängig voneinander sind.“*[812] Wenn jemand eine Waffe unerlaubt besitzt und sie in die Stadt mitnimmt, ist die Tatmehrheit zwischen unerlaubtem Waffenbesitz (§ 7 Waffengesetz) und unbefugtem Mitnehmen der Waffen in die Stadt (§ 8b Waffengesetz) zu bejahen, da *„der Täter den Willensentschlusses hat, mehrere strafrechtliche Erfolge zu verursachen.“*[813] Verkleidet sich jemand als buddhistischer Mönch und verschwört sich mit fünf anderen Personen zum Vermögensschaden des anderen, ist Tatmehrheit zwischen rechtswidriger Verkleidung als Mönch (§ 208 TStGB) und Konspiration (§ 210 TStGB) anzunehmen, da *„der Täter den Willensentschluss hat, mehrere strafrechtliche Erfolge zu verursachen und die Handlungen des Täters wegen zwei verschiedenen Straftatbeständen strafbar sind“.*[814] Tatmehrheit liegt zwischen unbefugtem Hausaufbau (§ 21 Baugesetz) und Hausfriedensbruch vor, wenn jemand sein Haus auf dem Grundstück des anderen baut, weil *„die beiden Straftaten einen unterschiedlichen tatbestandlichen Charakter zeigen“.*[815] Wenn jemand eine echte Schutzmarke verfälscht und unter dieser verfälschten Schutzmarke unechte Lebensmittel herstellt, liegt Tatmehrheit zwischen Schutzmarkenfälschung (§ 273 TStGB) und Lebensmittelfälschung (§ 25 (2) Lebensmittelgesetz) vor, da *„beide Tatbestände in verschiedenen Strafgesetzbüchern stehen.“*[816] Das TObG geht entschieden zu weit, wenn es meint: *„Das Strafrecht bestraft zwei Handlungen, nämlich Waffenbesitz (§ 7 Waffengesetz) und Kugelbesitz (§ 78 Waffengesetz) durch zwei verschiedene Normen. Dies zeigt das legislatorische Motiv, dass das Strafrecht diese Tatbestände voneinander trennt, deswegen ist trotz der Gleichzeitigkeit der Handlungen Tatmehrheit zu bejahen.“*[817]

Die wichtigen Fallkonstellationen dazu sind die von Entführung aus der Obhutdes Vormunds (§§ 317 f. TStGB) einerseits und Vergewaltigung (§ 277 TStGB), Freiheitsberaubung (§ 310 TStGB) oder sexueller Ausbeutung (§ 282 TStGB) andererseits. Die Rspr. nimmt regelmäßig Tatmehrheit an,[818] wenn jemand eine Person unter fünfzehn Jahren entführt und sie gleich danach vergewaltigt, einsperrt oder anderen zur Verfügung stellt, um die sexuelle Lust anderer zu befriedigen, weil, wie das TObG meint, *„der Angeklagte den Willensent-*

---

812 TObGE 2965/2001; s. auch TObGE 2674/1984.

813 TObGE 1057/1984.

814 TObGE 7064/2001.

815 TObGE 5616/1996.

816 TObGE 3308/1986.

817 TObGE 5430/1996; s. auch TObGE 737/2007

818 TObGE 2939/1988; 1682/1989; 1504/1993; 1131/1994; 5821/2001; 4485/2005; 3218/2006; 7853/2006.

schluss hat, mehrere strafrechtliche Erfolge zu verursachen bzw. mehrere Strafgesetze zu verwirklichen",[819] oder weil *„der Angeklagte verschiedene Willensentschlüsse hat, nämlich den Entschluss das Opfer zu entführen und den Entschluss das Opfer zu vergewaltigen.*[820]

Die Begründung des TObG ist nicht nachvollziehbar. Wie kann der Angeklagte als Laie wissen, wie viele Straftatbestände er verwirklicht? Auch wenn er davon wissen könnte, dürfen das strafrechtliche Konkurrenzverhältnis und folglich die Strafzumessung nicht davon abhängen, wie viele strafrechtliche Erfolge oder Strafgesetze der Täter verwirklichen möchte.

Die tatsächliche, aber versteckte Konzeption des TObG stellt auf die verletzten Rechtsgüter ab, wie das TObG selbst manchmal offenbart. Weil *„sich die Entführung aus der Obhut des Vormunds gegen die Mutter des Opfersrichtet"*, nicht gegen das Opfer selbst, *„liegt Tatmehrheit zwischen Entführung und Vergewaltigung vor"*.[821] Das TObG ist der Meinung, dass mehrere Tatbestandsverwirklichungen nicht zu Tateinheit zusammengefasst werden sollen, wenn sie verschiedene Rechtsgüter verletzen. Entführung aus der Vormundschaft schützt die Vormundschaft, Vergewaltigung aber das sexuelle Selbstbestimmungsrecht. Das Baugesetz schützt die Ordnung der Bebauung, der Hausfriedensbruch aber das Hausrecht. Gerade aufgrund des Unterschieds der Rechtsgüter fällt es dem TObG schwer, Tateinheit anzunehmen und den Täter allein wegen der schwersten Strafe zu verurteilen. Die Meinung des TObG, Tatmehrheit anzunehmen trotz der Teilgleichheit der Handlungen, sollte keine Anhänger finden und man wird sie in der Tat nach geltendem Recht ablehnen müssen. Denn die § 90 f. TStGB sprechen von der Verletzung mehrerer Strafgesetze, ohne auf deren Rechtsgüter einzugehen. Die Konkurrenz im TStGB ist eine handlungsbezogene Konkurrenz. Nach dem Wortlaut des § 90 TStGB muss Tateinheit immer bejaht werden, wenn Teilgleichheit der Handlungen vorliegt.

III. Einheitlichkeit des angeklagten Akts bei der Urteilsfindung und der Rechtskraft nach der Ansicht Rspr.

Es ist nicht überraschend, dass die Rspr. die Einheitlichkeit des angeklagten Akts bei der Rechtshängigkeit und der Rechtskraft niemals erwähnt hat. Wie soeben erläutert, findet der angeklagte Akt als objektives Element des Prozess-

---

819 TObGE 2939/1988.

[820] TObGE 3218/2006; s. auch TObGE 9226/2004.

[821] TObGE 4304/1998.

gegenstands in Thailand nicht viel Beachtung, deswegen ist es auch die Regel, dass seine Einheitlichkeit in verschiedenen Verfahrensstadien nicht diskutiert wird. Ob der angeklagte Akt bei der Rechtshängigkeit und der Rechtskraft nach Ansicht der Rspr. einheitlich ist – auch wenn der Wortlaut des § 39 (4) TStPO deutlich für die Einheitlichkeit spricht[822] – muss wiederum auf die Entscheidungen über die jeweiligen Vorschriften zurückgeführt werden: § 192 I, II, III und VI sowie § 163 f. TStPO für die Rechtshängigkeit und § 39 (4) TStPO sowie §§ 90 f. TStGB für die Rechtskraft.

Die §§ 192, 163 f. TStPO legen, wie oben erwähnt, großen Wert auf die Verteidigungseffizienz. Das falsch verstandene Überschreitungsverbot der Anklageschrift bei der Urteilsfindung ist sehr stark im thailändischen Strafprozess verwurzelt. Daher lässt das Gericht den Antrag zur Korrektur oder Ergänzung der Anklageschrift eingeschränkt zu und nur innerhalb dieser Grenzen berücksichtigt es neue, erst in der Hauptverhandlung eintretende Tatsachen. Anderseits versteht die Rspr. § 39 (4) TStPO zutreffend als Schutz des Angeklagten vor der erneuten Strafverfolgung wegen desselben Prozessgegenstands, daher könnte der Umfang des angeklagten Akts bei der Rechtskraft weitreichender sein. In der Hauptverhandlung wegen Totschlags trat die Änderung hervor, dass der Angeklagte Auftragskiller war, was als Totschlag mit Vorbedacht (§ 289 (4) TStGB) zählt, deswegen wollte der Ankläger seine Anklageschrift dementsprechend korrigieren. Das hat das TObG aber nicht erlaubt.[823] In der Hauptverhandlung wegen Diebstahls trat die neue Tatsache hinzu, dass der Diebstahl in der Nacht geschehen ist, was den Angeklagten schlechter stellt. Deshalb hat das Gericht den Angeklagten lediglich wegen einfachen Diebstahls verurteilt, ohne die erst in der Hauptverhandlung eintretenden Tatsachen zu untersuchen.[824] Jedoch sind solche neuen Tatsachen, die nicht mit einbezogen sind, die also nach Ansicht des TObG nicht zum Gegenstand der Rechtshängigkeit gehören, vermutlich bereits mit dem rechtskräftigen Urteil verbraucht. Wenn z.B. die Wegnahme einer Sache bereits rechtskräftig verurteilt wurde, beschließt das TObG die Erhebung der Anklage wegen Körperverletzung nicht, da die Wegnahme im Verhältnis von Idealkonkurrenz mit der Körperverletzung steht.[825] Es beschließt auch nicht die Erhebung der Anklage wegen Hausfriedensbruchs, wenn dieser im Verhält-

822 S. Kapitel G., I., 4.
823 TObGE 6168/2005.
824 TObGE 653/2010.
825 TObGE 990/1964.

nis von Idealkonkurrenz mit sexuellem Missbrauch steht und sexueller Missbrauch bereits rechtskräftig verurteilt wurde.[826]

Es lässt sich daher sagen, dass nach Ansicht der Rspr. der Umfang des angeklagten Akts bei der Rechtshängigkeit enger ist als bei der Rechtskraft. Eine solche „Uneinheitlichkeit des Prozessgegenstands" ist in Thailand jedoch nicht so problematisch wie die umgekehrte Situation, wo die Reichweite der Rechtskraft enger gezogen wird, da hier „nur" die materielle Gerechtigkeit verletzt ist und nicht der Vertrauensschutz. Es wird später in der Arbeit geprüft werden, ob die Uneinheitlichkeit des Prozessgegenstands trotzdem gesetzeswidrig ist.[827]

IV. Kritische Würdigung

1. Mangelnde Problemdifferenzierung

Nicht nur die deutsche Rspr., sondern auch die thailändische Rspr., erkennt die Unentbehrlichkeit der Problemdifferenzierung nicht. Es geht – wie bereits in Kapitel A. erläutert – zum einen um die Frage der Abgrenzung der *Vervollständigung* des angeklagten Akts, die sog. *Problemgruppe der Tatausweitung*, und zum anderen um die Frage nach der Abgrenzung der *Abweichung* des angeklagten Akts, die sog. *Problemgruppe der Tatersetzung*. Ein Kriterium, das auf der einen Seite den Ausschlag zur Lösung gibt, ist nicht in jedem Fall das richtige Kriterium. Handlung bzw. Handlungseinheit ist das entscheidende Kriterium nur für das Problem der Tatausweitung, nicht aber auch für das Problem der Tatersetzung, wo die Einheit von Handlungen irrelevant ist. Dort handelt es sich nur um zwei gedacht handlungsmehrheitliche Vorgänge, in denen sich keine Handlungen decken können oder überhaupt gleichzeitig geschehen können.

2. Unmöglichkeit der Durchsetzung der materiellen Gerechtigkeit aufgrund des Überschreitungsverbots der Anklageschrift

Ohne Zweifel verursacht das Überschreitungsverbot der Anklageschrift bei der Urteilsfindung unerträgliche Freisprüche und unverhältnismäßige Verurteilungen hinsichtlich der Schuld des Täters. Man kann es nicht als Gerechtigkeit i.S.d. Durchsetzung des materiellen Strafrechts bezeichnen, wenn das Gericht

826 TObGE 1193/1986.
827 S. Kapitel G., I., 4.

wegen Hausfriedensbruchs in der Nacht gemäß § 365 TStGB nicht deshalb verurteilen kann, weil im Antrag auf Bestrafung lediglich einfacher Hausfriedensbruch gemäß § 364 TStGB steht, auch wenn das Gericht vom Hausfriedensbruch in der Nacht überzeugt ist.[828] Noch einschneidender verhält es sich, wenn der Angeklagte wegen Herbeiführung der Brandgefahr (§ 220 TStGB) deshalb freigesprochen werden muss, weil in der Anklage nur die Tatsachen zur Brandstiftung (§ 218 TStGB) stehen.[829] Dies alles zeigt bereits, dass das Überschreitungsverbot der Anklageschrift neu überdacht werden muss.

Die Ausnahmen in Absatz 2, 3 und 6 von § 192 TStPO, die Auflockerungen des Verbots regeln, lösen die Problemlage nur in geringem Maß. Auch wenn das TObG richtigerweise erkennt, dass die Ausnahmen nur Regelbeispiele darstellen und es noch weitere Ausnahmen dazu gibt, ist die Durchsetzung der materiellen Gerechtigkeit immer noch behindert, solange das Rechtsinstitut „Prozessgegenstand“ nicht fortentwickelt wird. Warum die Mittäterschaft in der Anklage von der Anstiftung gemäß dem Ergebnis der Hauptverhandlung wesentlich unterschiedlich sein soll, aber die Anstiftung in der Anklage von der Mittäterschaft gemäß dem Ergebnis der Hauptverhandlung unwesentlich unterschiedlich,[830] ist nicht nachvollziehbar. Die Antwort der Rspr. ist stets von Fall zu Fall unterschiedlich. Ein allgemeingültiger Grundsatz wird sich daraus nicht entwickeln.

3. Mangelnde Erkenntnis des Zusammenhangs von §§ 163 f. TStPO zum angeklagten Akt

Die §§ 163 f. TStPO dienen offenbar dazu, alle Tatsachen, die zu demselben angeklagten Akt gehören wie die Tatsachen in der Anklage, in der Hauptverhandlung durch den Ankläger einzubeziehen. Dadurch darf der Angeklagte um des Anklagegrundsatzes willen nicht benachteiligt werden. Trotz der mangelnden Erkenntnis des Prozessgegenstands regelt der Gesetzgeber die Vorschriften mit Blick auf diesen Zweck. Die §§ 163 f. TStPO erlauben die Korrektur oder Ergänzung der Tatbestände und Einzelheiten, weil solche Korrekturen oder Ergänzungen normalerweise die Einheit des angeklagten Akts nicht sprengen. Durch diese Erkenntnis wird später in der Arbeit der Grundsatz des Prozessgegenstands weiter entwickelt. Die Bezeichnung „Einzelheiten“ in § 164 TStPO sollte dann nicht nur als das angeklagte Verhalten des Täters gemäß § 158 (5)

---

828 S. TObGE 2624/1998.
829 S. TObGE 5710/1998.
830 S. oben I., 1., b).

TStPO in der Anklage verstanden werden, wie die h.M. meint.[831] Vielmehr sollte man die §§ 163 f. TStPO als Indiz für den angeklagten Akt verstehen: Eine Korrektur oder Ergänzung, die den Umfang des angeklagten Akts nicht sprengt, sollte i.d.R. zulässig sein. Ohne dies zu verstehen, legt die Rspr. unverhältnismäßig viel Wert auf den Anklagegrundsatz und lässt die Korrektur von z.B. einfacher Körperverletzung (§ 295 TStGB) zu schwerer Körperverletzung (§ 297 TStGB) nicht zu, auch wenn sich die in der Anklage bezeichnete Verhaltensweise des Angeklagten überhaupt nicht verändert. In so einer Situation, in der der Anklagegrundsatz übertrieben viel zählt, ist die Vernachlässigung des Ermittlungsgrundsatzes vorprogrammiert, sodass die Verwirklichung der materiellen Gerechtigkeit nicht mehr möglich ist.

4. In Bezug auf Konkurrenzen

a) Verschwimmen der Abgrenzung von Handlungseinheit und Idealkonkurrenz

Im Strafrecht bezieht sich die Frage, unter welchen Gesichtspunkten sich das Handeln einer Person als rechtlich relevante Einheit oder Mehrheit darstellt, auf zwei verschiedene Bereiche, nämlich auf die Frage, ob mehrere natürliche Handlungen zu einer Gesetzesverletzung zusammengefasst werden können, und, ob mehrere Gesetzesverletzungen im Verhältnis von Tateinheit oder Tatmehrheit zueinander stehen.[832]

Leider kann die thailändische Rspr. diese zwei Probleme nicht voneinander unterscheiden. Nicht selten liegt unstrittig nur eine Tatbestandsverwirklichung vor, die aus mehreren natürlichen Handlungen besteht. Beispielsweise bei Fällen der iterativen Handlung, wenn der Täter sein Opfer dreimal hintereinander auf den Kopf schlägt, zieht die Rspr. voreilig die Schlussfolgerung, dass Tateinheit vorliegt. Sie führt aus, der Täter begehe eine Körperverletzung „tateinheitlich".[833] Auch bei Dauerdelikten und mehraktigen Delikten behauptet sie, der Täter begehe den Tatbestand des Waffenbesitzes „tateinheitlich".[834] Die Aussage der Rspr. muss korrigiert werden. Hier geht es nicht darum, ob mehrere Gesetzesverletzungen im Verhältnis von Idealkonkurrenz oder Realkonkurrenz zueinander stehen, sondern um die Frage, ob mehrere natürliche Handlungen den

831 S. Kapitel B., II., 3., a) und 4.
832 S. *Kindhäuser,* JuS 1985, 100, 101; *Warda,* JuS 1964, 81, 82.
833 Vgl. TObGE 3398/1986
834 TObGE 400/1986.

jeweiligen Tatbestand einfach oder mehrfach bilden. Deswegen finden die §§ 90 f. TStGB hier keine Anwendung.

Das Problem des Verschwimmens der Abgrenzung ergibt sich aus der mangelnden Klärung der Konkurrenzlehre im geltenden Recht, was nicht nur der Rspr. vorgeworfen werden soll. Gleichgültig ob der Täter nun seine Tat im Fall von dreimaligen Schlägen auf den Kopf handlungseinheitlich oder tateinheitlich begeht, steht im Urteil ohnehin dasselbe, nämlich *eine* Körperverletzung, und der Täter wird ohnehin nur wegen *einer* Körperverletzung bestraft. Die Klarstellungsfunktion der Idealkonkurrenz ist in Thailand nicht bekannt. Deswegen scheint den thailändischen Strafrechtlern die Abgrenzung der beiden Probleme nicht notwendig.

Nach dem Wortlaut des § 90 TStGB müssen diese zwei Probleme voneinander abgegrenzt werden. Das erste Problem spiegelt den jeweiligen Tatbestand wider und wird deshalb durch die Tatbestandsauslegung gelöst.[835] Das zweite Problem dient der Strafzumessung mehrerer Tatbestandsverwirklichungen und wird von der Konkurrenz gemäß der §§ 90 ff. bestimmt.[836]

b) Identität des Willensentschlusses als nicht das einzige Kriterium, um die Einheit mehrerer gleichartiger Gesetzesverletzungen zu bilden

Bei mehreren gleichartigen natürlichen Handlungen kommt die Frage in Betracht, ob sie zu einer Einheit, ergo zu einer Gesetzesverletzung verbunden werden. Beispielsweise ob dreifache Kopfschläge nur eine Körperverletzung bilden oder ob eine Vielzahl von Schimpfworten nur eine Beleidigung umfassen.

Die thailändische Rspr. kommt in diesem Punkt zum Teil nicht voran, wenn sie meint, dass mehrere gleichartige tatbestandliche Handlungen in „Idealkonkurrenz" zueinander stehen. Die Verwirrung des TObG zeigt sich deutlich in der Entscheidung TObGE 3398/1986, deren Sachverhalt hier erläutert werden soll: Der Täter schießt mit Tötungsvorsatz auf seinen Feind, erfährt aber nach drei Stunden, dass der Feind nicht stirbt, deswegen kommt er zum Feind zurück, und schlägt ihn mit einem Bambusstock weiter nieder, bis er tot ist. Hier meint das TObG, der Täter begehe einen Totschlag „tateinheitlich", weil die Schläge mit einem Bambusstock zum ursprünglichen Tötungsvorsatz gehören. Es geht bei diesem Punkt nicht um das Problem der Konkurrenz, vielmehr darum, ob mehrere gleichartige natürliche Handlungen zu einer Gesetzesverletzung zusammengefasst werden können, also um das Problem der *Verbrechenseinheit*. Das

---

835 S. unten b).
836 S. unten d).

TObG stellt dazu fest, dass der Abschuss und die Schläge des Täters *einen* Totschlag bilden.

Ganz überwiegend verwendet die thailändische Rspr. allein das Kriterium der *Identität des Willensentschlusses*, um die Einheit mehrerer gleichartiger natürlicher Handlungen zu ermitteln. Es ist bereits aus der deutschen Praxis bekannt, dass die Identität des Willensentschlusses allein nicht genügt, um eine Einheit mehrerer gleichartiger Tatbestandsverwirklichungen herzustellen.[837] Der Wille kann mehrere verschiedene Inhalte haben, und es lässt sich nicht allgemein sagen, inwieweit er als Einheit aufzufassen ist. Was mehrere gleichartige natürliche Handlungen zu einer Einheit verbindet, ist vielmehr der Tatbestand selbst.[838] An einer Körperverletzung wird niemand zweifeln, wenn der Täter dem Opfer neun Schläge versetzt.

Anders ist es bei Verletzung mehrerer höchstpersönlicher Rechtsgüter. Wenn der Täter z.B. unmittelbar nacheinander mehrere Personen verprügelt, soll die Einheit mehrerer Verletzungen verschiedener Rechtsgutsträger abgelehnt werden. Vom äußeren Tatbild ausgehend kommt zwar eine Wiederholung der gleichartigen Tatbestandsverwirklichungen in Betracht. Jedoch bilden die höchstpersönlichen Rechtsgüter absolute Einheiten, die einer quantenmäßigen Berechnung nicht zugänglich sind, und nicht zu einer Verbrechenseinheit zusammengefasst werden können.[839]

c) Ablehnung der Einheit mehrerer verschiedenartiger tatbestandlicher Handlungen

Nicht nur bei mehreren gleichartigen tatbestandlichen Handlungen, sondern auch bei mehreren verschiedenartigen tatbestandlichen Handlungen, zwischen denen ein enger zeitlicher und räumlicher Zusammenhang besteht, unternimmt das TObG den Versuch, eine Einheit zu bilden.[840] Mit exakt denselben Argumenten zur Ablehnung der Rechtsfigur natürlicher Handlungseinheit in der deutschen Konkurrenzlehre[841] ist die Bildung einer Einheit zwischen mehreren verschiedenartigen Tatbeständen auch in Thailand abzulehnen.

---

837 *Jescheck,* ZStW 1955, 529, 540; *Kindhäuser,* AT, § 45, Rn. 6; *Maiwald,* Zweiter Teil, II., 1., b), bb), S. 74 ff.; *Roxin,* AT II, § 33, Rn. 31; *Werle,* B., I., 1., S. 101 ff.; *Wessels/Beulke,* AT, Rn. 763.

838 NK/*Puppe,* § 52, Rn. 12; *Welzel,* S. 198.

839 *Maiwald,* Zweiter Teil, II., 1., d),S. 81; *Roxin,* AT II,§ 33, Rn. 38; *Warda,* JuS 1964, 81, 84; *Werle,* B., I., 2., S. 106.

840 TObGE 4045/2002; S. auch TObGE 4884/1990.

841 S. auch Kapitel D., II., 1., b), dd).

Erstens ist es schwierig zu ermitteln, wann Einheit oder Mehrheit der Handlungen vorliegt. Aus dem Gesetzeswortlaut ist es ohne Zweifel unmöglich. Wer menschliche Handlungen eingrenzen möchte, muss immer daran scheitern. Denn Handlungen sind fließend wie ein Fluss, der mal als Einheit, mal als Mehrheit angesehen werden kann, je nachdem, unter welcher Beschreibung bzw. unter welchem Gesichtspunkt man ihn betrachtet.[842] Die thailändische Rspr. stellt stets auf subjektive Kriterien ab, nämlich auf die Identität des Willensentschlusses, um ein Ereignis oder einen Lebensvorgang als Handlungseinheit zu bestimmen. Es liegt an der nach der Vorstellung des Täters innigen Verknüpfung der einzelnen Handlungsbestandteile, etwa an einer Mittel-Zweck-Relation oder an einem Täterplan, genau an denselben Maßstäben, die das deutsche RG vorher einmal verwendet[843] und von denen es sich später verabschiedet hat[844]. Widmet sich der Täter im Laufe seines Lebens mehreren Einbrüchen, um einen Mord zu begehen, muss Identität des Willensentschlusses vorliegen. Das Ergebnis ist ohne Zweifel untragbar und führt dazu, dass allgemein der Willensentschluss als Kriterium der Handlungseinheit abgelehnt wird.[845] Hier gilt der bekannte Satz des RG: *„[N]icht der Handelnde, sondern das Rechtbestimmt, was als eine Rechtsverletzung zu betrachten sei.“*[846]

Zweitens steht diese Art Handlungseinheit im Widerspruch zum stillschweigenden Sinne des § 90 TStGB, der die Einheit zwischen mehreren verschiedenen Tatbestandsverwirklichungen nur erlaubt, wenn sich ihre Handlungen mindestens teilweise decken.[847] Sonst bedeutete dies ein Loslösen von den rechtlichen Bewertungseinheiten[848] und führte zwangsläufig zu einer unkontrollierbaren Ausuferung der Einheit mehrerer tatbestandlicher Handlungseinheiten.[849]

d) Identität des Willensentschlusses als Widerspruch zum Wortlaut der § 90 f. TStGB

Die Konkurrenz tritt in das TStGB unter dem Titel „mehrere Gesetzesverletzungen“ ein. Es handelt sich hier – genau wie bei der deutschen Konkurrenz – um

---

842 S. *Beling,* Lehre vom Verbrechen, S. 334; *Davidson,* in: Handlung und Ereignis, S. 73, 84, 97; *Jescheck,* ZStW 1955, 529, 540; *Puppe,* IV., 4., S. 256; *dies,* GA 1982, 143, 149.
843 RGSt 11, 355; 32, 394; 41, 205.
844 RGSt 32, 137, 139 f.
845 S. *Maiwald,* II., 3., a), S. 98; *Werle,* B., I., 1., b), S. 102.
846 RGSt 4, 187, 190.
847 S. gleich unten d).
848 *Maiwald,* Zweiter Teil, II., 3., b), S. 102.
849 *Lackner/Kühl,* Vor § 52, Rn. 6; *Detmer,* Dritter Teil, A. II., 2., S. 226 f.; *Stratenwerth/Kuhlen,* § 17, Rn. 10.

eine Frage der Bestimmung des Strafmaßes. Sie ist unbedingt erforderlich, wenn mehrere von einem Täter verwirklichte Gesetzesverletzungen in einem Strafverfahren erledigt werden. Durch sie bringt der Gesetzgeber zum Ausdruck, in welchem Verhältnis diese Tatbestandsverwirklichungen zueinander stehen.

Die Frage, ob Tateinheit oder Tatmehrheit vorliegt, ist nach den §§ 91 ff. TStGB zu entscheiden. Tateinheit entsteht nach dem klaren Wortlaut des § 91 TStGB nämlich dadurch, dass *dieselbe Handlung* mehrere Strafgesetze verletzt. Ist es aber dieselbe Handlung, die mehrere Strafgesetze verletzt, dann weisen die verletzten Straftatbestände zwingend wenigstens teilweise Identität der Ausführungshandlungen auf. Deshalb ist Tateinheit stets zu bejahen, wenn das die Tatbestände mehrerer Strafgesetze verletzende Verhalten wenigstens teilweise identisch ist.

Nachdem *Puppe*[850] das stillschweigend vorausgesetzte *Doppelverwertungsverbot* entdeckt hat, schließen sich immer mehr Strafrechtler einer neuen Ansicht über die Konkurrenzproblematik an. Danach folgt die Idealkonkurrenz bzw. die Verhängung einer Strafe mehrerer Tatbestandsverwirklichungen, die durch eine Handlung ausgeübt werden, nicht nur aus Gesetzesregelungen im Strafgesetzbuch, sondern auch aus dem Doppelverwertungsverbot. Ein Unrechtsmerkmal kann häufig in mehreren Grundtatbeständen vorkommen. Das Erwürgen ist gemeinsames Merkmal der vorsätzlichen Körperverletzung, des Raubs, der Nötigung oder auch der sexuellen Vergewaltigung. Auch die Qualifikationen solcher Grundtatbestände enthalten dieselben Unrechtsmerkmale. Will man nicht die Verwirklichung eines der so zusammentreffenden Tatbestände völlig unbeachtet lassen oder das gemeinsame Merkmal bei verschiedenen Strafzumessungen nach den verschiedenen Tatbeständen mehrfach verwerten, so bleibt nichts anderes übrig, als den auf diese Art zusammentreffenden Tatbestandsverwirklichungen eine gemeinsame Strafe zuzumessen. Im Fall der Teilgleichheit der verwirklichten Tatbestände ist deswegen die Bildung einer Strafe geboten.[851] Das heißt, mehrere Gesetzesverwirklichungen bilden allein eine Strafe und stehen deshalb im Verhältnis von Tateinheit zueinander, weil eine vom Täter verwirklichte, schuldbegründende Tatsache nicht beliebig mehrfach verwertet werden darf, und nicht weil Identität des Willensentschlusses des Täters vorliegt.

Zwar erscheint das *Doppelverwertungsverbot* im thailändischen Strafrecht nicht ausdrücklich. Jedoch sollte die Aussage, eine Tatsache bzw. eine Handlung des Täters könne nur einfach verwertet werden, auch Anerkennung finden,

850 NK/*Puppe*, Vor § 52 Rn. 6, § 52, Rn. 24.
851 S. auch *Cording,* 5. Teil, B., V.,S. 201 f.; *Werle*, B., III., 2., S. 155 ff.

solange der Grundsatz *„ne bis in idem"* in Thailand die volle Anerkennung genießt. Deswegen ist bei Teilgleichheit von Handlungen auch Tateinheit anzunehmen. Der unverdiente Vorteil, den der Täter durch die Tateinheit bekommt, ist strafrechtlich eher annehmbar als der unverdiente Nachteil, den der Täter durch Tatmehrheit bekäme. Es wäre für die thailändischen Juristen zugleich nicht gerecht, wenn noch eine Strafe wegen Körperverletzung beschlossen würde, die dem Täter beim Vorwurf des Raubs schon einmal auferlegt wurde. Gäbe es ein solches Verbot nicht in Thailand, würde es nichts schaden, wenn schuldbegründende Tatsachen beliebig mehrfach verwertet würden. Dies ist aber nicht der Fall. Die Aussage, das Gewicht der Tatbestandsmerkmale sei bereits bei der Aufstellung des gesetzlichen Strafrahmens berücksichtigt worden,[852] sollte auch ihre Gültigkeit in der thailändischen strafrechtlichen Rechtsordnung haben.

Dass das thailändische StGB ein Schuldstrafrecht ist, ist zwar nicht einstimmig anerkannt.[853] Dass Thailand auch ein Rechtsstaat ist, wo die Menschenwürde in der Verfassung festgelegt ist, kann man jedoch unmöglich zurückweisen. Das Schuldprinzip sollte deshalb auch in Thailand Beachtung und Geltung finden.

V. Meinung der Literatur

Anders als in Deutschland, wo die Lit. immer den Versuch unternimmt, Gesetzeslücken zu schließen oder bei einer konkreten Fragestellung die Meinung der Rspr. kritisch zu hinterfragen und andere gangbare Lösungsansätze aufzuzeigen, versucht die Lit. in Thailand die Entscheidungen des Gerichts lediglich systematisch darzustellen. Auch im Bereich des Prozessgegenstands schließt sich die Lit. der Rspr. überwiegend an. Sie bewirkt lediglich etwas mehr Konkretisierung und Dogmatisierung.

1. Hinsichtlich des angeklagten Akts gemäß § 192 TStPO

Hinsichtlich des Gegenstands der Rechtshängigkeit gemäß § 192 TStPO ist die Lit. sehr spärlich. Sie entwickelt kaum eigene Thesen. Sie trägt kein Argument vor, erhebt aber auch keinen Einwand gegen die Rspr. Allerdings sind die Meinungen von *Ketsawapitak* und *NaNakorn* zu erwähnen.

---

852 MK/*v. Heintschel-Heinegg,* Vor §§ 52 ff., Rn. 19; *Roxin,* AT II, § 33, Rn. 170; *Stratenwerth/Kuhlen,* § 18, Rn. 2.

853 Für die Befürwortung des Schuldprinzips des TStGB s. *NaNakorn,* AT, S. 218 ff. und *passim*; vgl. aber a.A. *Meenakanit,* Neuer Blinkwinkel, S. 14 ff.

Ketsawapitak meint, gemäß § 192 TStPO sei es nicht erlaubt, den Angeklagten wegen der nicht im Antrag auf Bestrafung stehenden Straftatbestände und wegen Tatsachen, die in der Anklage nicht bezeichnet werden, zu verurteilen. Was man in der Anklageschrift angeben müsse, sei in § 158 TStPO geregelt. In diesem Umfang sei das Gericht gemäß § 192 I TStPO an die Bezeichnung in der Anklageschrift gebunden. Deswegen besteht nach *Ketsawapitak* zwischen dem Überschreitungsverbot der Anklageschrift bei Urteilsfindung gemäß § 192 I TStPO und der Bezeichnung der Anklageschrift gemäß § 158 (5) - (6) TStPO ein enger Zusammenhang.[854]

NaNakorn geht davon aus, das Überschreitungsverbot der Anklageschrift bei Urteilsfindung löse den bloßen Freispruch aufgrund der Formalitäten aus. Auch wenn der Gesetzgeber § 192 TStPO vielfach geändert habe, damit das Gericht nicht strikt an die Anklage gebunden sei und die Strafverfolgung effizienter werde, habe dies nicht viel geholfen. Die Ausnahmen in Absatz 3 reichen nicht aus, um alle Probleme zu lösen. Insoweit findet *NaNakorn* seine Lösung in der Verbesserung der Fassung der Anklageschrift. Ihm zufolge soll die Anklageschrift nach Tatsachen bezeichnet werden, nicht nach Tatbestandsmerkmalen. Dann sei das Gericht an die Anklageschrift gebunden, die alle dem Angeklagten vorgeworfenen Tatsachen beinhaltet und nicht an die Anklageschrift, in der nur die gesetzlichen Tatbestandsmerkmale aufgeführt werden. Sei das Gericht nicht an die Tatbestandsmerkmale gebunden, müsse es den Angeklagten nicht freisprechen, weil das Gericht eine andere rechtliche Beurteilung habe als der Ankläger. Dadurch können die Probleme des Freispruchs durch Formalitäten gelöst werden.[855]

Die Meinung *NaNakorns* trifft allerdings nicht zu. Auch wenn die Anklageschrift die mit den einzelnen gesetzlichen Merkmalen der jeweiligen Straftaten verknüpfte Angabe des konkreten Geschehens dargestellt hat, muss das Gericht den Angeklagten immerhin freisprechen, wenn im Laufe der Hauptverhandlung neue Tatsachen eingetreten sind, die zu einer abweichenden rechtlichen Beurteilung geführt haben und wenn das Strafgesetz mit schwererer Strafdrohung erst nach Verhandlungsbeginn aufgetaucht wären. Denn § 192 I TStPO verbietet dem Gericht, den Angeklagten wegen anderer Tatsachen und Tatbestände zu verurteilen, die nicht in der Anklage und nicht im Antrag auf Bestrafung bezeichnet werden. Die einzige Möglichkeit, dieses Problem zu lösen, besteht darin, das Überschreitungsverbot der Anklageschrift bei Urteilsfindung neu zu überdenken und dann das Rechtsinstitut des Prozessgegenstands zu entwickeln.

---

854 *Ketsawapitak,* StPR II, S. 466.

855 S. auch *Lamultree,* S. 128 f.

2. Hinsichtlich des angeklagten Akts gemäß § 39 (4) TStPO

Wie oben erläutert ist § 39 (4) TStPO die zentrale Norm des Prozessgegenstands. Danach erlischt der Strafanspruch, wenn *„das absolut beendete Urteil über den angeklagten Tatbestand vorliegt."* Die Lit. vertritt ganz einhellig dieselbe Auffassung wie die Rspr. *Luechai* meint, der Gegenstand der Rechtskraft setzte sich aus den Umständen zusammen, die den Ausgangspunkt der Anklage bilden und im Verhältnis von Tateinheit zueinander stehen oder bei denen die Gleichzeitigkeit der Handlungen dargestellt wird.[856] *Chaihan* findet, der Begriff „angeklagter Tatbestand" des § 39 (4) TStPO bezeichne die angeklagten Handlungen, die Idealkonkurrenz bilden, auch wenn sie unter mehrere Tatbestände subsumiert werden.[857] *Watjanasawad* geht davon aus, die Strafklage sei verbraucht und die neue Anklage wegen der Handlungen des Angeklagten, die mit den Handlungen im absolut beendeten Urteil im Verhältnis von Idealkonkurrenz stehen, sei verboten.[858] Schließlich führt *Ketsawapitak* aus, dass die erneute Anklage mit demselben Ausgangspunkt oder wegen derselben Handlungen verboten ist wie der Ausgangspunkt oder die Handlungen im absolut beendeten Urteil.[859] Auch *NaNakorn* sagt ganz deutlich, dass der angeklagte Tatbestand nach § 39 (4) TStPO nicht Straftatbestand heiße, sondern Akt.[860]

Zusammenfassend lässt sich sagen, dass der Gegenstand der Rechtskraft nach der übereinstimmenden Meinung der Lit. der angeklagte Akt ist. Er ist absolut abhängig vom Konkurrenzverhältnis des materiell-rechtlichen Strafrechts. Tateinheit bildet dann nach der Lit. stets Einheit des Gegenstands der Rechtskraft.

856 *Luechai,* StPR I, S. 152.
857 *Chaihan,* StPR I, S. 143.
858 *Watjanasawad,* StPR I, S. 199.
859 *Ketsawapitak,* StPR I, S. 585.
860 *NaNakorn,* StPR, S. 561.

Vierter Teil: Prüfungsaufbau der Tat bzw. des angeklagten Akts

Kapitel G. Eigene Lösungen

Nach allen Darstellungen von zahlreichen Meinungen und Gegenmeinungen, vielfältigen Argumentationen dafür und dagegen, sowohl in der Rspr. als auch in der Lit. in beiden Rechtsordnungen, in Deutschland und Thailand, entfalten sich allmählich eigene Lösungen. Sie werden in drei Teilen dargestellt. Im Abschnitt *Gemeinsame Lösungen* werden Lösungen dargestellt, die sowohl für das deutsche Strafprozessrecht als auch für das thailändische entwickelt werden. Im Abschnitt *Lösungen des deutschen Rechts* werden Ergebnisse gezeigt, die den Normen in der deutschen Rechtsordnung entnommen werden und Probleme des Tatbegriffs im deutschen Strafprozessrecht lösen könnten. Sie finden ihre Gültigkeit jedoch nicht nur in der deutschen Rechtsordnung. Vielmehr können sie auch als Vorbild für die thailändische Rechtsordnung dienen, wie im dritten Abschnitt aufgezeigt wird.

I. Gemeinsame Lösungen

1. Notwendige Problemdifferenzierung

Die anfangs kurz dargestellte Problemdifferenzierung ist nicht neu und sollte nicht überraschend wirken. Sie gilt sowohl für die deutsche als auch für die thailändische Rechtsordnung, unabhängig von den gesetzlichen Regelungen. Der Unterschied zwischen beiden Problemgruppen, *Tatausweitung* und *Tatersetzung*, ist zwar bekannt, die Notwendigkeit der Problemdifferenzierung steht aber nicht im Mittelpunkt der Diskussionen. In Deutschland übernehmen allerdings einige Autoren Versuche, eine Problemdifferenzierung (weiter) zu entwickeln. Diese Versuche stellen sich aber als noch nicht ausgereift dar.

a) Einwände gegen die Differenzierung von *Roxin, Wolter und Detmer*

Durch den räumlichen und zeitlichen Abstand unterscheiden *Roxin* und *Wolter* zwei Problemgruppen voneinander.[861] Dadurch ergeben sich bei ihnen *nichtvon-*

---

861 S. *Roxin,* JR 1984, 346, 348 und *Wolter,* GA 1986, 143, 164 ff.; s. auch Kapitel E., V., 1; s. ähnlich auch *Neuhaus,* MDR 1988, 1012 ff. und *ders,* MDR 1989, 213 ff.

einander abgrenzbare Geschehnisse einerseits und *voneinander abgrenzbare Geschehnisse* anderseits. Als Beispiele für die erste Problemgruppe nennt *Roxin* Geschehnisse, bei denen alle Tatbestandsverwirklichungen in Idealkonkurrenz zueinander stehen, und für die zweite Problemgruppe Geschehnisse, bei denen alle Tatbestandsverwirklichungen im Verhältnis von Realkonkurrenz zueinander stehen. Diese Problemdifferenzierung ist in zweierlei Hinsicht unlogisch. Erstens dürfen sich diese zwei Probleme nicht durch den räumlichen oder zeitlichen Abstand unterscheiden, denn dann wäre die Abgrenzung wieder vage und unbestimmt. Zweitens beinhaltet diese Differenzierung eine *„petitio principii"*. *Roxin* und *Wolter* unterscheiden die zwei Problemgruppen u.a. anhand des Konkurrenzverhältnisses. Bestehe in den fraglichen Geschehnissen Idealkonkurrenz, liege die erste Problemgruppe vor; bestehe hingegen in den Geschehnissen Realkonkurrenz, sei die zweite Problemgruppe gegeben. In der ersten Problemgruppe sei daraufhin wieder das Kriterium der Idealkonkurrenz anzuwenden, um zu sagen, ob eine oder mehrere Taten im prozessualen Sinne vorliegen. Liege Idealkonkurrenz vor, was immer der Fall ist, sei eine Tat zu bejahen; liege dagegen Realkonkurrenz vor, was niemals vorkommt, seien mehrere Taten anzunehmen. Die Differenzierungen*Roxins* und *Wolters*sind dann zurückzuweisen.

Auch *Detmer* begeht bei der Differenzierung einen Fehler. Zwischen dem nach ihm genannten *Tatumfang* und der *Tatausgestaltung* unterscheidet er durch das Kriterium der Realität. Hat der Täter, wenn er einen PKW in Brand gesetzt hat und dadurch jemand getötet worden ist, wirklich die beiden fraglichen Tatbestände erfüllt, (Sachbeschädigung und Totschlag), liegt das Problem des Tatumfangs vor. Hat hingegen der Täter, wenn ihm Diebstahl vorgeworfen worden, aber das Gericht vom Betrug überzeugt war, aus logischen bzw. gesetzlichen Gründen entweder Diebstahl oder Betrug begehen können, ist das Problem der Tatausgestaltung gegeben.[862] Diese Differenzierung hat eine wichtige Schwäche: Man beantwortet die Frage, ob eine Tat oder mehrere Taten vorliegen, um zu wissen, ob das Gericht die fraglichen Tatsachen berücksichtigen darf oder nicht. Jedoch bekommt man nach der These *Detmers* die Antwort auf diese Frage, nur wenn man den Schuldvorwurf aufgeklärt hat und deswegen die fraglichen Tatsachen bereits berücksichtigt wurden. Die Differenzierung widerspricht dann den Funktionen des Tatbegriffs.

Die hier vorgeschlagene Problemdifferenzierung wird nicht anhand des Konkurrenzverhältnisses vorgenommen, sondern anhand der Kompatibilität der Beschreibungen der fraglichen Ereignisse. Das Konkurrenzverhältnis ist das Kriterium für die erste Problemgruppe des Tatbegriffs.

---

862 *Detmer,* Erster Teil, A., II., S. 19 ff.

b) Vorgeschlagene Problemdifferenzierung

Zwei Problemgruppen, *Tatausweitung* und *Tatersetzung,* werden voneinander unterschieden, indem man die gesetzlichen Beschreibungen der fraglichen Tatbestände vergleicht und sich fragt, ob aus logischen bzw. rechtlichen Gründen die gesetzlichen Beschreibungen der fraglichen Tatbestände kompatibel sind oder nicht, also die Frage nach der *Kompatibilität der gesetzlichen Beschreibungen der Tatbestände.* Verglichen werden i.S.v. *Moore*[863] *„act-types"* von fraglichen Tatbestände, die *„act-tokens"* instanziieren.

Sind die Beschreibungen bzw. *„act-types"* der fraglichen Tatbestände miteinander kompatibel, z.B. zwischen Schießen an bewohnten Orten und Totschlag oder versuchter Abtreibung und Kindestötung, gehören die Fällen zum Problem der Tatausweitung. Hier werden die später entdeckten Vorgänge bzw. *„act-token"*, die die Beschreibung instanziieren, in die Anklage *addiert*, wenn Handlungseinheit im materiell-rechtlichen Sinne gleich nachher bejaht wird. Sind die gesetzlichen Beschreibungen bzw. *„act-types"* der Tatbestände hingegen inkompatibel, z.B. zwischen Diebstahl und Hehlerei, – weil die Täterschaft der Hehlerei voraussetzt, dass Diebstahl von einer anderen Person begangen werden muss, – oder zwischen Totschlag und Strafvereitelung, – weil der Täter der Strafvereitelung nicht der Täter des Totschlags sein kann, – liegt die Problemgruppe der Tatersetzung vor. Hier werden die später entdeckten Vorgänge, die die Beschreibung instanziieren, den ursprünglich angeklagten Vorgang *ersetzt*, wenn die Voraussetzungen dafür gegeben sind.

aa) Problemgruppe der Tatausweitung

Das erste Problem betrifft die Frage nach dem Umfang der Tat im deutschen Strafprozessrecht bzw. des angeklagten Akts im thailändischen Strafprozessrecht oder danach, wie groß der Geschehensabschnitt ist, der unter den Begriff einer Tat bzw. eines angeklagten Akts fällt und ob die später entdeckten Vorgänge noch in demselben Kreis oder schon von diesem gesprengt sind.[864]

Fall 1: T ist wegen Schießens an bewohnten Orten angeklagt. Während der Hauptverhandlung stellt sich heraus, dass er dabei auch einen Mensch erschossen hat.[865]

---

863 *Moore,* Chapter 12, S. 318 ff.

864 *Bertel,* I., A., 5., S. 17; *Cording,* 1. Teil, II. 3., S. 24 ff.; *Detmer*, Erster Teil, A., II., 1., S. 24 f., *Roxin*, JR 1984, 346.

865 RG 70, 26 ff.; RG 4, 243 ff.; obwohl § 367 Nr. 8 StGB zusammen mit dem gesamten 29. Abschnitt des zweiten Teiles des StGB mit Wirkung vom 1. 1. 1975 aufgehoben worden ist, wird dieser Paradefall immer als Beispiel verwendet.

Fall 2: T wird wegen Abtreibungsversuchs rechtskräftig verurteilt. Danach will der Ankläger gegen sie die Anklage wegen der Tötung des Kindes erheben, die sie nach mehreren, misslungenen Abtreibungen begangen hat. (BGHSt 13, 21 ff.)

Fall 3: T ist wegen Diebstahl eines Buches des O angeklagt. Später in der Hauptverhandlung wird entdeckt, dass er nicht nur das Buch weggenommen, sondern auch den O bedroht hat, um ihm sein Buch abzunehmen.

Hier muss man die Frage beantworten, ob der hinzutretende Vorgang noch zu demselben Kreis der Tat bzw. des angeklagten Akts gehört und deshalb in demselben Verfahren verfolgt werden muss oder nicht. Aus logischen bzw. rechtlichen Gründen kann sowohl Schießen an bewohnten Orten als auch Totschlag in Fall 1 ohne Zweifel verwirklicht werden. Abtreibungsversuch und Kindstötung in Fall 2 sind nebeneinander problemlos denkbar, genauso wie Diebstahl und Nötigung in Fall 3.Bei diesen Fällen – falls eine Tat im prozessualen Sinne gleich nachher durch das Kriterium Handlungseinheit bejaht würde – bleibt der ursprüngliche Vorgang „Schießen", „Abtreibungsversuch" oder „Diebstahl" unverändert. Es tritt lediglich ein neuer Vorgang hinzu.

Zu diesen Fällen gehören Fälle von mehraktigen Delikten, abgeschafftem Fortsetzungszusammenhang, Dauer- und Organisationsdelikten, gleichgültig ob der Täter inzwischen auch andere Delikten begangen hat oder nicht, Gesetzeseinheit und schließlich Realkonkurrenz. Um zu bestimmen, ob hier eine Tat oder mehrere Taten bzw. ein Akt oder mehrere Akte im prozessualen Sinne vorhanden sind, ist das Kriterium des Konkurrenzverhältnisses anzuwenden.

bb) Problemgruppe der Tatersetzung

Die zweite Problemgruppe betrifft die Frage, ob es noch zu derselben Tat bzw. demselben angeklagten Akt gehört, wenn sich in der Hauptverhandlung herausstellt, dass sich im Rahmen des von der Anklage geschilderten Geschehensausschnitts vieles ganz anders abgespielt hat, als die Anklageschrift es behauptet, m.a.W. ob der in der Anklage formulierte Vorwurf durch einen anderen ersetzt werden sollte – der ursprüngliche also wegfällt. Dabei kann aus logischen bzw. rechtlichen Gründen nur ein Handlungsvorgang verwirklicht werden, entweder der in der Anklage bezeichnete oder der zu ergänzende bzw. entweder der im rechtskräftigen Urteil erfasste oder der erneut zu verfolgende. Zum Problem der Tatersetzung gehören Fälle von Abweichungen von tatsächlicher Umgestaltung (Fall 4a), Fälle von Abweichungen zwischen unterschiedlichen Beteiligungsformen (Fall 5a), Fälle von Abweichungen zwischen Bezugstaten und Anschlussdelikten (Fall 6a), schließlich Fälle von *Wahlfeststellung i.e.S.* – auch *Verurteilung auf mehrdeutiger Tatsachengrundlage* (Fall 4b, 5b und 6b) genannt. Postpendenz und Präpendenz, die nach der h.M. auch zur Verurteilung auf mehrdeutiger Tatsachengrundlage gehören, werden aber nach der hier vertretenen Meinung als Tatmehrheit behandelt.[866]

Fall 4a: T ist angeklagt, den O am Abend des 14.08. in dessen Wohnung erwürgt zu haben. In der Hauptverhandlung stellt sich heraus, dass T den O bereits am 12.08. im Keller erschlagen hat, bis er tot war.[867]

Fall 4b: Es bleibt in der Hauptverhandlung offen, ob T den O erwürgt oder erschlagen hat.

Fall 5a: T ist wegen Anstiftung zum Mord angeklagt. In der Hauptverhandlung stellt sich heraus, dass er eigentlich nur als Gehilfe dazu beigetragen hat.

Fall 5b: Nach der Hauptverhandlung ist zweifelhaft geblieben, ob der T den X zum Mord angestiftet oder ob er ihm nur Hilfe dabei geleistet hat.

Fall 6a: T ist angeklagt, den Mantel des O gestohlen zu haben. In der Hauptverhandlung stellt sich heraus, dass er den Mantel nicht gestohlen, sondern hehlerisch erlangt hat.

Fall 6b: In der Hauptverhandlung ist sich das Gericht nicht sicher, ob T Dieb war oder als Hehler den Mantel lediglich angekauft hat.

Hier geht es nicht mehr um die Frage nach dem Umfang der Tat bzw. des angeklagten Akts im prozessualen Sinne, wie in Fällen der Tatausweitung, sondern darum, ob es noch dieselbe Tat bzw. derselbe Akt bleibt, wenn das ursprüngliche Ereignis durch das zu ergänzende Ereignis ersetzt würde. Es bestehen zwei gesetzliche Beschreibungen, die miteinander aus logischen bzw. rechtlichen Gründen inkompatibel sind. *„Totschlag des Menschen O"* und *„Totschlag des Menschen O"* in Fall 4a passen nicht zusammen, weil der O nur einmal getötet werden kann. *„Anstiftung zum Mord A"* und *„Beihilfe zum Mord A"*sind miteinander inkompatibel, denn eine Person kann bei demselben Mord entweder anstiften oder helfen, nicht beides (Fall 5a). *„Wegnehmen der Sache A"* und *„Hehlerisches Annehmen der Sache A"* kann von einer einzigen Person aufgrund § 259 StGB nicht begangen werden (Fall 6a). Bei diesen Fällen – falls eine Tat im prozessualen Sinne gleich nachher durch ein anderes Kriterium angenommen würde – wird der ursprüngliche Vorgang durch den neu entdeckten ersetzt und der ursprüngliche fällt weg. Der Strafprozess hat hier die Aufgabe, zu entscheiden, welche Ereignisse der Täter tatsächlich vollzogen hat. Die gemeinsame Aburteilung ist insofern notwendig.[868] Andererseits dürfen der Schutz des Angeklagten vor Überraschungen und die rechtsstaatliche Gewährleistung der effizienten Verteidigung nicht verletzt werden. Daher muss es zwischen bei-

866 S. unten II., 2., a), dd).

867 Beispiel von *Detmer*, Erster Teil, A. II., S. 26.

868 So auch *Wolter,* GA 1986, 143, 170.

den Vorgängen irgendein besonderes Verhältnis geben, das der Angeklagte vorhersehenkann.

Gelingt es dem Gericht jedoch nicht, Tatsachen aufzuklären, wie in Fall 4b, 5b und 6b, kommt Verurteilung auf mehrdeutiger Tatsachengrundlage in Betracht. Ob das Gericht den Angeklagten verurteilen darf, auch wenn das Gericht nicht in der Lage ist, zu beschließen, dass sich der Angeklagte entweder auf Grund des einen oder des anderen Lebensvorgangs strafbar gemacht hat, hängt dann von den Voraussetzungen der zulässigen Verurteilung auf mehrdeutiger Tatsachengrundlage ab.

2. Vorgeschlagener Prüfungsaufbau der Tat bzw. des angeklagten Akts

Im ersten Schritt ist die Frage nach der Kompatibilität der gesetzlichen Beschreibungen der fraglichen Tatbestände zu stellen, um die Fälle in die richtige Problemgruppe einzuordnen,*Tatausweitung* oder *Tatersetzung*.[869] Ist es die Tatausweitung, weil die beiden Beschreibungen miteinander kompatibel sind, stellt man weiter die Frage, ob es sich um Handlungseinheit oder Handlungsmehrheit im materiell-rechtlichen Sinne handelt. Liegt Handlungseinheit vor, ist stets eine prozessuale Tat bzw. ein angeklagter Akt gegeben. Es gibt hierbei keine Ausnahme, auch nicht wenn ein Dauerdelikt mit anderen Delikten zusammentrifft. Liegt dagegen Handlungsmehrheit vor, ist grds. von mehreren Taten auszugehen, es sei denn, es existieren besondere Zusammenhänge.

Ist jedoch die Tatersetzung der Fall, weil aus logischen bzw. rechtlichen Gründen die gesetzlichen Beschreibungen der Tatbestände inkompatibel sind, ist die Frage nach der Handlungseinheit sinnlos. Denn die fraglichen Vorgänge werden immer durch Handlungsmehrheit begangen, genauer gesagt *gedachte* Handlungsmehrheit. Um eine Tat im prozessualen Sinne anzunehmen, müssen die Verwechslungsgefahren ausgeschlossen sein. D.h. das Geschehen eines Vorgangs schließt das Geschehen eines anderen Vorgangs aus. Jedoch, genau wie bei Tatindividualisierung[870], ist es unmöglich zu bestimmten,welche Eigenschaften dieselben bleiben müssen, damit die Tateinheit im prozessualen Sinne nicht sprengt wird. Bis jetzt finden Philosophen[871] keine einstimmigen Identi-

869 S. oben I., 1.

870 S. Kapitel B., I., 6.

871 Folgt man *Davidson* sind zwei Ereignisse identisch, wenn sie dieselbe Ursachen und Wirkungen haben. *Lemmon* formuliert Identitätsbedingungen durch die Identität der Zeit und des Raums. Nach *Kim* sind Identitätsbedingungen in Bezug auf die Identität der Eigenschaften, der Zeit und der Gegenstände formuliert.

tätsbedingungen, die sagen, wann mehrere Ereignisse gleich oder unterschiedlich sind.

Der vorgeschlagene Prüfungsaufbau sollte sowohl in Deutschland als auch in Thailand Gültigkeit finden und führt nicht nur zum erwünschten Ergebnis, sondern auch zu vorhersehbaren Ergebnissen, also genau zu dem, was die Rechtssicherheit verlangt. Der Vertrauensschutz ist gewahrt, da die Betroffenen genau wissen, was im Strafverfahren untersucht werden kann, auch wenn es nicht in der Anklage bezeichnet wird. Sie wissen zugleich, wieweit die Rechtskraft sie vor einer neuen Strafverfolgung schützt.

3. Die Tat bzw. der angeklagte Akt als ein *factum*

Ohne einen Blick auf die gesetzlichen Regelungen der deutschen oder thailändischen StPO zu werfen, kann man von den Naturgesetzen ableiten, dass die Tat bzw. der angeklagte Akt ein *factum* ist. Wenn jemand eine Straftat begangen hat und der Ankläger diese vor Gericht bringen möchte, muss er sie folglich bestimmen, damit das Gericht weiß, was es erforschen soll. Der Angeklagte muss auch Bescheid darüber wissen, was ihm vorgeworfen wird, damit er sich selbst verteidigen kann. Es gibt keine andere Möglichkeit, die Straftat zu beschreiben, als nach dem Wer, Was, Wann, Wo und Wie zu fragen. Demnach beschreibt man einen geschichtlichen Vorgang. Und dieser Vorgang ist ein *factum.*[872]

Die gesetzlichen Regelungen der deutschen und thailändischen StPO stehen dem Ergebnis auch nicht entgegen. Die §§ 155, 264 StPO als zentrale Normen des Tatbegriffs besagen unmittelbar, dass das Gericht die *Subsumtionsfreiheit* besitzt; es ist an die rechtliche Würdigung der StA nicht gebunden. Wertet die StA ein konkretes Verhalten, z.B. die Abgabe mehrerer Messerstiche, als gefährliche Körperverletzung, kann das Gericht diesen Vorgang als Mordversuch beurteilen. Mittelbar ist aber ersichtlich, dass der Begriff keineswegs die gleiche Bedeutung hat wie der Begriff „Straftat“. Darüber hinaus folgt aus den beiden Normen, dass der Tatbegriff im prozessualen Sinne über einen materiellrechtlichen gesetzlichen Straftatbestand hinausgehen muss. Denn es handelt sich bei diesem Beispiel um verschiedene Straftaten, aber es gehört immer noch zu derselben Tat i.S.d. §§ 155 II, 264 II StPO.Die Tat ist kein *crimen*, also keine anzuwendende Strafvorschrift wie Diebstahl oder Körperverletzung.[873]

Hinzuweisen ist nun auf § 154a I StPO. In der zweiten Alternative dieser Vorschrift spricht der Gesetzgeber ausdrücklich von „mehreren Gesetzesverlet-

872 S. auch Kapitel A., II., 1.

873 *Aachenbach,* ZStW 1975, 74, 84; *Detmer*, Erster Teil, C., I., S. 45; *Schöneborn,* MDR 1974, 529; *Schwinge,* ZStW 1932, 203, 218.

zungen, die durch dieselbe Tat begangen worden sind." D.h. eine Tat darf nach dem Gesetz durch mehrere – und nicht nur eine – Gesetzesverletzungen verwirklicht werden. Eine Tat ist dann nicht immer eine Straftat.

Auch Vorschriften im OWiG bestätigen das Ergebnis „Tat ≠ Straftat". § 84 II S. 1 OWiG bestimmt, dass die Rechtskraft einer gerichtlichen Entscheidung über eine Tat als Ordnungswidrigkeit auch ihrer späteren Verfolgung als Straftat entgegensteht. Das bedeutet, dass die abweichende Betrachtung des Unrechtsgehalts keine Rolle bei der Sperrwirkung spielt. Gleichgültig, ob ein Vorgang als Ordnungswidrigkeit oder als Straftat betrachtet wird, kann er nicht erneut verfolgt werden.[874] Außerdem besagt der Umkehrschluss des § 85 III S. 2 OWiG, die Spezialvorschrift zu § 362 StPO, dass ein Wiederaufnahmeverfahren, in dem ein Vergehen als Verbrechen verfolgt wird, im ordentlichen Rechtsmittelverfahren nicht gewollt ist.[875]

Ferner lassen sich die Vorschriften von Wiederaufnahmeverfahren untersuchen. Sie regeln, unter welchen Voraussetzungen ein neues Verfahren über den Gegenstand bzw. die Tat, die bereits rechtskräftig abgeurteilt wird, ausnahmsweise eingeleitet werden darf. Der Verurteilte darf sich darauf verlassen, dass sein äußeres Verhalten nicht noch einmal mitbeurteilt wird. Die nur rechtlich abweichende Qualifizierung desselben Geschehens kann in keinem Fall zu einer neuen Strafklage berechtigen. Hätte die Tat ein *crimen* bedeutet und könnte der bereits wegen Schießens an bewohnten Orten rechtskräftig verurteilte Täter beispielsweise noch einmal wegen Totschlags verfolgt werden, da ein neues, die Tötungsabsicht feststellendes Beweismittel erst aufgetreten ist, würde der Vertrauensschutz ins Leere laufen. Eine solche Auslegung wäre nichts anderes als eine verdeckte Ausdehnung der Wiederaufnahme zu Ungunsten des Angeklagten.[876]

In Thailand sind die gesetzlichen Regelungen in der TStPO etwas verwirrend. In § 39 (4) TStPO, der als Grundsatz *„ne bis in idem"* angesehen ist, steht zwar der Begriff „Tatbestand", es ist jedoch einstimmig anerkannt, dass damit eigentlich der Akt des Angeklagten gemeint ist.[877] § 192 TStPO, der die Grenze

---

874 *Aachenbach,* ZStW 1975, 74, 83; *Detmer,* Erster Teil, D., III., S. 73; *Herzberg,* JuS 1972, 113, 117; *Grünwald,* in: Teheran-Beiheft der ZStW 1974 (Hrsg. Jescheck), S. 94, 114; *Tiedemann,* S. 45; *Wolter*, GA 1986, 143, 160.

875 *Detmer,* Erster Teil, D., III., S. 73; *Grünwald,* in: Teheran-Beiheft der ZStW 1974 (Hrsg. Jescheck), S. 94, 114; *Herzberg*, JuS 1972, 113, 117.

876 *Aachenbach*, ZStW 1975, 74, 86 f.; *Detmer*, Erster Teil, D., I., 1., S. 64 f.; *Grünwald*, StV 1986, 243, 244; *ders.*, in: Teheran-Beiheft der ZStW 1974 (Hrsg. Jescheck), S. 94, 107; *Herzberg*, JuS 1972, 113, 117; *Puppe,* JR 1986, 205 f.; *Wolter,* GA 1986, 143, 160.

877 S. Kapitel B., II., 3.

der Kognitionspflicht des Gerichts regelt, sagt leider nichts Eindeutiges hierzu aus. Der Gesetzgeber setzt dort nur fest, dass das Gericht die nicht in der Anklage bezeichneten Tatsachen nicht untersuchen und den Angeklagten wegen des nicht im Antrag auf Bestrafung bezeichneten Tatbestands nicht verurteilen darf. Man erforscht dann weiter, was in der Anklage nach der TStPO stehen muss. In § 158 (5) TStPO findet sich darauf eine klare Antwort. Der Ankläger muss in der Anklage Folgendes beschreiben: *Alle angeklagten Akte, ihre örtlichen und zeitlichen Umstände und ihre Einzelheiten, und die betroffenen Personen oder Gegenstände, damit der Angeklagte den Vorwurf gut nachvollziehen kann.* Das ist ebenfalls ohne Zweifel ein *factum.*

Der Gesamtzusammenhang der positiv-rechtlichen Regelungen bestätigt dieses Ergebnis. Am einfachsten und eindeutigsten kommt § 200 TStPO in Betracht. Demgemäß muss die StA entsprechend der Orientierungsfunktion des Anklageprinzips ein Ereignis in der Anklage beschreiben und individualisieren, damit das Gericht, der Angeklagte und andere Prozessbeteiligte Bescheid wissen, womit sie sich nun beschäftigen. In der Anklage beschreibt die StA ein natürliches Ereignis, von dem behauptet wird, dass es bereits in der Vergangenheit stattgefunden hat. Ob es in der Vergangenheit tatsächlich passiert ist, entscheidet das Gericht durch das Urteil. Das Ereignis wird vorher von der StA untersucht und es wird ermittelt, ob ein hinreichender Verdacht für die Begehung einer Straftat erkennbar ist. In der Hauptverhandlung wird dieses Ereignis dem Gericht unterbreitet. Was das Gericht erforschen muss, ist deswegen das *natürliche Ereignis*, also ein Ereignis wie ein Steinwurf oder ein Schlag usw. Dies ist dann ein *factum.*

Durch die epistemologische Betrachtung kommt *Salas*[878] zu einem ähnlichen Ergebnis, allerdings über einen kleinen Umweg. Nach ihm ist die Tat ebenfalls ein *factum.* Die Probleme der Taten, die im Strafprozess diskutiert werden, stellen ganz reale Probleme für die Betroffenen dar. *„Sie erleben diese Probleme und damit die Taten nicht als normative Konstruktionen und Luftschlossarchitektur, sondern als dramatische Erfahrung, die für immer ihr Leben verändern wird."* Dem ist zuzustimmen. Aber *Salas* führt weiter aus, dass eine methodologische Grenze bestehe. Die Erlebnisse und Erfahrungen, die Gegenstand des Verfahrens sind, *„bleiben vor*[sic!] *immer in dem intimen Bewusstsein der Betroffenen verschlossen. Nur der Täter und das Opfer wissen mit Sicherheit, was eigentlich in der dramatischen Vergangenheit passiert ist."* Dem ist leider nicht zuzustimmen. Hier geht es nicht darum, ob der Strafprozess die absolute Wahrheit aufklären kann, sondern darum, die (absolute) Wahrheit bzw. den in

---

878 *Salas,* 3. Teil, Kapitel 1, § 25, S. 260 f.

der Vergangenheit geschehenen Vorgang des Täters abzugrenzen. Besäße der Strafprozess die absolute Wahrheit, bräuchte er ohnehin ein Kriterium, um die Wahrheit abzugrenzen, weil es, wie von vornherein festgestellt,[879] nicht nur unmöglich, sondern sogar gesetzwidrig ist, das lebenslange Ereignis eines Täters als Gegenstand eines Strafverfahrens zu berücksichtigen.

4. Notwendige Einheitlichkeit der Tat bzw. des angeklagten Akts

Der Versuch, den Gegenstand der Sperrwirkung enger zu fassen als den der Urteilsfindung, muss streng abgelehnt werden. Bezüglich des Grundsatzes *„ne bis in idem"* ist weitgehend anerkannt, dass der davon abgeleitete Vertrauensschutz den Verurteilten vor diesem zweiten Verfahren wegen desselben Vorgangs bewahren soll.[880] Alles, was Kognitionsgegenstand ist, erwächst auch in materielle Rechtskraft. Erwüchse weniger in Rechtskraft als der Kognitionsgegenstand, würde der Vertrauensschutz nicht funktionieren. Erwüchse mehr in Rechtskraft, bestünden straffreie Räume.

Überall, wo der Grundsatz *„ne bis in idem"* anerkannt ist, muss die Einheitlichkeit des Prozessgegenstands in der Urteilsfindung und der Rechtskraft streng eingehalten werden.

Gemäß § 39 (4) TStPO ist die Einheitlichkeit des angeklagten Akts sogar ausdrücklich geregelt, wird aber wegen der mangelnden Erkenntnis des Prozessgegenstandes übersehen. Der Strafanspruch erlischt, wenn das „absolut beendete Urteil" über den „angeklagten Tatbestand" ergeht. D.h., was das Gericht bereits einmal berücksichtigt hat, darf nicht erneut verfolgt werden. Deswegen ist die Strafklage verbraucht. Dies lässt sich eindeutiger nicht mehr aufzeigen.

5. Vorrang des Grundsatzes *„ne bis in idem"* gegenüber der materiellen Gerechtigkeit

Die Bemühung, die Sperrwirkung enger zu fassen als den Kognitionsgegenstand, folgt aus der Unzufriedenheit mit den Ergebnissen, meistens von Fällen, in denen die Tat bzw. der angeklagte Akt so weitreichend ist, dass nicht alle rechtlichen Gesichtspunkte untersucht werden, aber dennoch durch das rechtskräftige Urteil verbraucht sind. Ein ideales Beispiel zeigt sich dann, wenn ein Dauerdelikt mit anderen Delikten zusammentrifft: Während der Autofahrt ohne Fahrerlaubnis fährt der Fahrer einen Fußgänger an und verletzt ihn. Kurz danach stiehlt er aus einem Kühlhaus eine Menge Pommes Frites. Falls lediglich die

879 S. Kapitel A., II., 1.

880 S. oben Kapitel C., III., 2., b), bb)

Fahrt ohne Fahrerlaubnis rechtskräftig verurteilt wird, sind die Strafklagen wegen fahrlässiger Körperverletzung und Diebstahls dann ebenfalls verbraucht.

Die Situation ist Fallen von Organisationsdelikten wesentlich einschneidender, weil ein Täter über einen längeren Zeitraum hinweg zahlreiche andere Straftaten begeht. Wird der Täter lediglich wegen der mitgliedschaftlichen Beteiligung an einer kriminellen oder terroristischen Vereinigung rechtskräftig verurteilt, können die anderen Delikte überhaupt nicht verfolgt werden. Dieses dem Gerechtigkeitsgefühl entgegenstehende Ergebnis möchten die Juristen korrigieren, indem sie zu Gunsten der materiellen Gerechtigkeit den Grundsatz *„ne bis in idem"* durchbrechen. Zwar ist die Realisierung der materiellen Gerechtigkeit eine wichtige Aufgabe des Rechtsstaats, jedoch kann der Grundsatz *„ne bis in idem"* um der Gerechtigkeit willen nicht durchbrochen werden. Schon der Gesetzgeber legt den Vorrang des Grundsatzes fest. Die engen Voraussetzungen für die Wiederaufnahme des rechtskräftig abgeschlossenen Verfahrens sind der ausdrückliche Beweis dafür. Dass darüber hinaus das Rechtsgefühl im Sinne der verfehlten Einzelfallgerechtigkeit u.U. stark strapaziert wird, ist systemimmanent. Deshalbwiderspräche es dem Sinn des Vorrangs der Rechtssicherheit, wenn diesich aus der Anwendung des Art. 103 III GG ergebende Konsequenz korrigiert wird, weil sie dem Gerechtigkeitsempfinden zuwiderläuft.[881]

II. Lösungen des deutschen Rechts

1. Inexistenz des „natürlichen" Tatbegriffs der Rspr.

Diese „natürliche" Wertung, eine Tat sei ein einheitlicher Vorgang, ist in zweierlei Hinsicht nicht verbindlich und auch nicht subsumtionsfähig. Er gibt zum einen keine absolute Antwort auf die Frage, wie viele Ereignisse bzw. Objekte es in der vorgestellten Welt wirklich gibt. *„Die einzigen Antworten, die wir geben können, sind relativ auf die willkürliche Wahl von begrifflichen Schemata"*.[882]

Zum anderen gibt es in der Tat keinesfalls eine rein „natürliche" Betrachtungsweise. Ein Mensch nimmt alle Sachverhalte bereits mit Wertung wahr, mindestens aber mit sozialen Sinnbezügen und Sinneinheiten. Denn das Recht gestaltet sich seinen Tatbegriff nach seinen eigenen Bedürfnissen. Es erfasst die Wirklichkeit nicht als einen natürlich gedachten Vorgang, also nicht als bloße

---

881 S. auch *Cording,* 5. Teil, B., IV., 2., i), S. 198 f.; *Fezer,* in: Rechtsdogmatik (Hrsg. Schmidt), S. 125, 130; *Werle,* JR 1979, 93, 98, 99.

882 *Searle,* S. 172.

und beziehungslos nebeneinander stehende Einzelumstände, sondern es orientiert sich *„an einer in sozialen Kategorien gedachten Welt“*.[883] Eine Tatsachenfeststellung ohne eine wertende Perspektive ist damit gar nicht möglich.[884] Ein einheitlicher geschichtlicher Lebensvorgang nach „natürlicher“ Betrachtungsweise existiert in Wirklichkeit nicht. Der natürliche Tatbegriff der Rspr. ist völlig inhaltsleer, in Wahrheit nur eine Scheinlösung, und deswegen unvertretbar.[885]

2. Zum Problem der Tatausweitung

Nachdem man die in Betracht kommenden Fallkonstellationen als Problem der Tatausweitung bestimmt, da die gesetzlichen Beschreibungen der fraglichen Tatbeständemiteinander kompatibel sind, ist weiter zu fragen, ob Handlungseinheit oder Handlungsmehrheit vorliegt.

a) Bei Handlungseinheit

Bei Ereignissen, in denen mehrere Tatbestandsverwirklichungen durch eine natürliche Handlung bzw. Handlungseinheit durchgeführt werden, ist nach der ganz h.M. eine Tat im prozessualen Sinn zu bejahen. Gleichwohl soll hier geprüft werden, aus welchen Gründen eine Tat vorliegt.

aa) Wenn Handlungseinheit, dann eine prozessuale Tat

Der natürliche, insgesamt lebenslange Vorgang eines Täters kann nicht in einem Strafverfahren verfolgt werden. Er muss abgegrenzt werden, sodass ein Abschnitt des Vorgangs in diesem Verfahren, aber ein anderer Abschnitt in einem anderen Verfahren verfolgt wird. Wie soll man also diesen Vorgang abgrenzen? Geben die Gesetze Leitlinien dafür vor?

Die §§ 52 ff. StGB vermitteln den Minimalumfang des Tatbegriffs. Gemäß § 52 StGB darf nur eine Strafe verhängt werden, wenn der Täter durch eine

---

883 *Engisch,* S. 10; S. auch LR/*Stuckenberg,* § 264, Rn. 23; *Büchner,* Erstes Kapitel, I., 4., a), S. 48; *Maiwald,* Zweiter Teil, I., 3., b), S. 66 f.; *Schwinge,* ZStW 1932, 203, 220 f.

884 *Büchner,* Erstes Kapitel, I., 4., a), S. 48; *Hruschka*, JZ 1966, 700, 702; *Oehler,* FS-Rosenfeld, 139, 148; *Salas,* 3. Teil, Kapitel 1, § 25, S. 260.

885 S. auch LR/*Stuckenberg,* § 264, Rn. 22 f.; *Bauer*, NStZ 2003, 174; *Bertel,* I., C., 2., S. 35 f.; *Beulke*, in: FG 50 Jahre BGH IV (Hrsg. Canaris u.a.), S. 781, 794; *Detmer*, Erster Teil, A. I., 1., S. 5 ff.; *Fezer,* 18/12; *Gillmeister,* NStZ 1989, 1 und *passim; Grünwald,* JZ 1979, 330; *Herzberg*, JuS 1972, 113, 114 f.; *Hruschka,* JZ 1966, 700, 701; *Jescheck*, JZ 1957, 29, 30; *Liu,* S. 17 ff.; *Oehler*, Rosenfeld-FS, 139, 143; *Roxin,* JR 1984, 346, 348; *Salas,* 3. Teil, Kapitel 1, § 26,S. 260; *Schwinge*, ZStW 1932, 203, 205, 216 f.; *Wolter,* GA 1986, 143; 147 f.; S. auch oben Kapitel D., III., 3.

Handlung bzw. Handlungseinheit mehrere Tatbestandverwirklichungen begeht. Eine Strafe kann lediglich aus einem Strafverfahren erfolgen. Außerdem kann gemäß § 55 I StGB nur bei Realkonkurrenz die nachträgliche Bildung einer Gesamtstrafe vorgenommen werden, nicht aber bei Idealkonkurrenz. Daher kann eine Tat im prozessualen Sinne nur durch eine Handlungseinheit gebildet werden.[886] Falls eine Handlungseinheit nicht vollständig abgeurteilt wurde, so kann dies in einem neuen Verfahren nicht korrigiert werden, da die Strafklage durch sie verbraucht ist. Die Formel „eine prozessuale Tat = Handlungseinheit" ist nicht nur ein traditioneller Bestandteil des Verbots der Doppelbestrafung, wie *Grünwald*[887] zutreffend erläutert, sondern auch eine notwendige Folgerung aus dem materiellen Recht. Deswegen sind alle Ansichten von Rspr. und Lit. grds. abzulehnen, die die Handlungseinheit in zwei verschiedene Teile zerteilen und folglich in unterschiedlichen Verfahren verfolgen.[888]

Außerdem kommt § 154a I StPO in Betracht. Bei der zweiten Alternative geht es um mehrere Gesetzesverletzungen, die durch dieselbe Tat ausgeübt worden sind. Unbestritten spricht die Vorschrift von Idealkonkurrenz. Infolgedessen bedeutet dies, dass mehrere tateinheitlich verübte Gesetzesverletzungen immer nur eine Tat bilden.[889]

Auch die Motive der StPO gehen offensichtlich von diesem Ergebnis aus: *„Eine Klage, welche wegen mehrerer strafbarer Handlungen derselben Person ... erhoben ist, enthält in Wahrheit eine Verbindung mehrerer Klagen ..."*.[890]

Wenn es aber dieselbe Handlungseinheit ist, die mehrere Strafgesetze verletzt und die verletzten Strafgesetze zwingend die wenigstens teilweise Identität der Ausführungshandlungen aufweisen, ist aufgrund der Unteilbarkeit der Handlungseinheit zusammen mit der Festsetzung einerStrafe gemäß § 52 StGB auch eine prozessuale Tat anzunehmen. Die prozessuale Tateinheit folgt, wie *Cording*[891] meint, schon aus der Teilidentität der Ausführungshandlungen. *Detmer*

---

886 S. auch *Detmer*, Erster Teil, A., I., 2., S. 7; *Grünwald*, StV 1986, 243; *ders.*, StV 1981, 326, 327; *ders.*, in: Teheran-Beiheft der ZStW 1974 (Hrsg. Jescheck), S. 94, 107; *Keller*, 2. Teil, § 21, II., S. 126, Fn. 360; *Puppe*, JR 1986, 205; *Ranft*, JuS 2003, 417, 424; *Wolter*, GA 1986, 143, 160.

887 *Grünwald*, StV 1986, 243.

888 S. vor allem Kapitel D., II., 2., b) und c).

889 *Geppert*, Jura 1986, 316; LR/*Beulke*, § 154a, Rn. 3; KMR/*Plöd*, § 154a, Rn. 3; KK/*Schoreit*, § 154a, Rn. 6.; SK-StPO/*Weßlau*, § 154a, Rn. 5; *Detmer*, Erster Teil, A., II., 1., S. 23; *Roxin*, JR 1984, 348; *Wolter*, GA 1986, 143, 158.

890 *Hahn*, S. 146.

891 S. auch *Cording*, 5. Teil, B., V., 2., c), S. 202 f.; *Detmer*, Dritter Teil, A., IV., S. 250.

spricht sogar von der Formel „Teilidentität = Tatidentität".[892] In Fällen, in denen sich Körperverletzung und Raub lediglich im Teilakt „Gewaltanwendung" treffen, besteht die Teilidentität der Ausführungshandlungen und folgerichtig eine Tat im prozessualen Sinne. Diese Erkenntnis lässt diese Grundsätze auf alle Fälle der (tatbestandlichen) Handlungseinheit übertragen, ohne Rücksicht darauf, ob Idealkonkurrenz oder ein Fall der Gesetzeskonkurrenz vorliegt.

bb) Nur tatbestandliche Handlungseinheit existiert

Nun ist noch zu diskutieren, wann eine Handlung im natürlichen Sinne bzw. Handlungseinheit vorliegt. Die h.M. bejaht eine Handlung im natürlichen Sinne, wenn ein Willensentschluss eine Körperbewegung hervorruft,[893] beim sog. *natürlichen Handlungsbegriff*. Die natürliche Anschauung ist aber kein Maßstab, der einer objektiven Einteilung des Handlungskontinuums zugänglich wäre. Seine Anwendung führt zum Verzicht auf Rechtssicherheit und damit entfällt zugleich die Möglichkeit gerechter Entscheidungen.[894]

Man hat allerdings auch den *umgangssprachlichen Handlungsbegriff* oder *Elementarhandlungen* begründet. So wird etwa gesagt, jede Willensbetätigung oder jeder Willensakt begründe eine Handlung. Ein Schlag, ein Griff, ein Stoß oder ein Wurf sei dann die kleinste das Strafrecht interessierende Einheit.[895] Allerdings sind diese Elementarhandlungen ohne weiteres weiter in Bestandteile zerlegbar. Ein Griff kann in das Ausstrecken der Hand, das Zupacken und das Zurückziehen zerlegt werden. Die Technik, durch die der Erfolg erreicht wird, hat auch Einfluss auf die Gliederung des Kontinuums der Außenweltveränderung. Die Elementarhandlungen sind angesichts ihrer Relativität und Betrachterabhängigkeit daher als Abgrenzungskriterium ungeeignet. Denn die natürlichen und umgangssprachlichen Handlungsbegriffe ermöglichen eine weitere Aufteilung von Handlungen in beliebige, immer kleinere Einheiten oder lassen es zu, dass sie in größere Einheiten zusammengefasst werden können, die ebenfalls

---

892 *Detmer,* Dritter Teil, A., I., S. 223.

893 BGHSt 1, 20, 21; 16, 397 f.; 18, 26; Schönke/Schröder/*Stree/Sternberg-Lieben,* Vor §§ 52 ff., Rn. 11; LK/*Rissing-van Sann,* Vor §§ 52, Rn. 9; MK/*v. Heinschell-Heinegg,* § 52, Rn. 11.

894 S. *Cording,* 2. Teil, A. II., 1., b), S. 51 ff.; *Honig*, S. 57; *Maiwald,* Zweiter Teil, I., 3., S. 65; *Puppe,* IV., 6.,S. 248; *Werle,* B., II., 2., S. 111 ff.

895 *Heinrich,* AT, § 40, Rn. 666; *Lippold,* S. 11; *Maiwald,* S. 100; *Wessels/Beulke,* AT, § 17, Rn. 758.

den allgemeinen Begriff der Handlung erfüllen. Daher vermögen sie eine Einteilung des Handlungskontinuums nicht zu leisten.[896]

Wofür das Strafrecht sich eigentlich interessiert, ist das in Frage gestellte Delikt. Hat ein Täter so gehandelt, wie es der Tatbestand es kennzeichnet, so hebt sich dieser Tätigkeitsabschnitt aus der Gesamtheit dessen, was der Täter überhaupt an Handlungen vorgenommen hat, als eine unrechte Handlung heraus. Die Tatbestandsmäßigkeit ist dann der Blickwinkel, unter dem die Einheit gewonnen wird.[897] Nur unter dem Blickwinkel des Tatbestands ist eine Zusammenfassung eines bestimmten Teils des menschlichen Verhaltenskontinuums in legitimer Weise möglich. Und nur allein der Tatbestand, nicht anderes, kann mehrere natürliche Handlungen zu einer Einheit verbinden. *Keller* spricht von dem *„Ergebnis historischer grammatikalischer oder teleologischer Interpretation des Gesetzeswortlautes."*[898] Nach der hier vertretenen Meinung existiert deswegen lediglich eine Art der Handlungseinheit, nämlich die tatbestandliche Handlungseinheit.

Als Ergebnis aus den beiden Abschnitten ist dann eine prozessuale Tat vorhanden, wenn eine Handlung im natürlichen Sinne oder eine tatbestandliche Handlungseinheit vorliegt.

cc) Unteilbarkeit der Handlungseinheit

Nach allem, was gesagt wurde, liegt tatbestandliche Handlungseinheit dann vor, wenn sich aus der Auslegung eines gesetzlichen Tatbestandes ergibt, dass die Erfüllung mehrerer tatbestandlicher Handlungsbeschreibungen nur eine Tatbestandsverwirklichung darstellen soll.[899] Dazu gehören mehraktige Delikte, zusammengesetzte Delikte, Delikte mit Sammelbegriffen, wiederholende und sukzessive Tatbestandsverwirklichung, Dauerdelikte, Sammelstraftaten und Massenverbrechen.

Zu betonen ist nun das Dauerdelikt. Da es sich bei einem Dauerdelikt um eine tatbestandliche Handlungseinheit handelt, auch wenn sich der rechtswidrige Zustand über einen sehr langen Zeitraum erstreckt, liegt bei einem solchen Delikt eine prozessuale Tat vor. Dass der Tatbestand insoweit als eine Einheit betrachtet wird, stellt auch für die Konkurrenzlehre zwingend eine Einheit dar und

896 *Puppe,* IV., 3., S. 249 ff.; *Werle,* B., II., 2., S. 111 ff.; im Ergebnis auch *Cording,* 2. Teil, A., II., 1., a), S. 51.

897 NK/*Puppe,* § 52, Rn. 12; LR/*Stuckenberg,* § 264, Rn. 11; *Honig,* S. 13; *Hruschka,* JZ 1966, 700, 702; *Maiwald,* II., 1., a), S. 70; *Moore,* Chapter 14, S. 385; *Puppe,* IV., 4., S. 257 f.; *Stratenwerth/Kuhlen,* § 17, Rn. 7; *Welzel,* S. 226.

898 *Keller,* 1. Teil, § 6, S. 34.

899 *Cording,* 2. Teil, A., II., 2., S. 54.

damit eine grundsätzlich unteilbare Einheit im Rahmen des prozessualen Tatbegriffs (die sog. *Unteilbarkeit des Dauerdelikts*). Alle Teilakte der Begehung dieses Dauerdelikts sind Gegenstand eines einzigen Verfahrens und Urteils, auch wenn sie noch einen anderen Tatbestand verwirklichen. Das rechtskräftige Urteil eines Teilaktes schließt eine erneute Strafverfolgung wegen anderer Teilakte aus, die vor der letzten Tatsacheninstanz geschehen sind. Deswegen sind alle Theorien, die Dauerdelikte in mehrere Teile zerlegen, nämlich die von der Rspr. entwickelte Entklammerung und die Aufspaltungsmethode *Puppes,* zurückzuweisen.[900]

Das Ergebnis läuft ohne Zweifel dem Gerechtigkeitsgefühl zuwider, besonders beim Zusammentreffen von Dauer- bzw. Organisationsdelikten mit anderen Delikten. Es muss aber hingenommen werden, dass solche Probleme die notwendige Konsequenz aus der Schaffung solcher weit gefassten Tatbestände sind und damit eine gesetzgeberische Entscheidung schafft, die die Gerichte zu respektieren haben.[901]

Zu beachten ist, dass ein fortgesetztes Delikt und eine natürliche Handlungseinheit nicht zur tatbestandlichen Handlungseinheit gehören. Das fortgesetzte Delikt wurde bereits abgeschafft. Die natürliche Handlungseinheit wird von der hier vertretenden Auffassung abgelehnt.[902]

dd) Wenn Gesetzeseinheit, dann auch eine prozessuale Tat

Während bei echter Konkurrenz mehrere Tatbestände wirklich konkurrieren, bilden bei Gesetzeseinheit mehrere Tatbestände lediglich derart eine Einheit, dass letztlich nur ein Tatbestand angewendet und andere Tatbestände ausgeschlossen werden. Der Unrechtsgehalt des Täterverhaltens wird schon durch den verdrängenden Tatbestand erfüllt.[903] Deswegen ist eine prozessuale Tat anzunehmen, wenn Gesetzeseinheit vorliegt, ohne weiter zu fragen, ob ein Fall von Spezialität, Subsidiarität oder Konsumtion vorliegt.

Von dem Grundgedanken der Gesetzeseinheit ausgehend ist auch die Frage zu beantworten, ob eine Tat im prozessualen Sinne vorliegt, wenn der verdrängte Tatbestand wiederauflebt. Lebt der verdrängte Tatbestand wieder auf, da die Anwendung des verdrängenden Tatbestandes ausscheidet, liegt gar keine Gesetzeseinheit mehr vor und deswegen muss die Strafverfolgung aufgrund des verdrängten Tatbestandes zulässig sein. Ansonsten müsste die Überlegung über das Wiederaufleben des verdrängten Tatbestandes seinen Sinn verlieren.

---

900 S. auch *Cording,* 5. Teil, B., V., 1., a), S. 201; *Maatz,* MDR 1985, 881, 883.

901 S. auch *Cording,* 5. Teil, B., V., 3., d), S. 210.

902 S. Kapitel D., II., 1., b), cc) und dd).

903 S. *Vogler,* FS-Bockelmann, 715, 718; s. ähnlich auch *Mitsch,* JuS 1993, 471, 472.

b) Wenn Handlungsmehrheit, dann grds. mehrere Taten

Die gerade fertig behandelten Abschnitte handeln von Vorgängen des Täters, in denen mehrere Gesetzesverletzungen durch Handlungseinheit durchgeführt werden und in denen Gesetzeseinheit gegeben ist. Dort ist stets eine prozessuale Tat anzunehmen. Im Folgenden werden Fälle behandelt, bei denen mehrere Gesetzesverletzungen durch mehrere Handlungen im natürlichen Sinne bzw. Handlungsmehrheit verwirklicht werden.

Dass bei mehreren natürlichen Handlungen bzw. bei Handlungsmehrheit-grds. auch mehrere Taten im prozessualen Sinne vorliegen, ergibt sich aus dem gewonnenen Ergebnis „eine prozessuale Tat = Handlungseinheit“. Wenn Handlungseinheit eine Tat im prozessualen Sinne bildet, ist bei Handlungsmehrheit grds. von mehreren Taten auszugehen. Noch einmal; hier hat das materielle Strafrecht zu entscheiden. Wenn das materielle Strafrecht die fraglichen Vorgänge als mehrere juristische Handlungen bzw. Handlungsmehrheit anerkennt, sollten sie i.d.R. als zwei Taten angesehen werden.Jedoch kann aufgrund der besonderen Zusammenhänge zwischen handlungsmehrheitlichen Tatbeständen ausnahmsweise eine prozessuale Tat angenommen werden.[904] Denkbar sind bei Unfallfluchtfällen tatbestandlicher Zusammenhang und aufklärungstechnischer Zusammenhang. Die betreffenden Tatbestände hängen nach ihrer Struktur derart voneinander ab, dass mindestens für die umfassende Beurteilung eines beteiligten Tatbestandes notwendigerweise auf den anderen zurückgegriffen werden muss. Die Verurteilung wegen Unfallflucht setzt voraus, dass es zu einem Unfall gekommen ist und der Täter ihn verursacht haben kann. Eine Subsumtion unter § 142 StGB ist zwar ohne Berücksichtigung der vorangegangenen Straftat nicht völlig unmöglich. Jedoch bedarf es für eine angemessene juristische Wertung der Einbeziehung beider Handlungen.

3. Zum Problem der Tatersetzung

Um noch einmal daran zu erinnern, handelt es sich hier nicht um die Frage des Tatumfangs, sondern darum, ob es noch dieselbe Tat bleibt, wenn das ursprüngliche Ereignis durch das zu ergänzende Ereignis ersetzt würde. Hier ist die Frage nach Handlungseinheit sinnlos, weil die fraglichen Ereignisse immer durch Handlungsmehrheit begangen werden, genauer gesagt durch *gedachte* Handlungsmehrheit. Es handelt sich vielmehr hier darum, ob die später entdeckten Vorgänge, die die gesetzlichen Beschreibungen instanziieren, den ursprünglich angeklagten Vorgang *ersetzen*, wenn die Voraussetzungen dafür gegeben sind.

---

904 S. auch *Beulke* in: FG 50 Jahre BGH IV (Hrsg. Canaris u.a.), S. 781, 794.

a) Abweichungen von tatsächlicher Umgestaltung

Unter Abweichungen von tatsächlicher Umgestaltung sind Fälle wie Fall 4a zu verstehen, in denen alle ursprünglich zugrunde gelegten äußeren Tatsachen; Tatzeit, Tatort und Tatmodalität, umgestaltet worden sind. Demnach ist festzuhalten, dass die gesetzlichen Beschreibungen bzw. *„act-types"* der fraglichen Tatbestände miteinander inkompatibel sind – deswegen Problemgruppe *Tatersetzung* –, es muss aber weiter gesagt werden, dass die fraglichen Vorgänge bzw. *„act-tokens"* nicht tatsächlich handlungsmehrheitliche Straftaten sind. Ansonsten könnte der Täter wegen der zweiten, handlungsmehrheitlichen Straftat auf freiem Fuß sein. Durch die Individualisierung kann festgestellt werden, ob der später entdeckte Vorgang zu der Tat in der Anklage gehört oder, ob er zusammen mit der Straftat in der Anklage durch Handlungsmehrheit verwirklicht wurde und deswegen die andere prozessuale Tat ist.

Jedoch ist es unmöglich eine Individualisierungstheorie von Ereignissen zu finden, die sagen könnte, welche Eigenschaften des Vorgangs in der Anklage und des später entdeckten Vorgangs gleich bleiben müssen, damit die Tateinheit im prozessualen Sinne nicht gesprengt wird. Ereignisse, im Gegensatz zu Gegenständen, haben undeutliche zeit- und räumliche Grenzen. Die Individualisierung von Ereignissen kann nicht durchgeführt werden, wenn sie denselben Ort und dieselbe Zeit besitzen. Das ist der metaphysische Grund, weshalb zur Individualisierung der Tat die Tatzeit und der Tatort allein nicht ausreichen. Dennoch kann für das Ziel der Arbeit die negative Formulierung gebracht werden: Die Verwechslungsgefahr und die Gefahr, die daraus entsteht, wenn die beiden fraglichen Vorgänge bzw. *„act-tokens"* tatsächlich begangen werden, muss ausgeschlossen werden. Lediglich in den Fällen der sog. *Einzigartigkeit des Erfolgs* können Kriterien für die Individualisierung festgelegt werden: Die Eigenschaft des Tatobjekts muss dieselbe sein, weil eine Person nur einmal getötet werden oder eine Sache nur einmal zerstört werden kann.

b) Abweichungen zwischen unterschiedlichen Beteiligungsformen

Unter Abweichungen zwischen unterschiedlichen Beteiligungsformen sind Fälle wie Fall 5a zu verstehen, in denen dem Angeklagten eine der Beteiligungsformen vorgeworfen wird, aber sich später herausstellt, dass er sich wegen der anderen Beteiligungsformen schuldig gemacht hat. Durch Intuition bestätigt man in diesen Fällen eine Tat im prozessualen Sinne. Wenn das Gericht von dem in der Anklage beschriebenen Vorgang nicht abweichen dürfte, würde die Hauptverhandlung zu einer bloßen Nachprüfung des Anklagesatzes degenerieren. Was besteht dann in unterschiedlichen Beteiligungsformen an derselben Haupttat, sodass sie eine Tat ausmachen und deswegen sollen sie in einem Strafverfahren erledigt werden? Folgenden wird nach dem Bezugspunkt zwischen unterschiedlichen Beteiligungsformen gesucht.

Wieder hier hat zunächst das materielle Strafrecht zu entscheiden, ob zwei in Betracht kommende Vorgänge als eine Tat im prozessualen Sinne anzusehen sind. Es ist die akzessorische Natur der Beteiligungshandlungen, die dafür verantwortlich ist, dass solche Beteiligungshandlungen im Rahmen einer Tat anzusiedeln sind. Ferner besteht die Notwendigkeit der Verfahrenseinheit, weil das Gericht von einer Beteiligungsform zu einer anderen stets übergehen können müssen. Ansonsten müsste es den T in Fall 5a zunächst freisprechen, um ihn sodann aufgrund der tatsächlichen Tötungshandlung verurteilen zu können.

Zusammenfassend lässt sich sagen, dass, solange die Haupttat dieselbe bleibt, sich der Übergang zwischen unterschiedlichen Beteiligungsformen immer im Rahmen einer Tat im prozessualen Sinn bewegt.

c) Abweichungen zwischen Bezugstaten und Anschlussdelikten

Bei Anschlussdelikten denkt man an erster Stelle an Fällen von Diebstahl und Hehlerei. Der wegen Hehlerei Angeklagte stellt sich als Dieb bzw. Räuber der bei ihm gefundenen Sachen heraus, so wie es in BGHSt 35, 60 ff. der Fall war. Hehlerei gehört neben Begünstigung und Strafvereitelung zu den sog. *Anschlussdelikten.* Diese sind nach der hier vertretenen Auffassung als Beteiligung i.w.S. anzusehen.

Zwischen Bezugstat und Anschlusstat besteht ein tatbestandliches Verhältnis, das zwei Delikte zusammen verbindet, das sog. *Alternativitätsverhältnis.* Das zeigt sich deutlich, wenn man solche Tatbestände liest. Die Täterschaft der Hehlerei schließt die Täterschaft des Diebstahls aus. Der Täter der Begünstigung kann nicht dieselbe Person sein wie der Täter der Bezugstat. Aus diesem Grund besteht die Notwendigkeit der umfassenden Betrachtung aller Vorgänge in demselben Strafverfahren und daher ist eine Tat im prozessualen Sinne anzunehmen.

d) Wahlfeststellung

Ausgehend vom Grundgedanken der Wahlfeststellung, ist dann stets eine prozessuale Tat anzunehmen, wenn andere Voraussetzungen der zulässigen Wahlfeststellung auch erfüllt sind. Dabei ist es dem Gericht erlaubt den Angeklagten wegen dessen zu verurteilen, was nicht in der Anklage bezeichnet wurde (Wahlfeststellung i.w.S.), oder überhaupt verurteilen zu dürfen, wenn es nicht in der Lage ist, zu beschließen, dass sich der Angeklagte entweder auf Grund des einen oder des anderen Lebensvorgangs strafbar gemacht hat (Wahlfeststellung i.e.S. bzw. Verurteilung auf mehrdeutiger Tatsachengrundlage). Entsprechendes gilt sicherlich auch bei zeitlich und räumlich weit auseinander liegenden Tatsachen. Bereits die Wahlfeststellung zwischen Diebstahl und Hehlerei zeigt, dass ein enger zeitlicher und räumlicher Zusammenhang nicht erforderlich ist, um eine hinreichende Bestimmtheit und Konkretisierung zu erreichen. Der Wahlfeststellung würde der Boden entzogen, wenn das Gericht z.B. in der Hauptverhandlung wegen Diebstahls von einer Hehlerei überzeugt wäre, aber den Angeklagten wegen Hehlerei nicht verurteilen könnte, weil Hehlerei und Diebstahl zwei prozessuale Taten gebildet hätten. Allerdings ist eine Tatindividualisierung unentbehrlich. Die mögliche Tatindividualisierung nach Ort, Zeit und Umständen in der Anklage und nach der Hauptverhandlung müssen so genau gefasst werden, wie dies im Falle einer eindeutigen Tatsachenfeststellung erforderlich wäre. Der Zweifel, wieso zwei zeitlich weit auseinander liegende Vorgänge eine Tat bilden könnten, hat den Ursprung aus der herkömmlichen Definition der Tat als einen einheitlichen Vorgang. Es geht jedoch bei der Problemgruppe der Tatersetzung, wie vielfach betont, nicht mehr um den Umfang eines einzigen Vorgangs, da hier stets mehrere Vorgänge und nicht nur einer in Betracht kommen. Es geht hier vielmehr um die Notwendigkeit der umfassenden Betrachtung aller Vorgänge indemselben Strafverfahren.

III. Lösungen des thailändischen Rechts

1. Erschöpfung des angeklagten Akts

Auch wenn die thailändischen Juristen den Grundsatz *„ne bis in idem"* und die Grenze des Kognitionsgegenstands in § 192 TStPO kennen, bekommt der Prozessgegenstand als Ganzes nicht viel Beachtung. Dies ergibt sich aus zwei Gründen: durch das Missverständnis des Anklagegrundsatzes und mangelnde Entwicklung der materiellen Rechtskraft.

Die thailändischen Juristen verstehen unter der Bezeichnung „Anklagegrundsatz" ein *reines Anklageverfahren.* Ankläger und Angeklagter haben im Ganzen die Gestaltung des Verfahrens in der Art und Weise in der Hand, dass das Gericht nur über das von ihnen vorgelegte Material zu entscheiden hat, ohne selbst eine Untersuchungstätigkeit auszuüben. Dies ergibt sich daraus, dass man die unterschiedliche Eigenart des Zivil- und des Strafprozesses nicht kennt. Diese passive Rolle des Strafgerichtswiderspricht den Regelungen in der TStPO (§§ 175 f. und 228 f. TStPO)[905] und dürfte deshalb keine Anhänger finden. Zugleich führt es zur materiellen Ungerechtigkeit, weil der Täter nicht schuldgemäß be-

---

905 S. Kapitel B., II., 1., a), bb), (4).

straft wird.[906] Da Thailand auch ein Rechtsstaat ist, dessen Aufgabe es ist, die materielle Gerechtigkeit zu realisieren, muss dies schnell geändert werden.

§ 192 I TStPO muss demnach neu verstanden werden. Er regelt den Umfang der Kognitionspflicht des Gerichts. Das Gericht darf die nicht in der Anklage bezeichneten Tatsachen nicht untersuchen und den Angeklagten wegen des nicht im Antrag auf Bestrafung bezeichneten Gesetzes nicht verurteilen. Welche Tatsachen in der Anklage beschrieben werden, besagt § 158 (5) TStPO: *Alle angeklagten Akte, ihre örtlichen und zeitlichen Umstände und ihre Einzelheiten, und die betroffenen Personen oder Gegenstände, damit der Angeklagte den Vorwurf gut nachvollziehen kann.* Das ist der Gegenstand der Kognitionspflicht.

Allerdings ist der Ankläger kein Weltgeist. Es ist unmöglich, dass er alles weiß und damit das vollständige, tatsächlich begangene Verhalten des Angeklagten in der Anklage beschreiben kann. In der Tat treten im Zuge der Hauptverhandlung häufig mehr Tatsachen auf, die das Gericht berücksichtigen muss, falls sie zu demselben angeklagten Akt gehören. Dürfte das Gericht von dem in der Anklage möglicherweise exakt beschriebenen Handlungsvorgang nicht abweichen, würde die Hauptverhandlung zu einer bloßen Nachprüfung des Anklagesatzes degeneriert. Materielle Gerechtigkeit entstünde nicht. Die Justizgewährungspflicht des Staats würde ebenso wenig nicht erfüllt.

2. Notwendige Entwicklung der materiellen Rechtskraft

Ohne die materielle Rechtskraft ist die genaue Bestimmung des Prozessgegenstands nicht zu verstehen. Bezüglich der materiellen Rechtskraft wird in Thailand nur darüber geredet, ob die Erhebung der Anklage erlaubt ist, wenn das „absolut beendete" Urteil über den angeklagten Tatbestand besteht.[907] Zu danken ist *NaNakorn*, der als erste Person von der „Lehre der Rechtskraft" spricht.[908] Sie setzt sich trotzdem bisher noch nicht durch, da der Wortlaut des § 39 (4) TStPO zu Verwirrungen führt und die überwiegende Meinung des TObG den Grundsatz *„ne bis in idem"* immer noch missversteht. Würde die materielle Rechtskraft ausgebaut, hätte man zu fragen, was durch das rechtskräftige Urteil in die Rechtskraft miteinbezogen werden sollte, weil das Gericht es in der Hauptverhandlung bereits berücksichtigt hat. Man hätte auch erfahren, dass die Strafklage wegen bestimmter Umstände verbraucht werden sollte, auch wenn das Gericht es in der Hauptverhandlung tatsächlich nicht erforscht hat. Dann entstünde das Rechtsinstitut „Prozessgegenstand".

---

906 S. Kapitel B., II., 6.
907 S. Kapitel B., II., 3.
908 S. *NaNakorn*, StPR, S. 556.

3. Erfordernis der Grundlagen und Korrektur der gesetzlichen Regelung von Wahlfeststellung i.w.S.

Die Wahlfeststellung wird in Thailand sehr selten thematisiert. Lediglich die Wahlfeststellung i.w.S. ist bekannt, aber die dogmatische Grundlage dafür ist noch nicht zu sehen. Trotz alledem ist Wahlfeststellung i.w.S. in § 192 III TStPO seltsamerweise geregelt. Demgemäß ist sie zulässig, sogar in sehr weitem Umfang, d.h. ohne irgendein Verhältnis zwischen den in Betracht kommenden Tatbeständen. Zwischen Diebstahl einerseits und Betrug oder Erpressung andererseits ist Wahlfeststellung gemäß § 192 III TStPO erlaubt. Dasselbe ist sogar zwischen Diebstahl und Sachbeschädigung möglich. Dies müsste korrigiert werden. Die Regelung von Wahlfeststellung ohne Erkenntnis des Grundgedankens von Wahlfeststellung stellt sich als extrem gefährlich dar, vor allem wenn die thailändische Rspr. die acht geregelten Delikte in Absatz 3 des § 192 TStPO als Regelbeispiele ansieht und dies noch auf weitere Delikte ausdehnt. Der Anklagegrundsatz wird dadurch ausgehöhlt. Wie die Rechtssicherheit und die materielle Gerechtigkeit dadurch verletzt sind, kann man in der deutschen Erfahrung damit in der Zeit des Nationalsozialismus erkennen.

Es ist außerdem nicht nachvollziehbar, warum die Urteilsfindung des Gerichts gemäß Absatz 1 des § 192 TStPO einerseits sehr abhängig von der Anklage ist, andererseits aber die Verurteilung wegen Betrugs trotz der Anklage wegen Diebstahls nach Absatz 3 erlaubt. Der Standpunkt der TStPO ist im Hinblick hierauf undefinierbar.

Wahlfeststellung i.w.S. sollte lediglich unter bestimmten Voraussetzungen zulässig sein, wie gerade oben bei den deutschen Lösungen dargestellt wurde. Der angeklagte Akt muss in der Anklage so individualisiert werden, dass eine Verwechslungsgefahr ausscheidet. Zwischen den fraglichen Tatbeständen sollte ein Stufenverhältnis, ein Exklusivitätsverhältnis oder ein tatbestandlicher Zusammenhang[909] vorliegen.

4. Zum Problem der Tatausweitung

a) Ablehnung des Kriteriums „Identität des Willensentschlusses" bei Konkurrenz

Die thailändische Rspr. verbindet sowohl mehrere natürliche Handlungen zu einer Gesetzesverletzung als auch mehrere Gesetzesverletzungen zur Tateinheit

909 S. oben II., 3., b).

mittels eines einzigen Kriteriums, nämlich der Identität des Willensentschlusses. Dies ist von der vorliegenden Arbeit bereits abgelehnt worden.[910] Mehrere tatbestandliche Handlungen werden vielmehrmittels der tatbestandlichen Auslegung zu einer Gesetzesverletzung verbunden. Mehrere Gesetzesverletzungen werden durch Handlungseinheit zur Tateinheit gefasst. Letzteres ergibt sich nicht nur aus dem Wortlaut des § 91 TStGB, sondern auch aus dem *Doppelverwertungsverbot*. Will man die Verwirklichung eines der so zusammentreffenden Tatbestände nicht völlig unbeachtet lassen oder das gemeinsame Merkmal bei verschiedenen Strafzumessungen nach den verschiedenen Tatbeständen nicht mehrfach verwerten, so bleibt nichts anderes übrig, als den dergestalt zusammentreffenden Tatbestandsverwirklichungen eine gemeinsame Strafe zuzumessen.[911]

b) Wenn Handlungseinheit, dann ein angeklagter Akt

Die h.M. in Thailand hält über § 39 (4) TStPO fest, dass Gesetzesverletzungen, die mit anderen rechtskräftig verurteilten Gesetzesverletzungen in Idealkonkurrenz stehen, nicht erneut verfolgt werden dürfen. Sie hat jedoch nie dogmatisch erläutert, wie sie zu diesem Ergebnis kommt. Es ist aber durch die deutsche Praxis bekannt – was auch in Thailand Gültigkeit finden muss –, dass die Folge von Idealkonkurrenz nach § 91 TStGB die Verurteilung zu einer Strafe ist und diese nur in einem Verfahren erfolgen kann. Diese Schlussfolgerung ist nicht nur der traditionelle Bestandteil des Verbots der Doppelbestrafung, sie ist auch eine notwendige Folgerung aus dem materiellen Recht und zudem auch eine notwendige Folgerung aus der Definition des angeklagten Akts.[912]

Wenn bei Handlungseinheit die Einheit des angeklagten Akts einmal bejaht wird, kommen alle bekannten Folgerungen hinzu. Bei mehraktigen Delikten, zusammengesetzten Delikten, Delikten mit Sammelbegriffen, wiederholender und sukzessiver Tatbestandverwirklichung, Dauerdelikten, Sammelstraftaten und Massenverbrechen muss die Einheit des angeklagten Akts auchangenommen werden, auch wenn der Täter zumindest noch einen anderen Tatbestand zusätzlich verwirklicht. Solch eine Handlungseinheit ist in einem Strafverfahren zu erledigen und kann nicht aufgespalten werden.

c) Ein angeklagte Akt bei Gesetzeseinheit

Die Antwort auf die Frage, ob bei unter Gesetzeseinheit subsumierten Vorgängen auch ein angeklagter Akt vorliegt, lautet im thailändischen Strafprozessrecht nicht anders als die Antwort des deutschen Strafprozessrechts. Aus dem Grund-

910 S. Kapitel F., IV., 4., b) und d).

911 S. NK/*Puppe*, Vor §§ 52 ff., Rn. 6, § 52, Rn. 24.

912 S. *Grünwald*, StV 1981, 326, 327; *ders.*, StV 1986, 243, 244

gedanken von Gesetzeseinheit ist hier eine Tat im prozessualen Sinne zu bejahen.[913]

5. Zum Problem der Tatersetzung

Beim Problem der Abweichungen von tatsächlicher Umgestaltung, Abweichungen zwischen unterschiedlichen Beteiligungsformen und Abweichungen zwischen Bezugstaten und Anschlussdelikten sind die Ergebnisse identisch wie die der deutschen Rechtsordnung.

Wie oben angedeutet, regelt § 192 III TStPO unbewusst die Wahlfeststellung i.w.S. Innerhalb von Vorsatz- und Fahrlässigkeitsdelikten sowie innerhalb der acht Tatbestände Diebstahl, Erpressung, Erpressung mittels Geheimnisverrats, Betrug, Gläubigerbetrug, Unterschlagung, Hehlerei und Sachbeschädigung kann das Gericht verurteilen, auch wenn der Tatbestand nicht in der Anklage bezeichnet wurde. Damit muss impliziert werden, dass unter den acht Straftatbeständen Einheit des angeklagten Akts angenommen wird.

Die Art, wie der Gesetzgeber einzelne Tatbestände in Absatz 3 beschreibt, auf die das Gericht während der Hauptverhandlung eingehen kann, ist unbefriedigend. Erstens ist es dem Gesetzgeber nicht gelungen, alle Tatbestände niederzuschreiben, auf die das Gericht eingehen darf. Er wird es auch niemals schaffen. Zweitens führt die Situation aufgrund mangelnder Erkenntnis der Wahlfeststellung i.w.S. zu dem sachwidrigen Ergebnis, dass die Verurteilung wegen Diebstahls trotz der Anklage wegen Erpressung oder die Verurteilung wegen Diebstahls trotz der Anklage wegen Betrugs möglich ist.

Die Grundsätze für die Wahlfeststellung i.w.S. müssen dringend überarbeitet werden. Das gerade im deutschen Abschnitt über die deutschen Ansichten gewonnene Ergebnis sollte übertragen werden. Der angeklagte Akt muss so individualisiert werden, dass eine Verwechslungsgefahr ausgeschlossen ist. Ein Zusammenhang zwischen den in Betracht kommenden Tatbeständen muss vorliegen, entweder im Stufenverhältnis, im Exklusivitätsverhältnis oder im tatbestandlichen Zusammenhang. Absatz 6 des § 192 TStPO stellt bereits ein Indiz dafür dar, dass das Stufenverhältnis mitberücksichtigt werden muss.

Aufgrund des unverhältnismäßig überwiegenden Anklagegrundsatzes im thailändischen Strafprozess ist eine Verurteilung auf mehrdeutiger Tatsachengrundlage für thailändische Juristen noch unvorstellbar. Der thailändische Strafprozess hängt noch sehr stark von der Anklageschrift ab. Die Berücksichtigung der nicht in der Anklage bezeichneten Tatsachen wird nicht nur als Verstoß ge-

---

913 S. oben II., 2., a), dd) m.w.N.

gen den Anklagegrundsatz betrachtet, sondern auch als Befangenheit des Richters. Jedoch wäre es interessant zu wissen, ob der Gedanke der Wahlfeststellung i.w.S. nach § 192 III TStPO als Indiz für eine Verurteilung auf mehrdeutiger Tatsachengrundlage dienen kann. Dies wird allerdings nach der hier vertretenen Meinung als unbefriedigend angesehen.

Literaturverzeichnis

Achenbach, Hans: Strafprozessuale Ergänzungsklage und materielle Rechtskraft, ZStW 1975, 74.

– „Tat", „Straftat", „Handlung" und Strafrechtsreform, MDR 1975, 19.

Alternativkommentare, Reihe/Kommentar zur StPO (Hrsg. Wasserman, Rudolf), Neuwied u.a. 1993 ff. (zit. AK-StPO/Bearbeiter).

Barbarino, Otto: Die Rechtskraft des Strafurteils, Diss. Erlangen 1902.

Barthel, Wolfgang: Der Begriff der Tat im Straffprozessrecht, Diss. Saarbrücken 1972.

Bauer, Wolfram: Erneute Neubestimmung des prozessualen Tatbegriffs als Konsequenz der Postpendenz – Rechtsprechung des Bundesgerichtshofes, wistra 1990, 218.

– Der prozessuale Tatbegriff, NStZ 2003, 174.

Baumann, Jürgen: Grundbegriffe und Verfahrensprinzipien des Strafprozessrechts, 2. Aufl., Stuttgart 1972.

Baumann, Jürgen/*Weber,* Ulrich/*Mitsch,* Wolfgang: Strafrecht Allgemeiner Teil – Lehrbuch, 11. Aufl., Bielefeld 2003.

Behrendt, Hans-Joachim: Der Tatbegriff im materiellen und prozessualen Steuerstrafrecht, ZStW 1982, 888.

Beling, Ernst: Deutsches Reichstrafprozessrecht mit Einschluss des Strafgerichtsverfassungsrechts, Berlin 1928.

– Lehre vom Verbrechen, Tübingen 1964 (zit. *Beling*, Lehre vom Verbrechen).

Berner, Albert Friedrich: Non bis in idem, GA 3, 472.

Bertel, Christian: Die Identität der Tat, Diss. Wien 1970.

Beulke, Werner: Strafprozessrecht, 9. Aufl., Heidelberg 2006 (zit.: StPO)

– Der prozessuale Tatbegriff – Anmerkungen zur neueren Entwicklung des Verhältnisses des prozessualen zum materiell-rechtlichen Tatbegriff, in: 50 Jahre Bundesgerichtshof – Festgabe aus der Wissenschaft, Band IV (Hrsg. Canaris, Claus-Wilhelm u.a.), München 2000, S. 781. (zit.: FG 50 Jahre BGH IV)

Beulke Werner/*Fahl* Christian: Prozessualer Tatbegriff und Wahlfeststellung – Strafprozessuale Probleme bei alternativer Tatsachenfeststellung,Jura, 1988, 262.

Bindokat, Heinz: Zur Frage des prozessualen Tatbegriffs, GA 1967, 362.

Bonner Kommentar zum Grundgesetz (Hrsg. Dolzer, Rudolf u.a.), 115. Aktualisierung Dezember 2004, Heildelberg 2004 (zit.:BK/Bearbeiter).

Borgmann, Fritz: Die Identität der That, Diss. Göttingen 1891.

Bottke, Wilfried: Strafprozessrecht: Begriff der Tatidentität, JA 1982, 219.

Bruns, Hans-Jürgen: Strafzumessungsrecht, Köln 1974.
Büchner, Hermann: Der Begriff der prozessualen Tat, Diss. Würzburg 1976.
Busch, Richard: Zum Verbrauch der Strafklage bei späterer Erkenntnis anderweitiger Tatgestaltung, ZStW 1956, 3.
Chaihan, Narong: Strafprozessrecht, Teil I, Bangkok 2004 (zit.: *Chaihan,* StPR I).
– Strafprozessrecht, Teil II, Bangkok 2007 (zit.: *Chaihan,* StPR II).
Charoencham, Rachata: Anmerkung zur EMStA 31/1998, in: ZStA Sep. 1998, 69.
– Anmerkung zur TObGE 2152/1994, in: ZStA, Feb. 1995, 31.
Charuchinda, Choke: Die absolute Verurteilung über das angeklagte Strafgesetz, in: ZTB, Heft 27, 1970, Teil 2, 318.
Chindanon, Sawaeng: Meinungen zu Verbesserungen der TStPO, Dul. 9 (Sep. 1962), 982.
Cording, Sebastian: Der Strafklageverbrauch bei Dauer- und Organisationsdelikten, Diss. Berlin 1992.
Darunowart, Sinchai: Konkurrenz der Straftatbestände bezüglich des Zusammentreffens von Hausfriedensbruch mit anderen Delikten, Masterarbeit Bangkok 2006.
Davidson, Donald: Zur Individuation von Ereignissen, in: Handlung und Ereignis, Frankfurt am Main 1990, S. 233.
--, Handeln, in: Handlung und Ereignis, Frankfurt am Main 1990, S. 73.
Deml, Peter: Zur Reform der Wiederaufnahme des Strafverfahrens, Ebelsbach 1979.
Detmer, Hubert: Der Begriff der Tat im prozessualen Sinn, Diss. Bonn 1989.
Dithmar, Ulrike: Der Grundsatz „ne bis in idem" und das fortgesetzte Delikt, Diss. Berlin 1994.
Dolzer, Rudolf/*Kahl,* Wolfgang/*Waldhoff,* Christian/*Graßhoff,* Karin: Bonner Kommentar Grundgesetz, 45. Lieferung, Zweitbearbeitung Oktober 1992. (zit.: BK/Bearbeiter).
Dreyer, Ulrike: Wahlfeststellung und prozessualer Tatbegriff – Die strafprozessuale Behandlung alternativer Geschehensabläufe, Diss. Frankfurt a.M., 1999.
Engisch, Karl: Vom Weltbild des Juristen, 2. Aufl., Heidelberg 1965.
Erb, Volker: Reichweite des Strafklageverbrauchs bei Dauerdelikt und bei fortgesetzten Taten, GA 1994, 265.
– Anmerkung von Beschluss des BGH v. 29. 3. 1994 - 4 StR 108/94, in: JR 1995, 169.
Fahl, Christian: Zur Bedeutung des Regeltatbildes bei der Bemessung der Strafe, Diss. Berlin 1996.

Fischer, Thomas: Strafgesetzbuch mit Nebengesetzen, 60. Aufl., München 2013.
Fezer, Gerhard: §§ 129, 129a StGB und der strafprozessuale Tatbegriff, in: Rechtsdogmatik und Rechtspolitik (Hrsg. Schmidt, Karsten), Berlin 1990, S. 125.
– Strafprozessrecht, 2. Aufl., München 1995.
Fleischer, Wolfgang: Verhältnis von Dauerdelikt und Einzelstraftaten, NJW 1979, 1337.
Frister, Helmut: Strafrecht Allgemeiner Teil, 4. Aufl., München 2009.
Fuchs Jürgens:Wahlfeststellung und Tatidentität, NJW 1966, 1111.
Geerds, Friedrich: Zer Lehre von der Konkurrenz im Strafrecht, Habil.-Schr. Kiel 1961.
Geppert, Klaus:Zur straf- und strafverfahrensrechtlichen Bewältigung von Serienstraftaten nach Wegfall der Rechtsfigur der „fortgesetzten Handlung“ (Zweiter Teil), NStZ 1996, 118.
– Grundzüge der Konkurrenzlehre (§§ 52 bis 55 StGB), Zweiter Teil, JURA 2000, 651.
Gillmeister, Ferdinand: Zur normativ-faktischen Bestimmung der strafprozessualen Tat, NStZ 1989, 1.
Grünwald, Gerald: Der Verbrauch der Strafklage bei Verurteilungen nach den §§ 129, 129a StGB, in: Festschrift für Paul Bockelmann (Hrsg. Kaufmann, Arthur), München 1979, S. 737.
– Die materielle Rechtskraft im Strafverfahren der Bundesrepublik Deutschland, in: Deutsche strafrechtliche Landesreferate zum IX. Internationalen Kongreß für Rechtsvergleichung Teheran 1974 (Hrsg. Jescheck, Hans-Heinrich), Teheran-Beiheft der ZStW 1974, Berlin 1974, S. 94. (zit.:*Grünwald,* Teheran-Beiheft der ZStW 1974)
– Anmerkung zum BGH 23, 141 ff. (BGH v. 5.11.1969), in: JZ 1970, 327.
– Anmerkung zum BVerfG, Beschluss v. 8.1.1981 (BVerfGE 56, 22), in: StV 1981, 323.
– Anmerkung zum OLG Hamm Beschluss v. 9.9.1985, in: StV 1986, 241.
Goldschmidt, James: Der Prozess als Rechtslage. Eine Kritik des prozessualen Denkers, Aalen 1962.
Gössel, Karl Heinz: Strafverfahrensrecht, Band I, Stuttgart, 1977.
– Anmerkung zum BVerfGE 56, 22, in: JR 1982, 111.
Hahn, Carl: Die gesamten Materialien zur Strafprozessordnung I und dem Einführungsgesetz zu derselben vom 1. Februar 1877–auf Veranlassung des kaiserlichen Reichs-Justizamts (hrsg. Eduard Stegemann), 2. Aufl., 1885.
Heffter, August Wilhelm: Non bis in idem im Hinblick auf den gedruckten Entwurf einer “Deutschen Strafprozess-Ordnung”, Berlin 1873.

Heinrich, Bernd, Strafrecht Allgemeiner Teil, 3. Auf., Stuttgart 2012 (zit.: *Heinrich,* AT).
Hellebrand, Johannes: Gerechtigkeit oder Rechtssicherheit?; Spekulationen über die Entwicklung der Rechtsprechung zum Tatbegriff, angestellt am Beispiel des Handeltreibens mit Betäubungsmitteln, in: Gedächtnisschrift für Ellen Schlüchter (Hrsg. Duttge, Gunnar u.a.), Köln 2002, S. 473.
Henkel, Heinrich: Strafverfahrensrecht, 2. Aufl., Stuttgart 1968 (zit.: *Henkel,* Strafverfahrensrecht)
– Einführung in die Rechtsphilosophie, 2. Aufl., München 1977 (zit.: *Henkel,* Rechtsphilosophie).
Helmken, Dierk: Strafklageverbrauch: Rechtssicherheit contra Einzelfallgerechtigkeit, MDR 1982, 715.
v. Heintschel-Heinegg, Bernd: Die Konsumtion als eigenständige Form der Gesetzeskonkurrenz, in: Festschrift für Günther Jakobs zum 70. Geburtstag am 26. Juli 2007 (Hrsg. Pawlik, Michael/Zaczyk, Rainer), Köln 2007, S. 131.
Herzberg, Rolf Dietrich: Ne bis in idem - Zur Sperrwirkung des rechtskräftigen Strafurteils, JuS 1972, 113.
Honig, Richard: Studien zur juristischen und natürlichen Handlungseinheit, Mannheim 1925.
– Straflose Vor- und Nachtat, Leipzig 1927.
Hippel, Robert von: Der Deutsche Strafprozess, Marburg 1941.
Hruschka, Joachim: Strafrecht nach logisch-analytischer Methode, 2. Aufl., Berlin 1988.
– Der Begriff der „Tat“ im Strafverfahrensrecht, JZ 1966, 700.
Isensee, Josef/*Kirchhof,* Paul: Handbuch des Staatsrecht der Bundesrepublik Deutschland, 3. Aufl., Heidelberg 2003 (zit.: Bearbeiter, HdbStR).
Jakobs, Günther: Strafrecht, Allgemeiner Teil, 2. Aufl., Berlin 1991 (zit.: *Jakobs,* AT).
– Probleme der Wahlfeststellung, GA 1971, 257.
Joerdan, Jan C.: Logik im Recht: Grundlagen und Anwendungsbeispiele, 2. Aufl., Berlin, 2010.
Jescheck, Hans-Heinrich: Anmerkung zu BGH, Urteil von 10.01.1956 - St E 11/55, in: JZ 1957, 29.
– Die Konkurrenz, ZStW 1955, 529.
Jescheck, Hans-Heinrich/*Weigend,* Thomas: Lehrbuch des Strafrechts Allgemeinter Teil, 5. Aufl., Berlin 1996.
Jung, Heike:Anmerkung zum BGHSt 32, 215 ff., in: JZ 1984, 533.

Karlsruher Kommentar zur Strafprozessordnung und zum Gerichtsverfassungsgesetz mit Einführungsgesetz (Hrsg. Hannich, Rolf), 6. Aufl., München 2008 (zit.: KK-StPO/Bearbeiter).

Keller, Christoph: Zur tatbestandlichen Handlungseinheit, Diss. Berlin 2004.

Ketsawapitak, Thanit: Strafprozessrecht, Teil I, 7. Auflage, Bangkok 2010 (zit.: *Ketsawapitak,* StPR I).

– Strafprozessrecht, Teil II, 7. Auflage, Bangkok 2010 (zit.: *Ketsawapitak,* StPR II).

Khemajaru, Jamras: Anmerkung zur TObGE 2331/1971, in: Sammlung von Entscheidungen des TObG (Hrsg. Thai Bar), Bangkok, 1971, Teil III, S. 2024.

Kindhäuser, Urs: Strafrecht, Allgemeiner Teil, 5. Aufl., Baden-Baden 20011 (zit.: *Kindhäuser,* AT)

– Strafprozessrecht, 2. Aufl., Baden-Baden 20011 (zit.: *Kindhäuser,* StPR).

– Normverstoß und natürliche Handlungseinheit – BGH, NJW 1984, 1568, JuS 1985, 100.

Kleinknecht, Theodor/Müller, Hermann/Reitberger, Leonhard:Kommentar zur Strafprozessordnung (Hrsg. v. Heintschel-Heinegg, Bernd/Stöckel, Heinz), 62. Lfg., Köln u.a. 2012 (zit.: KMR/Bearbeiter).

Klug, Ulrich: Zum Begriff der Gesetzeskonkurrenz, ZStW 1956, 399.

Kowilaikul, Prasit: Anmerkung zu § 39 (4) TStPO und zu den Entscheidungen des § 39 (4) TStPO, in: JZ-CU, 2. Jahrgang, Band 3 (Sep.-Dez. 1978), 92.

Kraivichien, Thanin: Recht- und Gerichtsreform in der Zeit König Ramas V., Justizministerium, Bangkok 1968.

Krauß, Detlef:Das Prinzip der materiellen Wahrheit im Strafprozess, in: Festschrift für Friedrich Schaffstein zum 70. Geburtstag am 28. Juli 1975 (Hrsg. Grünwald, Gerald u.a.), Göttingen 1975, S. 411.

Krauth, Hermann:Zum Umfang der Rechtskraftwirkung bei Verurteilung von Mitgliedern krimineller und terroristischer Vereinigungen, in: Festschrift für Theodor Kleinknecht zum 75. Geburtstag am 18. August 1985 (Hrsg. Gössel, Karl Heinz/Kauffmann, Hans), München 1985, S. 215.

Kröpil, Karl: Die Bedeutung der Tatbegriff für den Strafklageverbrauch,DRiZ 1986, 448.

– Prozessualer Tatbegriff und Wahlfeststellung, NJW 1988, 1188.

Kühne, Hans-Heiner: Strafprozessreecht, 7. Aufl., Heidelberg 2007.

Lackner, Karl/*Kühl*, Kristian: Strafgesetzbuch – Kommentar (Hrsg. Lackner, Karl u.a.), 27. Aufl., München 2011 (zit.: *Lackner/Kühl*).

Lamultree, Teera: Der Grundsatz „Überschreitungsverbot der Anklageschrift bei Urteilsfindung": Die Anklagebeschreibung, Masterarbeit Bangkok 2005.

Larenz, Karl/*Canaris,* Claus-Wilhelm: Methodenlehre der Rechtswissenschaft, 3. Aufl., Berlin 1995.
Lesch, Heiko Hartmut: Strafprozessrecht, Neuwied 1999.
Leipzig Kommentar – Strafgesetzbuch (Hrsg. Laufhütte, Heinrich Wilhelm u.a.), 12. Aufl., Berlin 2007. (LK/Bearbeiter).
Likasitwatanakul, Surasak: Thailändische Strafrechtspflege: Einige Probleme und Vorschläge, Dul., Oktober - Dezember 1996, 3.
Lippold, Rainer: Die Konkurrenz bei Dauerdelikten als Prüfstein der Lehre von den Konkurrenzen – Ein Beitrag zum Problem des Normenkonfliktes, Heidelberg 1985.
Liu, Keetsin: Der Begriff der Identität der Tat im geltenden deutschen Strafprozessrecht, Strafrechtlich Abhandlungen, Diss. München 1927.
Löwe, Ewald/Rosenberg, Werner: Die Strafprozessordnung und das Gerichtsverfassungsgesetz – Großkommentar, 25. Aufl. (Hrsg. Rieß, Peter), Berlin 1999; 26. Aufl. (Hrsg. Erb, Volker u.a.), Berlin 2006 (zit.: LR/Bearbeiter, wird die Aufl. nicht ausdrücklich erwähnt, handelt es sich um die 26. Aufl.).
Luangrattanajaroen, Pitchaya: Die Wiederaufnahme des Strafverfahrens: Studien der Wiederaufnahme zugunsten der Angeklagten, Masterarbeit Bangkok 2005.
Luechai, Kanung: Strafprozessrecht: Teil I, 9. Aufl., Bangkok 2008 (zit.: *Luechai,* StPR I).
– Strafprozessrecht: Teil II, 6. Aufl., Bangkok, 2008 (zit.: *Luechai,* StPR II).
Lulitanond, Vichitr: Strafrecht Allgemeiner Teil, 4. Auf., Bangkok 1964.
Maatz, Kurt Rüdiger: Zur materiell- und verfahrensrechtlichen Beurteilung verbotenen Waffenbesitzes in Notwehrfällen – zugleich Auseinandersetzung mit BGH, NStZ 1981, 299, MDR 1985, 881.
Mansdörfer, Marco: Das Prinzip des *ne bis in idem* im europäischen Strafrecht, Berlin 2004.
Maiwald, Manfred: Die natürliche Handlungseinheit, Diss. Heidelberg 1964.
– Die Feststellung tatmehrheitlicher Deliktsbegehung, NJW 1978, 300.
Marxen, Klaus: Der prozessuale Tatbegriff in der neueren Rechtsprechung, StV 1985, 472.
Maunz-Dürig Grundgesetz Kommentar (Hrsg. Herzog, Roman u.a.), 30. Lfg., München Dezember 1992 (zit.: MD/Bearbeiter).
Maurach, Reinhart/*Gössel,* Karl Heinz/*Zipf* Heinz: Strafrecht Allgemeiner Teil, Teilband 2 – Erscheinungsformen des Verbrechens und Rechtsfolgen der Tat – Ein Lehrbuch, 7. Aufl., Heidelberg 1989 (zit.: *Maurach/Gössel/Zipf,* AT).

Maurach, Reinhart/*Schroeder,* Friedrich-Christian/*Maiwald,* Manfred: Strafrecht Besonderer Teil, Teilband 2 Straftaten gegen Gemeinschaftswerte – Ein Lehrbuch, 10. Aufl., Heidelberg 2012 (zit.:*Maurach/Schroeder/Maiwald,* BT II).
Meenakanit, Taweekiet, Strafrecht Allgemeiner Teil, 11. Aufl., Bangkok 2009 (zit.: *Meenakanit,* AT).
-- Neuer Blinkwinkel des Strafrechts, Bangkok 2007 (zit.: *Meenakanit,* Neuer Blinkwinkel).
Meyer K.: Anmerkung zum Beschluss des OLG Karlsruhe v. 24. 6. 1977 – 3 Ws 99/77, in: JR 1978, 35.
Meyer-Goßner, Lutz: Strafprozessordnung mit GVG und Nebengesetzen, 55. Aufl. (Hrsg. Schwarz, Otto Georg), München 2012.
Mittermaier, Carl Joseph Anton: Über die Bedeutung des auf Richtschuldig lautenden Wahrspruchs der Geschwornen und seine Wirkung – in Bezug auf die Erhebung einer neuen gerichtlichen Verfolgung, in: Archiv des Criminalrechts (Hrsg. Abegg, Julius Friedrich Heinrich), S. 497.
Mitsch, Wolfgang: Anmerkung zu OLG Hamm, Beschul. v. 9. 9. 1985 und OLG Zweibrücken, Beschl. v. 18.12. 1985, in: NStZ 1987, 457.
– Anmerkung zu BGH 36, 121, in: JR 1990, 162.
– Dauerdelikt und Strafklageverbrauch, MDR 1988, 1005.
– Gesetzeseinheit im Strafrecht, JuS 1993, 471.
Moore, Michael S.: Act and Crime; The Philosophy of Action and its Implications for Criminal Law, Oxford 1993.
Moungpon, Suthicha: Das Gericht der Erstinstanz und die Untersuchung der materiellen Wahrheit im Strafverfahren, Masterarbeit Bangkok 2009.
Münchner Kommentar zum Strafgesetzbuch (Hrsg. Joecks, Wolfgang/Miebach Klaus) 2. Aufl., München 2011. (zit.: MK/Bearbeiter).
NaNakorn, Kanit: Strafrecht: Allgemeiner Teil, 2. Aufl., Bangkok 2004 (zit.: *NaNakorn,* AT).
– Strafprozessrecht, 7. Aufl., Bangkok 2006 (zit.: *NaNakorn,* StPR).
– Das thailändische Strafverfahren: Differenz der Rechtsgrundlagen und Praxis, in: Kritik an Strafprozessrecht (Hrsg. Winyuchon Verlag), Bangkok 2009, S 9.
– Das Strafverfahren und der Gedanke des Zivilrechts, in: Kritik am Strafprozessrecht (Hrsg. Winyuchon Verlag), Bangkok 2009, S. 35.
– Die Rolle des Gerichts im Strafverfahren, JZ-DPU 2001, 49.
Neuhaus, Ralf: Der strafverfahrensrechtliche Tatbegriff - „ne bis in idem“, Diss. Bochum 1985.
– Anmerkung zu BGH 36, 121 ff., in: StV 1990, 342.

– Anmerkung zu OLG Hamm NStZ 1986, 278 (Beschl. v. 9. 9. 1985), in: NStZ 1987, 138.
– Anmerkung zu BayObLG NJW 1992, 2360, in: NStZ 1993, 202.
– Der strafprozessuale Tatbegriff und seine Identität (Erster Teil), MDR 1988, 1012.
– Der strafprozessuale Tatbegriff und seine Identität (Zweiter Teil), MDR 1989, 213.
– Fortsetzungszusammenhang und Strafklageverbrauch – BGH, NJW 1985 1173 und NJW 1985, 1174, JuS 1986, 964.
– Materielle und prozessuale Tateinheit, JuS 1989, 160.
– Materielle Handlungseinheit und prozessuale Tatidentität, wistra 1988, 57.
Neumann, Ulfrid: Materiale und prozedurale Gerechtigkeit im Strafverfahren, ZStW 1989, 52.
Niemöller, Martin/*Schuppert,* Gunnar Folke: Die Rechtsprechung des BVerfG zum Strafverfahrensrecht, AöR 1982, 387.
Nomos Kommentar zum Strafgesetzbuch (Hrsg. Kindhäuser, Urs/ Neumann, Ulfrid/ Paeffgen, Hans-Ulrich), 3. Aufl., Baden-Baden 2010 (zit.: NK/Bearbeiter).
Oehler, Dietrich: Die Identiät der Tat, in: Festschrift für Ernst Heinrich Rosenfeld zu seinem 80. Geburtstag, Berlin 1949, S. 139.
– Neure Verschiebungen beim prozessualen Tatbegriff, in: Gedächtnisschrift für Horst Schröder (Hrsg. Stree, Walter), München 1978, S. 437.
Padchaivong, Punlop: Die Wiederaufnahme des Strafverfahrens: Studie der Wiederaufnahme zuungunsten des Angeklagten, Masterarbeit Bangkok 2006.
Paeffgen, Hans-Ullrich:Prozessualer Tatbegriff und das Kriterium der Untersuchungsrichtung, in: Gedächtnisschrift von Meinhard Heinze (Hrsg. Söllner, Alfred u.a.), München 2005, S. 615.
– 129a StGB und der prozessuale Tatbegriff, NStZ 2002, 281.
Peters, Karl: Strafprozess, 4. Aufl., Heidelberg 1985 (zit.: *Peters,* Strafprozess).
– Fehlerquellen im Strafprozess, Eine Untersuchung der Wiederaufnahmeverfahren in der Bundesrepublik Deutschland, 3. Band – Wiederaufnahmerecht, Karlsruhe 1974 (zit.: *Peters,* Fehlerquellen).
Pfeiffer, Gerd: Strafprozessordnung – Kommentar, 5. Aufl., München 2005.
Piamsomboon, Patcharin: Die Rechtsreform in Thailand von 1868 bis 1935, Masterarbeit Bangkok 1980.
Pickert, Dietmar: Verfolgungsbeschränkung gem. § 154a StPO und das Problem des Strafklageverbrauchs, Spardorf 1984.
Pinveera, Weepa: Die Rolle des Richters im Strafverfahren, Masterarbeit Bangkok 2007.

Polsombatnant, Pornsak: Die Autorität des Staats und Verletzten im Strafverfahren, Masterarbeit Bangkok 2001.
Phonwan, Kulaphon: Kritik und Vorschläge zum neuen § 192 TStPO, ZStA 2 (August 1979), 172.
Platon: Der Staat, 11. Aufl., Stuttgart, 2011.
Prokati, Kittisak: Thailändische Rechtsreform unter dem europäischen Einfluss, 3. Aufl., Bangkok 2010 (zit.: *Prokati,* Rechtsreform).
Puppe, Ingeborg: Idealkonkurrenz und Einzelverbrechen, Habil.-Schr. Heildelberg 1979.
– Funktion und Konstitution der ungleichartigen Idealkonkurrenz, GA 1982, 143.
– Die Erfolgseinheit, eine verkappte Form der Idealkonkurrenz, Strafrecht- Freiheit-Rechtstaat, Festschrift für Georgios-Alexandros Mangakis (Hrsg. Bemmann, Günter/ Spinellis, Dionysios), Athen 1999, 225.
-- Die Individualisierung der Tat in Anklageschrift und Bußgeldbescheid und ihre nachträgliche Korrigierbarkeit, NStZ 1982, 230.
– Anmerkung zu BGH Beschl. v. 11.02.2000 – 3 StR 486/99, in: JZ 2000, 735.
– Anmerkung zu BGH Beschl. v. 05.03.2002 – 3 StR 49701, in: JR 2003, 31.
– Anmerkung zum Beschluss des OLG Hamm v. 9.9. 1985, in: JR 1986, 205.
Radtke, Henning: Zur Systematik des Strafklageverbrauchs verfahrenserledigender Entscheidungen im Strafprozess, Diss. Frankfurt a.M. 1994.
Radtke, Henning/Hohmann, Olaf: Strafprozessordnung Kommentar (Hrsg. Radtke, Henning/Hohmann Olaf), München 2011 (zit.: Radtke/Hohmann/Bearbeiter).
Ranft, Otfried: Strafprozessrecht, 3. Aufl., Stuttgart 2005.
– Der Tatbegriff des Strafprozessrechts, JuS 2003, 417.
Rasamipupa, Somkiat: Dauerdelikt; Hinsichtlich des Hausfriedensbruchs, Masterarbeit Bangkok 1995.
Rheingans, Horst: Die Ausbildung der strafprozessualen Rechtskraftlehre von der Aufklärung bis zur Reichsstrafprozessordnung von 1877, Frankfurt a.M. 1937.
Rieß, Peter: Anmerkung zum BGH 29, 288 ff., in: NStZ 1981, 74.
– Prolegomena zu einer Gesamtreform des Strafverfahrensrechts, in: Festschrift für Karl Schäfer zum 80. Geburtstag am 11. Dezember 1979 (Hrsg. Hassenpflug, Helwig), Berlin u.a., 1979, S. 155.
Roxin, Claus: Strafrecht Allgemeiner Teil, Band II – Besondere Erscheinungsformen der Straftat, 4. Aufl., München 2003 (zit.: *Roxin,* AT II).
– Anmerkung zum BGH 32, 215 (v. 21.12.1983), in: JR 1984, 344.
– Anmerkung zum BGH 35, 80 (v. 16.10.1987), in: JZ 1988, 260.
Roxin, Claus/*Schünemann,* Bernd: Strafprozessrecht, 27. Aufl., München 2012.

Rüping, Hinrich: Das Strafverfahren, 3. Aufl., München 1997.
Sack, Hans-Jürgen: Beschleunigung von Strafverfahren, – zu Rieß, ZRP 1977, 67, in: ZRP 1978, 72.
Salas, Minor E.: Kritik des strafprozessualen Denkens; Rechtstheoretische Grundlagen einer (realistischen) Theorie des Strafverfahrens, Diss. München 2005.
Sang-Uthai, Yudd: Strafrecht AT, 18. Aufl., Bangkok 2001.
– Anm. zur TObGE 87/1941, in: Thammasarn (Hrsg. Sang-Uthai, Yudd), Bangkok 1941, S. 299.
Sataman, Prapon; Anmerkung zur TObGE 299/1964, in: Sammlung von Entscheidungen des TObG (Hrsg. Thai Bar), Bangkok, 1964, Teil I und II, S. 576.
Satzger, Helmut: Anmerkung zum BGH v. 24. 9. 1998 – 4 StR 272/98 (BGHSt 44, 196), in: JR 1999, 203.
Sauer, Wilhelm: Allgemeine Prozessrechtslehre, Berlin 1951.
Schlehofer, Horst: Der Verbrauch der Strafklage für die abgeurteilte Tat, GA 1997, 101.
Schlüchter, Ellen: Das Strafverfahren, 2. Aufl., Köln 1983.
– Von der Unabhängigkeitsthese zu materiell-rechtlich begrenzter Tatidentität beim Dauerdelikt, JZ 1991, 1057 (zugleich Besprechung von BayObLG JZ 1991, 1095).
Schmidt, Eberhard: Deutsches Strafprozessrecht, Göttingen 1967 (zit.: *Eb. Schmidt,* StPR).
– Lehrkommentar zur Straffprozessordnung und zum Gerichtsverfassungsgesetz, Teil I, Göttingen 1964. (zit.: *Eb. Schmidt,* LehrK I).
– Lehrkommentar zur Straffprozessordnung und zum Gerichtsverfassungsgesetz, Teil II, Göttingen 1957. (zit.: *Eb. Schmidt,* LehrK II).
– Materielle Rechtskraft – Materielle Gerechtigkeit, JZ 1968, 681.
Schmidhäuser, Eberhard: Zur Frage nach dem Ziel des Strafprozesses,in: Festschrift für Eberhard Schmidt zum 70. Geburtstag (Hrsg. Bockelmann, Paul/Gallas, Wilhelm), Göttingen 1961, S. 511.
– Strafrecht Allgemeiner Teil – Studienbuch, 2. Aufl., Tübingen 1984.
*Schmitt,*Rudolf: Die Konkurrenz im geltenden und künftigen Strafrecht (Erster Teil), ZStW 1963, 43.
Schwarplies, Giesbert: Die rechtsgeschichtliche Entwicklung des Grundsatzes ne bis in idem, Diss. Zürich 1970.
Schwinge, Erich: Identität der Tat im Sinne der Strafprozessordnung, ZStW 1932, 203.
Schöneborn, Christian: Alternativität der Handlungsvorgänge als Kriterium des strafprozessualen Tatbegriffs, MDR 1974, 529.

– Zum Problem der materiellrechtlichen und prozessualen Tateinheit durch Verklammerung, NJW 1974, 734.
Schönke, Adolf/Schröder, Horst: Strafgesetzbuch Kommentar (Hrsg. Eser, Albin u.a.), 28. Aufl., München 2010. (zit.: Schönke/Schröder/Bearbeiter).
Schröder, Claus: Wahlfeststellung und Anklageprinzip, NJW 1985, 780.
Schünemann, Bernd: Das strafprozessuale Wiederaufnahmeverfahren propter nova und der Grundsatz „in dubio pro reo“, ZStW 1972, 870.
Searle, John R.; Die Konstruktion der gesellschaftlichen Wirklichkeit; zur Ontologie sozialer Tatsachen, Hamburg 1997.
Seher, Gerhard: Zur strafrechtlichen Konkurrenzlehre – Dogmatische Strukturen und Grundfälle,JuS 2004, 392.
Singkanati, Banjerd: Grundlage des Rechts, der Freiheit und der Menschenwürde gemäß der neuen Verfassung, Bangkok 1999.
Siriroj, Kittipong: Die Doppelbestrafung im Strafverfahren, Masterarbeit Bangkok 1986.
Soponnawat, Chawalert: Herrscht eigentlich im thailändischen Beweisrecht des Anklagegrundsatzes?, JKrGH, Mai 2007, 31.
Spinellis, Dionysios D.: Die materielle Rechtskraft des Strafurteils, Diss. München 1962.
Stein, Ekkehart/*Frank,* Götz: Staatsrecht, 20 Aufl., Tübingen 2007.
Stratenwerth, Günter/*Kuhlen,* Lothar: Strafrecht Allgemeiner Teil – Die Straftat, 6. Auflage, München 2011.
Struensee, Eberhard: Die Konkurrenz bei Unterlassungsdelikten, Diss. Bonn 1970.
Stock, Ulrich: Strafprozessrecht – Ein Grundriß, Tübingen 1952.
– Das Ziel des Strafverfahrens, in: Festschrift für Edmund Mezger zum 70. Geburtstag (Hrsg. Karl, Englisch/Maurach, Reinhart), München 1954, S. 429.
Systematischer Kommentar zum Strafgesetzbuch (Hrsg. Rudolphi, Hans Joachim u.a.), 131. Lfg. (März 2012), München 2012 (zit.: SK-StGB/Bearbeiter).
Systematischer Kommentar zur Strafprotzessordnung und zum Gerichtsverfassungsgesetz, 64. Lfg. (Oktober 2009) (Hrsg. Rudolphi, Hans Joachim u.a.), München 2009; 4. Aufl. (Hrsg. Jürgen,, Wolter), Köln 2012 (zit.: SK-StPO/Bearbeiter, wird die Aufl. nicht ausdrücklich erwähnt, handelt es sich um die 4. Aufl.).
Tiedemann, Klaus: Entwicklungstendenzen der strafprozessualen Rechtskraftlehre, Tübingen 1969.
Tingsapat, Jitti: Strafrecht AT, 10. Auf., Bangkok 1999.

Thomas, Herbert: Das Recht auf Einmaligkeit der Strafverfolgung, Diss. Baden-Baden 2002.
Trenate, Sukallaya: Untersuchung des Gerichts über Prozessvoraussetzungen, Masterarbeit Bangkok 2008.
Tröndle, Herbert: Zur Begründung der Wahlfeststellung, JR 1974, 133
Vogler, Theo: Die Rechtskraft des Strafbefehls, Karlsruhe 1959.
– Funktion und Grenzen der Gesetzeseinheit, in: Festschrift für Paul Bockelmann zum 70. Geburtstag am 7. Dezember 1978 (Hrsg. Kaufmann, Arthur u.a.), München 1979, S. 715.
Volk, Klaus: Grundkurs StPO, 6. Aufl., München 2008.
Wahle, Eberhard:Die sogenannte „Handlungseinheit durch Klammerwirkung", GA 1968, 97,
Warda, Günter: Grundfragen der strafrechtlichen Konkurrenzlehre, JuS 1964, 81.
-- Funktion und Grenzen der natürlichen Handlungseinheit, in: Festschrift für Dietrich Oehler zum 70. Geburtstag (Hrsg. Herzberg, Rolf Dietrich), Köln 1985.
Watjanasawad, Kietkajorn: Strafrecht Allgemeiner Teil, Bangkok 2008 (zit.: *Watjanasawad,* AT).
– Strafprozessrecht, Teil I – Das Vorverfahren, 6. Aufl., Bangkok, 2008 (zit.: *Watjanasawad,* StPR I).
Wegscheider, Herbert: Echte und scheinbare Konkurrenz, Habil.-Schr. Berlin 1980.
Welzel, Hans: Das deutsche Strafrecht, 11. Aufl., Berlin 1969.
Werle, Gerhard: Die Konkurrenz bei Dauerdelikt, Fortsetzungstat und zeitlich gestreckter Gesetzesverletzung, Diss. Berlin 1981.
– Konkurrenz und Strafklageverbrauch bei der mitgliedschaftlichen Beteiligung an kriminellen oder terroristischen Vereinigung, NJW 1980, 2671.
– Die Beteiligung an kriminellen Vereinigungen und das Problem der Klammerwirkung, JR 1979, 93.
Wessels, Johannes/*Beulke*, Werner: Strafrecht Allgemeiner Teil, 41. Aufl., Heidelberg 2011 (zit.: *Wessels/Beulke,* AT).
Wessels, Johannes/*Hillenkamp,* Thomas: Strafrecht Besonderer Teil 2, 35. Aufl., Heidelberg 2012 (zit.: *Wessels/Hillenkamp,* BT II).
Wisarutpit, Worapoj; Recht und Freiheit nach der Verfassung, Bangkok 1995.
Wolter, Jürgen: Strafverfahrensrecht und Strafprozessreform, GA 1985, 49.
– Tatidentität und Tatumgestaltung im Strafprozess - Zur Begründung eines normativ-funktionalen Tatbegriffs, GA 1986, 143.
– Grundfälle zu „*in dubio pro reo*" und Wahlfeststellung, Teil I, JuS 1983, 363.
– Wahlfeststellung und *in dubio pre reo,* Berlin 1987.

Wongyai, Kanin: Das Problem der Auslegung des Begriffs „Neuheit der Beweise beim Wiederaufnahmeverfahren“ und der verdoppelte Ermittlungsprozess, Masterarbeit Bangkok 2006.
Yaisawang, Athapon: Der Verletzte des Strafverfahrens, Masterarbeit Bangkok, 1981.
Zippelius, Reinhold: Das Wesen des Rechts, München 1997. (zit.: *Zippelius,* Das Wesen des Rechts).
Zippelius, Reinhold/*Würtenberger*, Thomas: Deutsches Staatsrecht, 31. Aufl., München 2005. (zit.: *Zippelius,* Staatsrecht).